数据分析即未来

[美] 格雷戈里·S. 纳尔逊（Gregory S. Nelson）著
陈道斌 万芊 等译

企业全生命周期数据分析应用之道

THE ANALYTICS
LIFECYCLE TOOLKIT

A Practical Guide for an Effective Analytics Capability

机械工业出版社
CHINA MACHINE PRESS

图书在版编目（CIP）数据

数据分析即未来：企业全生命周期数据分析应用之道 /（美）格雷戈里·S. 纳尔逊（Gregory S. Nelson）著；陈道斌等译 . —北京：机械工业出版社，2020.6（2023.3 重印）

书名原文：The Analytics Lifecycle Toolkit: A Practical Guide for an Effective Analytics Capability

ISBN 978-7-111-65699-9

I. 数… II. ① 格… ② 陈… III. 企业管理 – 数据处理 IV. F272.7

中国版本图书馆 CIP 数据核字（2020）第 093411 号

北京市版权局著作权合同登记　图字：01-2019-7550 号。

Copyright © 2018 by John Wiley & Sons, Inc. All rights reserved.

All rights reserved. This translation published under license. Authorized translation from the English language edition, entitled *The Analytics Lifecycle Toolkit: A Practical Guide for an Effective Analytics Capability*, ISBN 978-1-119-42506-9, by Gregory S. Nelson, Published by John Wiley & Sons. No part of this book may be reproduced in any form without the written permission of the original copyrights holder.

本书中文简体字版由约翰·威利父子公司授权机械工业出版社独家出版。未经出版者书面许可，不得以任何方式复制或抄袭本书内容。

本书封底贴有 Wiley 防伪标签，无标签者不得销售。

数据分析即未来：企业全生命周期数据分析应用之道

出版发行：机械工业出版社（北京市西城区百万庄大街 22 号　邮政编码：100037）
责任编辑：冯秀泳
责任校对：李秋荣
印　　刷：北京富资园科技发展有限公司
版　　次：2023 年 3 月第 1 版第 6 次印刷
开　　本：147mm×210mm　1/32
印　　张：15.875
书　　号：ISBN 978-7-111-65699-9
定　　价：89.00 元

客服电话：(010) 88361066　68326294

版权所有·侵权必究
封底无防伪标均为盗版

推荐序一

数据是表现事物特征的精确语言,是认知世界的重要工具,是治理国家的有力手段,是科学研究的必备条件。尤其在大数据时代,企业和组织将自己活动中自然形成的数据资源与主动获得的外部数据资源相结合,通过集中、整合、挖掘、应用活动来探寻事物和现象的内在规律,形成了数据科学,而从事数据分析活动的核心人才——数据科学家是当前最稀缺的人才资源之一。在探寻规律的过程中,如何让数据说话,最大限度地发挥数据的作用,让数据成为有价值的信息情报,是数据分析的核心要务。

本书作者 Gregory Nelson 先生在数据科学、知识管理和商业分析方面有着丰富的经验和深入的研究,本书把大数据、数据科学和数据分析相关知识有机地结合起来,围绕如何建立高效的数据分析组织和分析流程,如何成为一名成功的数据科学家,与读者分享了经过实践验证的数据分析全生命周期的管理指南。

本书的主译者陈道斌博士是我的老朋友,在中国工商银行长期从事信息管理和数据分析工作,他所带领的团队在数据管理和应用理论与实践方面有精深的造诣,对于数据分析生命周期的管理具有深刻的理解。本书为国内企业和组织机构管理者,特别是数据分析和管理领域的从业人员提供了一个非常全面、实用的参考资料。相信本书的出版一定能够帮助国内致力于建立和保持企业分析能力的领导者和分析决策者打造行之有效的数据分析能力。

石勇

发展中国家科学院院士、国务院参事、

中国科学院大数据挖掘与知识管理重点实验室主任

2020 年 4 月 12 日

·· 推荐序二 ··

大数据时代，数据已经深入到我们生活的方方面面，从手机通话到社交信息，从地理位置到身体健康，从购物记录到财务状况，数据已成为一种基础性战略资源，是企业和组织提高经营管理水平、提升市场竞争能力和风险防控能力的重要抓手。业界通常将企业的数据分析应用能力从低到高划分为三个阶段，分别是解释型分析阶段、预测型分析阶段和生产型分析阶段，三个阶段的数据分析能给企业带来的业务价值是不断提升的，但同时对企业数据分析应用人才队伍能力的要求也是不断升高的。

本书围绕数据分析生命周期，重点通过数据分析中用到的最佳实践和各种流程，为组织的领导者和决策分析者、分析团队和对数据分析感兴趣的从业人员等提供了一个全面和实用的指南。本书从数据分析的基础开始，深入浅出地介绍了分析学的专业术语，结合整个分析生命周期的五个最佳实践领域，从不同的角度阐述了如何通过整合组织的人员、流程、技术和数据等资源形成和提升企业与组织的数据分析能力，同时对如何长期保持、不断完善企业的数据分析能力进行了深入的探讨和分析。

本书的译者之一陈道斌博士在中国工商银行长期负责信息管理和数据分析工作。目前工行已经走过了以传统的统计报表分析为代表的解释型分析阶段,正在迈入以各类数据挖掘方法建立业务模型的预测型分析阶段,未来还将迎来以人工智能、机器学习方法建立业务模型的生产型分析阶段。道斌组织翻译本书,体现了他对工行数据分析工作的深刻理解,是他结合多年工作经验为广大从业人员做出的诚意推荐。相信本书一定能为国内的大数据管理和分析工作提供重要参考。

李伟平

北京大学教授

2020 年 4 月 12 日

·· 译者序 ··

如何建立企业级数据分析能力

随着大数据逐步深入发展至经济生活和社会活动的各个领域,全球正在稳步迈入数字化经济时代,我国也正式提出了"加快培育数据要素市场"的战略,越来越多的企业开始将数据作为一种战略资源,重新定义和努力挖掘数据价值。

著名信息学家达文波特(Davenport)曾经指出,各类企业正处在"可以用数据分析解决问题"向着"通过数据分析建立竞争优势"转变的重要阶段,并于2012年首次提出"数据科学家"这个时髦岗位。当前,世界范围内在如何组织和推动大数据分析,建立企业核心竞争能力方面已经有了许多进展,在其中发挥重要作用的数据科学家和数据分析师也成为全球范围内增长最快、需求量巨大的职业之一。

当前国内外普遍出现数据分析人才短缺的问题,是因为高水平数据分析师的培养难度很大。要成为一名高水平数据分析师,既要具有扎实的数学、统计学、数据分析基础能力,又要熟悉大数据应用的业务场景,还要具备很强的实践能力、创新意识和团队合作意识、懂得数据分析成果"入系统、进流程"的应用设计和业务协调。业界经验显示，培养一个中等水平的数据分析师平均需要五年的数据分析实践，而培养一个高级水平的数据分析师（数据科学家）平均需要九年以上的数据分析实践。对大多数企业而言，短期内引进大量高水平数据分析人才是不现实的，唯有依靠企业内部良好的体系化培养，才是正确道路。

在大数据时代，无论多么强调数据分析对企业的重要性都不为过。这是一本专门论述建立企业级数据分析方法论的书，国内关于这个专题的专著不多。我们组织翻译这本专著，是想给那些正在从事数据分析实践的数据分析师、正在研究企业数字化转型的学者、希望通过数据分析实现企业智能化运营和智慧化决策的企业管理者们介绍一套经过实践验证的、贯穿数据分析全生命周期的方法论和参考手册。希望通过本书的介绍，读者能够清楚地认识到解决好企业的数据分析与业务应用问题、通过数据驱动实现转型发展和建立以数字化为支撑的核心竞争能力，是一项需要企业高层管理者亲自参与推动、企业的各业务部门和数据分析师协同工作，数据分析成果应用流程需要精心设计、数据分析技能需要不断提升的长期努力过程。

结合译者多年从事数据分析与应用工作的实践经验，我们概括出做好企业级大数据分析必须重点修炼的四方面能力，请读者阅读本书时一并验证、探讨。

一、支持企业级数据分析的四大支柱

成功的大数据分析应用一定要注意做到数据基础、人才队伍、业务流程、技术支持四方面（象限）能力的平衡。缺少任何一个象限的能力，就不可能形成一流的企业级数据分析能力（见图1）。

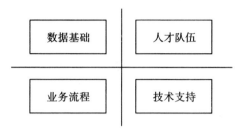

图1 支持企业级数据分析能力的四大支柱

在数据基础建设方面，要从数据的量和质两个方面做好工作，记住两个铁律。第一，遵循"大数据秒杀一切算法"，尽一切可能收集、积累"准、快、全"的数据，除了企业内部数据外，还要尽可能收集有用的外部数据，做好内、外部数据的集成管理。第二，没有质量保证的数据毫无用处，也就是常说的"garbage in garbage out"。工商银行前任行长杨凯生先生曾深刻指出"数据不准确比没有数据的问题更加严重"。因此，必须将建立数据质量控制体系与数据标准管理体系列为开展企业级数据分析应用的先决条件。

分析师人才队伍建设方面，要做到外部引进与内部培养相结合，且以企业内部培养为主。同时具备"懂业务，懂数据，懂分析方法"三个条件的分析师人才十分稀缺，也是有远见的企业争相网罗的对象，企业要为分析师人才队伍开辟明确的职业发展道路，要在使用和激励两个方面做到分析师人才"引得进、养得成、用得好、留得住"。培养和留住分析师的最好办法，是为分析师提供施展才能的平台，组织分析师多参加数据分析最佳实践项目，让分析师经常有机会"贴近业务,靠近数据,彼此接近",这是最佳的分析师使用和成长模式。

业务流程方面,一是分析项目要契合业务需求,坚持"问题导向、基层导向、客户导向、价值导向",瞄准业务的痛点、难点问题;二是让分析成果"入系统、进流程",要让高水平分析成果持续发挥业务应用价值。根据本书作者的举例,结合译者多年数据分析实践经验,成功的企业级数据分析项目往往都是在高管亲自领导或推动下,由分析师和业务人员组成项目团队,针对特定数据分析项目长期持续努力的结果。遗憾的是,大多数情况下,企业的数据分析项目往往因为组织实施不善或者缺乏高层认可、参与或推动而无法取得成功,而分析项目的失败往往会导致业务部门和分析师团队之间的相互埋怨和彼此不信任。

技术支持方面,要建立满足分析师工作需要的高性能数据分析环境,提供当前大数据分析所需的各类分析工具。但是,仅仅有这些"硬"技术能力还远远不够,还要采取多种方式建立分析师的"软"技术能力。例如,经常组织企业的分析师以建模大赛等"众筹"方式解决一些高价值、高难度的业务建模问题,为参赛分析师搭建数据分析项目实践比拼和展示能力的平台,提供观摩优胜者数据分析技能的机会,奖励解决了复杂业务建模问题的顶尖分析师。还可以通过组织高水平培训班、邀请业界顶尖专家为分析师举办讲座、购买优秀大数据分析网络课程等多种方式,提升企业的数据分析技能,往往这种"软"实力比"硬"技术更能够帮助企业级数据分析项目获得成功。

二、数据分析成果产生应用价值的关键方法

目前，业界谈论企业的数据分析方法和成果时，往往关心企业技术能力、具体建模方法的多，关心分析项目是否坚持"问题导向、基层导向、客户导向、价值导向"，是否能解决企业实际问题的少。本书的最大优点，是告诉我们应如何构建企业级数据分析应用能力，而不是仅仅停留在具体的数据分析技能上。因为，只有能够解决业务问题，创造业务价值的数据分析能力，才是企业普遍应该关注、培养和需要的数据分析能力。

在规划和建设企业级数据分析体系时，一定要将技术上能够提供的"数据分析潜能"与业务部门获得的"实际数据分析能力"区分开来。实际上，许多企业说的数据分析能力，往往指的是自己收集了多少数据，拥有多大的数据存储与计算能力，而这些能力仅仅为开展企业级数据分析提供了技术可能性，我们暂且称之为"数据分析潜能"，它实际上并不代表企业真正拥有的"数据分析应用能力"。国内外的企业数据分析实践表明，绝大部分企业的"数据分析应用能力"远远低于企业的"数据分析潜能"（见图2）。

造成企业数据分析能力浪费的原因很多，有业务部门没有参与数据分析项目选题、应用流程设计，对数据分析项目成果漠不关心甚至抵制，从而无法实现应用价值的原因，有数据分析项目成果理解难度大、应用门槛高、分析师数量配备不足而无法应用数据分析成果的原因，等等。在推动数据分析成果落地应用方面，有远见的企业一般会通过两种方法来克服数据分析成果落地应用困难，提升企业的"数据分析应用能力"，并使之不断逼近"数据分析潜能"。一是在企业内部增加数据分析师数量，支持业务部门理解、应用分

析师团队主动开发的数据分析产品,降低业务部门应用数据分析项目的难度,实现数据分析项目成果落地应用(见图3)。二是引导业务部门主动提出数据分析项目,主动参与分析项目开发和应用流程设计,提高业务部门应用数据分析项目成果的积极性(见图4)。

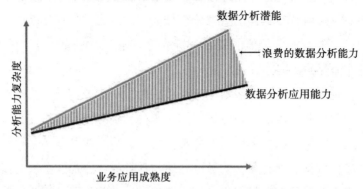

图2　企业数据分析潜能不等于现实数据分析应用能力

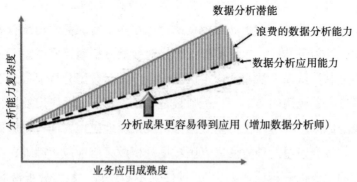

图3　增加数据分析师数量,支持业务部门实现应用成果

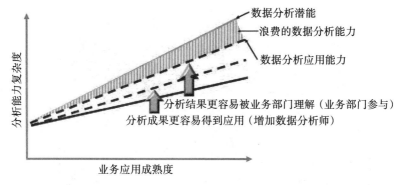

图 4　业务部门参与数据分析项目，提高成果应用积极性

三、数据分析要能支持企业从被动决策向主动决策转变

目前，大部分企业开展数据分析的目的是为企业管理和决策提供报表、研究报告。实际上，数据分析是建立企业核心能力、拓展业务范围、实现管理和业务创新、支持企业从被动决策到主动决策等一系列与核心竞争力建设息息相关的重要手段。全球著名的数据分析软件服务商 SAS 公司发布的"企业分析能力进阶图"，从数据分析方法复杂度和对企业核心竞争优势支持能力两个维度，将企业数据分析能力分为支持被动决策和支持主动决策两大类共八个等级。当前，大部分企业的数据分析能力停留在仅仅支持企业被动决策的低级阶段。这是因为，只有在数据、人才、流程、技术四个象限都做得很好的企业，才有能力采取体系化、平台化、制度化、自动化方法，真正让数据分析成果"入系统、进流程"，进入到依靠数据分析支持企业主动决策，建立企业核心竞争能力的高级阶段

（见图5）。

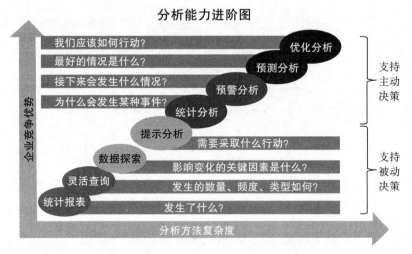

图5　数据分析能力进阶：从支持被动决策到支持主动决策

四、明确数据分析师的能力要求

为了实现"通过数据分析建立竞争优势"的目标，企业往往要求数据分析师具备"熟悉业务、了解数据、精通工具"的精湛能力，希望数据分析模型具有"源于业务、服务业务、高于业务"的应用价值，怀着数据分析成果能够"入系统、进流程、打造核心能力"的殷切希望。现实情况下，找到具备精通数据、业务、流程、协调能力的"独角兽"——全能型数据分析师人才并不容易，企业的一般做法是选择能力互补的若干个分析师组成团队来达到理想的对分析师能力的要求。企业级数据分析项目由分析师团队承担，同时也要对分析师团队能力构成提出四方面的明确要求：定量化数据分析能力、完善的数据管理能力、良好的业务沟通与成果可视化能力和敏锐的业务理解能力。并且要求团队的每一个分析师都应完全具备其中一个或多个方面的能力（见图6）。如果想成为分析师中的翘楚——数据科学家，则一定要在四个方面都有精深的造诣才能达成，企业也应当采取多种正向激励措施，鼓励分析师努力向着这个方向前进。

数据分析师应该具备的能力体系

图6　数据分析师应该具备的能力体系

本书不同于其他讲授数据分析"如何做"的工具书，因为它不是指导你如何构造分析模型的"食谱"，而是重点讨论企业级数据分析中用到的最佳实践和各种流程，对已经具备了初步的数据分析能力和实践经验，正在建立企业级数据分析体系，怀着"用数据分析建立竞争优势"远大抱负的专业研究人员、数据科学家、数据分析师和企业管理人员，都具有重要参考价值。企业级数据分析能力的修炼是一个持续的过程。本书为如何高效达成高水平企业级数据分析能力提供了经过实践验证的方法论借鉴，译者所属的分析师团队仔细研读本书后受益良多。结合译者多年来在数据分析领域的实践经验，简要总结了成功开展企业级数据分析活动的体会，希冀读者将其与本书的观点相互印证。

陈道斌

2020 年 4 月 10 日

·· 前言 ··

现代企业往往被描述为"数据丰富,但信息贫乏"。由于在交互点(如客户、病人、供货商)产生的数据的规模很大且种类繁多,这一挑战呈现出加剧且进一步失衡的现象。不管你是进行数据准备,还是分析、呈现或者使用数据,建立一套坚实的数据管理和分析方法论的基础,对于有效地通过数据表达观点都至关重要。

在本书中,我把大数据、数据科学和数据分析相关知识有机地结合起来,形成一个全面的实用指南,为你提供经过实践验证的管理分析团队和分析过程的方法论框架,作为支持本书读者探索数据分析最佳实践艺术和科学的工具箱。

本书的重点是,讨论如何建立富有成效且高效的分析组织架构和分析流程,从而加强数据与分析在组织成功中的作用。

当我开始考虑写这个特定的主题时,主要是针对当时市面上有关数据分析的论述缺少"人与流程"方面的内容。也就是说,十多年来,人们一直在撰写关于数据分析的概念、数据分析在业务中的重要性以及 Python、R 或 SAS 等技术的具体实现方面的论述。然而,这些论述一般都不涉及分析模型开发或业务案例开发的策略,也不涉及分析对操作流程的影响。

自从 Tom Davenport 和 Jeanne Harris 发表其重要著作 *Competing*

on Analytics（Davenport 和 Harris，2007）的十多年来，各类组织一直在努力设法解决的问题，已经从"我们可以用数据分析解决哪些问题"转变为"如何发现、培养、留住数据分析专业人才"。这种从"什么"到"如何"的转变促成了我编写这本书的初衷。我自己也认为这本书正合时宜，因为各个行业都在通过对数据和分析的接纳与使用来改变自己。虽然不少企业已经克服了在日常业务处理以及战略决策中如何有效使用数据分析的障碍，但还有很多企业刚刚认识到数据分析的价值，他们看到了数据分析的光明前景，却没有明确的路线图来实现这一目标。对前者来说，挑战是有效性或者进一步提高效率。对于后者来说，真正的挑战往往是为数据分析创造一种企业文化或者思维模式，为发展企业的数据分析能力找到合理依据，并为成功开展数据分析而规划和调整组织架构。

　　本书的灵感来自 Ralph Kimball 的作品，我记得当我读第 1 版的 *Data Warehouse Toolkit*（Kimball，1996）时，我在心里对自己说"这本书讲得有道理。"与一般商业和技术书籍中经常出现的大谈概念的处理方法非常不同，Kimball 在这本书中为我们提供了真正进行数据仓库建设所需要的实用方法、工具和流程。不管是针对已经熟悉数据仓库的专业人士，还是刚开始接触这一解决方案的初学者，Kimball 在书中都给他们提供了数据仓库相关领域的准确概述，以及数据仓库全生命周期和关键流程的完整框架。我希望你会发现，本书能够不负这一灵感，它为数据分析生命周期提供了一个全面和实用的指南，并着重于为你的组织打造行之有效的数据分析能力。

　　这本书不同于其他讲"如何做"的工具书，因为它不是指导你如何构造分析模型的"食谱"，而是重点讨论数据分析中用到的最佳实践和各种流程。本书的适用人群包括：

❑ **组织的领导者和分析决策者**。指那些需要理解建立和保持企业分析能力与文化的重要意义的组织领导者和分析决策者，包括那些近年才有的首席分析官或首席数据官。

❑ **分析团队**。指那些以设计、开发和提供分析服务或分析产品为主要任务的分析师团队。该团队包括分析产品经理、团队负责人、分析人员、项目经理、统计学家、科学家、工程师、数据科学家，以及构建分析模型的量化专家。

❑ **有抱负的数据倡导者**。指那些通过数据或分析产品基于事实依据来解决业务问题的人。所谓数据倡导者，也就是那些希望通过数据来提高业务绩效、支持决策或改变某些业务流程的人。

这本书分为三个部分：

1. **分析基础**。首先概述分析是什么，以及如何把分析应用于解决组织中的一些实际问题。重点转移到把分析作为一种组织的内在能力，并从不同的角度来阐述如何让分析为组织的整体目标服务，分析（和数据）策略如何指导我们的行动，如何实现这些能力。然后讨论如何通过整合组织的人员、流程、技术和数据等资源来实现这样的分析能力。

2. **分析生命周期最佳实践**。介绍不同种类的分析产品和服务，以及如何支持分析产品或服务的设计、开发和交付。整个分析生命周期可分解为五个最佳实践领域，以及相对应的支持分析产品开发的特定流程。

3. **分析能力卓越常青之道**。围绕如何让分析产品对组织的完善和持续改进产生最大作用展开讨论，内容包括如何衡量分析项目的效果和效率两个方面，以及如何应用行为经济学、社会心理学和变革管理等其他学科的经验与知识改进并完善分析过程。

在第 1 章中，你可能会觉得分析学的语言或术语令人困惑甚至望而生畏。在对分析学进行概念讨论或者描述时，通常会用到像科学、学科和最佳实践这样的术语。

然而，像方法（method）、方法论（methodology）或方式（approach）这样的术语则一般用来指分析流程。

编写本书时，我的做法是不做主观假设，尽可能把整个分析过程中的方法论都描述清楚。为此，我尽自己最大的努力，通过简明的例子和尽可能准确的描述，使数据分析变得容易理解。

读到这里，如果读者认同数据分析是个有趣的主题，值得深入学习和探讨的话，你会认同我的做法。但如果还需要列出进一步阅读本书的 10 个其他理由，这些理由大致如下：

1. 为那些想理解分析工作的完整生命周期并由此构建组织架构和有效分析流程的人士提供了一个实用指南。

2. 为组织提供建立分析师团队的方法论框架，包括团队职能定位和团队设计方法。

3. 围绕如何高效发挥分析团队的作用以及关于创建分析产品的设计思维两个方面，探索分析工作中所涉及的人才管理和流程设计两个主要问题。

4. 讨论分析工作岗位序列以及分析团队成员需要如何进行分工和承担哪些角色。

5. 来自现实世界的一些分析案例研究。

6. 把与分析文化相适应的概念（例如"数据中心主义"和计算能力）与数据和技术策略联系起来。

7. 为分析工作的领导者提供理解分析的方法和知识，为分析工作的实践者提供开展工作的工具箱。

8. 提供对一个工具和模板库的访问权限，包括支持领导力、流程改进和团队赋能的最佳实践方法。

9. 从分析生命周期的基本内容开始，讨论相关的知识领域和最佳实践案例，然后详细介绍分析团队的各项流程。

10. 本书作者是一位长期从事数据分析的专业人士，他参与并见证了横跨多个行业的数百个各具特色的数据分析场景和应用。

希望本书可以为刚开始从事分析工作的人士提供有用的指导，也可以为那些有丰富分析工作经验的人士提供参考意见。分析旅途愉快！

关于配套的网站

在本书的配套网站（http://www.analyticslifecycletoolkit.com/）上可以找到各种资源[⊖]，包括本书中提到的工具和模板。除了那些可以用来加深理解本书所阐述概念的检查清单（checklist）、模板与各种材料外，该网站还包含各种与分析相关的资源、引用及其他信息的链接。此外，你可以在网站上注册并通过电子邮件随时获得内容的更新，你还将找到一个博客，我在这个博客里会讨论整个数据分析生命周期的实际含义与影响。

⊖ 关于本书教辅资源，只有使用本书作为教材的教师才可以申请，需要的教师可向约翰·威立出版公司北京代表处申请，电话 010-84187869，电子邮件 sliang@wiley.com。——编辑注

.. 致谢 ..

如果没有同事们和客户们的支持,我不可能完成本书的写作。我要特别感谢 Monica Horvath 博士,她帮助收集了我长时间以来未整理的资料。她不仅对本书技术层面的描述进行了详细的审查,而且在过去的几年里,她也是我在 ThotWave 公司的智囊,这个公司旨在帮助客户提升"分析人才和流程层面"的能力。本书中有关组织设计和分析能力模型的大部分内容都基于这些工作的成果。

感谢所有在这个项目中我有幸与之共事的人。我从 ThotWave 公司的每一位客户,以及整个分析行业的专业同仁那里学到了很多,他们不断教给我很多分析工作对现实世界的影响和组织面临的真正挑战。

感谢那些帮助我检查本书草稿的朋友们。我要特别感谢 JMP 软件公司的 Anne Milley、Qlik Software 的分析产品经理 Marc Vaglio-Luarin、Burtch Works 的创始人 Linda Burtch、微软的首席数据科学家 Mark Tabladillo、Accenture 的 Randy Betancourt、Highmark Health 的首席分析官 Robert Gladden、SAS 人工智能和文本分析产品市场营销部的 Mary Beth Ainsworth,还有来自迪士尼公司的 Teddy Benson。你们对这项工作的贡献使本书成为一部更好的作品。

我要特别感谢我的文稿编辑 MaryLu Giver。尽管原稿有大量的修改，但她不断鼓励我，非常细心和负责。此外，还要感谢 Wiley 出版社的编辑团队，尤其是 Julie Kerr，她使得本书的出版变得顺利，让我得以专注于写作。

在本书创作过程中，没有人比我的家人更重要。我要感谢我的家人，无论我致力于任何工作，他们的爱和关心始终在我身边。最重要的是，我要感谢支持我的妻子 Susan，她让我成为一个更好的人，还有我的女儿和孙子，他们一直给予我希望。

参考文献

Davenport, T. H., & Harris, J. G. (2007). *Competing on analytics: the new science of winning*. Boston: Harvard Business School Press.

Kimball, R. (1996). *The data warehouse toolkit: practical techniques for building dimensional data warehouses*. New York: John Wiley & Sons.

·· 作者简介 ··

格雷戈里·S.纳尔逊（Gregory S. Nelson）是 ThotWave 的创始人和 CEO，是国际分析研究所（International Institute for Analytics）的一位专家，也是杜克大学富卡商学院（Fuqua School of Business）的特约教授。他在护理学院和杜克大学富卡商学院教授分析学课程。Gregory 发表了 200 多篇论文和出版物，并经常在技术领域以及私营公司的国内外活动中担任演讲嘉宾和主旨发言人。

Gregory 是一位数据分析的传道者和未来主义者，他把自己 20 多年分析咨询工作的经验结晶，拿来讨论这样一个重要的议题：分析领域的人与流程。通过从实用主义出发的观点对分析生命周期进行讨论，Gregory 谈到了有关分析的实操性和以人为本的特性，希望所有的数据倡导者和推动者都能理解并对他们的工作有所帮助。

Gregory 从加利福尼亚大学 Santa Cruz 分校获得了心理学士学位，在杜克大学获得医疗信息硕士学位，并在佐治亚大学从事过社会和认知心理学的博士研究工作。

Gregory 曾经买好一张单程机票，带着一顶帐篷、一个睡袋和仅仅 100 美元，飞到阿拉斯加生活了一段时间。现在，Gregory 和他的妻子 Susan，还有他们的一群宠物，住在北卡罗来纳州一个充满田园风情的小农场里。

你可以在 Twitter @gregorysnelson 或 LinkedIn（www.linkedin.com/in/gregorysnelson/）上与 Gregory 联系。你也可以访问他的网站 analyticslifecycletookit.com，了解更多关于本书中介绍的一些工具和技巧的相关信息。

译者简介

陈道斌，管理学博士，博士后，先后任中国工商银行总行管理信息部副总经理、总行电子银行部副总经理兼融e联中心总经理、总行资深信息管理专家等职务，工商银行博士后流动站指导专家，中央财经大学客座教授。陈道斌博士长期从事工商银行管理信息理论研究和实践探索，在大型商业银行数据管理、数据分析领域有精深造诣，多次获得人民银行金融科技进步一、二、三等奖。

万芊，北京大学光华管理学院经济学博士，中国工商银行博士后，先后就职于工商银行总行管理信息部、网络金融部，长期从事工商银行数据仓库建设与应用、数据分析师队伍建设以及大数据分析挖掘工作，对商业银行数据管理与分析应用有深入的研究和理解。

目录

推荐序一
推荐序二
译者序
前言
致谢
作者简介
译者简介

第一部分　分析基础

第1章　分析概览 …… 2
1.1　基本概念 …… 2
　1.1.1　数据 …… 3
　1.1.2　分析 …… 4
　1.1.3　什么是分析 …… 5
　1.1.4　分析与其他概念的区别 …… 7
1.2　分析概念 …… 9
　1.2.1　商业智能和报表 …… 9
　1.2.2　大数据 …… 12

1.2.3 数据科学 …… 13
1.2.4 边缘（和环境）分析 …… 14
1.2.5 信息学 …… 16
1.2.6 人工智能与认知计算 …… 16
1.3 分析方法论 …… 18
1.3.1 应用统计与数学 …… 19
1.3.2 预测和时间序列 …… 22
1.3.3 自然语言处理 …… 22
1.3.4 文本挖掘与文本分析 …… 26
1.3.5 机器学习 …… 27
1.3.6 数据挖掘 …… 30
1.4 分析的目的 …… 31
1.4.1 分析是关于改善结果的活动 …… 32
1.4.2 分析是关于创造价值的活动 …… 33
1.4.3 分析是关于发现的活动 …… 34
1.4.4 分析是关于促成变革的活动 …… 35
1.5 本章小结 …… 36
1.6 参考文献 …… 38

第 2 章 分析人才 …… 41

2.1 谁来做分析工作 …… 41
2.2 分析师的职责 …… 44
2.3 分析工作的岗位序列 …… 46
2.3.1 业务分析 …… 47
2.3.2 统计分析 …… 48
2.3.3 技术分析 …… 49
2.3.4 领导力分析 …… 50
2.3.5 产品分析管理 …… 51
2.4 分析的关键能力 …… 52

2.5 分析思维 …… 56
  2.5.1 问题求解 …… 58
  2.5.2 分解方法 …… 61
  2.5.3 综合方法 …… 62
2.6 批判性思维方法 …… 63
2.7 分析中应用批判性思维的例子 …… 65
2.8 如何提高批判性思维能力 …… 66
2.9 系统性思维 …… 68
2.10 本章小结 …… 71
2.11 参考文献 …… 72

第3章 分析的组织背景 …… 74

3.1 组织的战略与分析活动的协同 …… 74
  3.1.1 目标 …… 76
  3.1.2 战略 …… 76
  3.1.3 组织的能力 …… 78
  3.1.4 资源 …… 80
  3.1.5 评估和管理系统 …… 80
3.2 组织的文化 …… 83
3.3 分析团队的组织架构设计 …… 87
3.4 什么样的分析团队组织架构设计最好 …… 90
  3.4.1 集中式架构 …… 91
  3.4.2 分散式架构 …… 94
  3.4.3 卓越中心式架构 …… 97
  3.4.4 分析的组织方式 …… 100
3.5 本章小结 …… 102
3.6 参考文献 …… 103

第4章 数据战略、平台与架构 …… 105

4.1 数据战略 …… 106
4.1.1 数据战略声明 …… 107
4.1.2 战略与实施 …… 109

4.2 战略规划流程 …… 109

4.3 规划一个数据战略路线图 …… 113
4.3.1 范围和目的 …… 114
4.3.2 数据收集、标准化和清洗 …… 115
4.3.3 数据架构、虚拟化和整合 …… 116
4.3.4 数据洞察和分析 …… 117
4.3.5 数据治理和数据质量 …… 118
4.3.6 元数据管理 …… 120
4.3.7 数据访问、发布、隐私和安全 …… 121
4.3.8 数据保存 …… 122
4.3.9 性能与服务水平协议 …… 123

4.4 制定数据战略的敏捷方法 …… 124

4.5 数据战略小结 …… 125

4.6 平台和架构分析 …… 126

4.7 分析架构 …… 127
4.7.1 范围：业务规模和生命周期支持 …… 130
4.7.2 决策的复杂度 …… 130
4.7.3 理解复杂度 …… 132
4.7.4 紧迫性和影响 …… 132

4.8 特定目的数据或潜在价值数据 …… 134

4.9 本章小结 …… 136

4.10 参考文献 …… 137

第二部分 分析生命周期最佳实践

第 5 章 分析生命周期工具包 …… 140
- 5.1 分析生命周期最佳实践领域 …… 140
- 5.2 数据分析是数据科学的产物 …… 143
- 5.3 数据分析的目标 …… 143
- 5.4 分析产品的规模和范围 …… 144
- 5.5 分析生命周期工具包的组织方式 …… 146
  - 5.5.1 关于分析流程 …… 147
  - 5.5.2 分析生命周期最佳实践领域、流程和工具 …… 148
- 5.6 分析的设计思维 …… 154
  - 5.6.1 什么是设计思维 …… 154
  - 5.6.2 设计思维应考虑用户旅程 …… 155
  - 5.6.3 设计思维的五个步骤 …… 156
- 5.7 本章小结 …… 159
- 5.8 参考文献 …… 159

第 6 章 问题理解 …… 160
- 6.1 流程概述 …… 160
- 6.2 为什么要理解问题 …… 161
- 6.3 流程领域 …… 161
  - 6.3.1 问题定义 …… 163
  - 6.3.2 根本原因调查 …… 167
  - 6.3.3 提出假设 …… 175
  - 6.3.4 问题设计 …… 182
  - 6.3.5 业务方案优先级设置 …… 190
- 6.4 本章小结 …… 195
- 6.5 工具包总结 …… 197

6.6 参考文献 …… 198

第7章 数据探查 …… 200

7.1 流程概述 …… 200
    7.1.1 数据探索 …… 200
    7.1.2 为什么要做数据探查 …… 203

7.2 数据探查过程 …… 203
    7.2.1 数据识别和优先级排序 …… 204
    7.2.2 数据收集和准备 …… 209
    7.2.3 数据剖析和特征描述 …… 213
    7.2.4 可视化探索 …… 227

7.3 记录分析日志 …… 228

7.4 本章小结 …… 230

7.5 工具包总结 …… 231

7.6 参考文献 …… 232

第8章 分析模型开发 …… 234

8.1 流程概述 …… 234
    8.1.1 分析模型定义 …… 239
    8.1.2 模型开发 …… 240
    8.1.3 利用多种方法进行检验 …… 245
    8.1.4 为什么要这样做 …… 248

8.2 建模过程 …… 249

8.3 进行比较 …… 250

8.4 度量关联 …… 260
    8.4.1 相关性统计检验 …… 264
    8.4.2 其他相关性检验 …… 266

8.5 进行预测 …… 267

8.5.1 检测模式 …… 270

8.5.2 模式检测过程 …… 275

8.6 本章小结 …… 277

8.7 问题总结和练习 …… 278

8.8 工具包总结 …… 280

8.9 参考文献 …… 281

第 9 章 成果应用 …… 285

9.1 流程概述 …… 285

9.1.1 为什么要研究成果应用环节 …… 286

9.1.2 成果应用过程涉及的领域 …… 288

9.2 解决方案评估 …… 289

9.2.1 步骤 1：模型回顾和验证 …… 290

9.2.2 步骤 2：对结果的评价 …… 291

9.2.3 步骤 3：影响评估 …… 292

9.3 分析成果应用的实施 …… 293

9.3.1 步骤 1：制定部署计划 …… 294

9.3.2 步骤 2：关键指标的定义 …… 296

9.3.3 步骤 3：项目评估 …… 297

9.4 演示和讲故事 …… 298

9.4.1 通过数据讲故事的资源 …… 299

9.4.2 用数据讲故事的最佳实践 …… 303

9.5 本章小结 …… 316

9.6 练习 …… 318

9.7 工具箱总结 …… 320

9.8 参考文献 …… 321

· XXXIII ·

第 10 章　分析产品管理 …… 326

10.1　流程概述 …… 326
10.2　分析产品管理过程涉及的领域 …… 329
　10.2.1　分析产品经理 …… 330
　10.2.2　价值管理 …… 334
　10.2.3　分析生命周期的执行 …… 348
　10.2.4　质量流程 …… 362
　10.2.5　利益相关方的参与和反馈 …… 368
　10.2.6　能力和人才发展 …… 371
10.3　本章小结 …… 373
10.4　工具包总结 …… 374
10.5　参考文献 …… 375

第三部分　分析能力卓越常青之道

第 11 章　把分析付诸行动 …… 380

11.1　分析的力量 …… 380
11.2　高效和有效的分析计划 …… 384
　11.2.1　了解分析生命周期 …… 387
　11.2.2　关于有效分析的一些观点 …… 390
　11.2.3　对分析效果和效率的挑战 …… 391
11.3　为什么分析的上线运营会失败 …… 392
11.4　变革管理 …… 396
　11.4.1　选择正确的变革方法 …… 398
　11.4.2　为什么要开展变革管理 …… 400
　11.4.3　对变革的情感反应 …… 401
　11.4.4　分析变革管理的例子 …… 404
11.5　引领变革的最佳实践 …… 405

11.5.1　创建共同的变革目标 …… 406
　　　11.5.2　建立可见的、参与型的领导联盟 …… 407
　　　11.5.3　赋能参与和沟通 …… 409
　　　11.5.4　支持强化个人绩效 …… 413
　11.6　变革中的问题处理 …… 414
　11.7　本章小结 …… 416
　11.8　参考文献 …… 417

第 12 章　分析团队的核心胜任力 …… 418
　12.1　核心胜任力概述 …… 418
　　　12.1.1　分析胜任力定义 …… 418
　　　12.1.2　培养分析胜任力 …… 420
　　　12.1.3　过去和未来所需要的职场胜任力 …… 421
　　　12.1.4　分析职业框架 …… 422
　12.2　核心胜任力详述 …… 422
　　　12.2.1　胜任力领域：业务知识 …… 424
　　　12.2.2　胜任力领域：分析思维 …… 427
　　　12.2.3　胜任力领域：数据管理 …… 430
　　　12.2.4　胜任力领域：数据探索 …… 432
　　　12.2.5　胜任力领域：数据可视化 …… 433
　　　12.2.6　胜任力领域：技术素养 …… 435
　　　12.2.7　胜任力领域：战略思维 …… 438
　　　12.2.8　胜任力领域：领导力 …… 440
　　　12.2.9　胜任力领域：分析产品管理 …… 443
　12.3　基于知识领域的分析工作岗位序列的理想胜任力 …… 446
　　　12.3.1　胜任力领域：业务知识 …… 446
　　　12.3.2　胜任力领域：分析思维 …… 448
　　　12.3.3　胜任力领域：数据管理 …… 448
　　　12.3.4　胜任力领域：数据探索 …… 448

・XXXV・

12.3.5　胜任力领域：数据可视化 …… 452
　　　12.3.6　胜任力领域：技术素养 …… 452
　　　12.3.7　胜任力领域：战略思维 …… 452
　　　12.3.8　胜任力领域：领导力 …… 456
　　　12.3.9　胜任力领域：分析产品管理 …… 456
　12.4　本章小结 …… 459
　12.5　参考文献 …… 459

第13章　数据分析未来趋势 …… 460
　13.1　数据分析的生命周期框架 …… 460
　13.2　分析在未来世界的作用 …… 462
　13.3　未来主义者的视角 …… 463
　　　13.3.1　普适计算和分析 …… 464
　　　13.3.2　大数据将驱动创新 …… 465
　　　13.3.3　分隔的行业与视角将消失 …… 466
　　　13.3.4　目标造就差异化 …… 466
　　　13.3.5　胜任力胜过特定技能 …… 467
　13.4　最后的一点思考 …… 468
　13.5　参考文献 …… 469

译后记 …… 470

第一部分

分析基础

第 1 章 分析概览

……故明君贤将，所以动而胜人，成功出于众者，先知也。先知者，不可取于鬼神，不可象于事，不可验于度，必取于人，知敌之情者也。

——《孙子兵法·用间篇》

1.1 基本概念

彼得·德鲁克（Peter Drucker）在他的著作 *The Age of Discontinuity*（Drucker，1969）中首次提到了"知识经济"一词。知识经济指的是利用知识"创造有形和无形的价值"。近 50 年后，各类组织实际上已经转变了自己，以迎接知识经济的挑战，数据和分析已成为促成这种转变的核心。

在本章中，我们讨论分析的"基础"，希望为那些对从分析概念转向分析实践感兴趣的人创造一个公平的竞技平台。分析的基础包括使用大家能达成共识的专业术语，对数据和分析进行统一的定义。此外，我认为在更加广泛的背景下讨论分析成果的应用方法及其产生的价值也非常重要。最后，在本章中，我把分析与其他经常混淆的相关术语进行比较，找出异同点。

第1章 分析概览

1.1.1 数据

数据几乎渗透到我们生活的每一个角落,从我们在手机中留下的数字足迹,到健康记录,再到购物历史,以及对资源(如能源)的使用情况。在当今这个数字世界里,脱离数字的生活虽然不是不可接受的,但也需要巨大的牺牲精神和不可思议的毅力才能忍受。我们不仅是数据制造者,同时也是活跃的数据消费者,例如我们时常检查自己的在线消费习惯,监测健身程序,或者查看自己的常旅客积分是否够去加勒比度假,这些行为都是在消费数据。

但数据到底是什么?按最通用的形式来理解,数据就是被储存起来以备日后使用的信息。最早记录信息的方式可能是在动物骨头上刻蚀符号(SACK,2012)。到了 20 世纪 50 年代,人们开始在磁带上记录数字信息,然后是打孔卡片,再后来是使用磁盘。现代数据处理开始的时间并不长,但已经奠定了我们如何收集、存储、管理、使用信息的基础。

直到最近,我们对那些无法计算的信息(例如,视频和图像信息)还只能进行分类处理。但近几年来,通过大量的技术变革,无法存储的数据类型变得越来越少了。事实上,存储的信息,或者数据,就是以一种可用的编码方式,为了我们可计算的目的而建立的真实世界的模型(Wolfram,2010)。

数据是真实世界中所发生事情的持续记录或"模型",这一事实是分析学的一个重要特征。被公认为"20 世纪最伟大的统计学家之一"(Champkin, 2013)的乔治·鲍克斯(George Box)曾经说过:"所有的模型都是错误的,但有些模型是有用的。"㊀很多时候,我们在数据中发现一些没有意义或者完全错误的东西。请记住,数据是从真实的物理世界转化并抽象为代表真实世界的东西,即乔治所说的"模型"。就像机械速度计是测量速度的标准一样(也是衡量速率的一个很好的替代物),这个模型(指机械速度计)实际上是测量轮胎的转速,而不是速度。(对此专题感兴趣的读者,推荐你去阅读 Woodford 发表于 2016 年的关于"速度计"(Speedometers)的相关文章,它解释了速度计的工作原理。)总之,数据是存储的信息,是所有分析的基础。例如,在可视化分析中,我们利用可视化技术和交互界面对数据进行解析和推理,找出数据本身存在的规律。

1.1.2 分析

分析(analytics)可能是商业中使用得最多但却最难理解的术语之一。对一些人来说,它是一种用来"把数据屈打成招"(找出数据中潜藏规律)的技术或技巧,或者仅仅是商业智能与数据仓库的延伸;而对另外一些人来说,分析则是用于开发模型的统计、数学或定量方法。

Merriam-Webster 字典(Merriam-Webster,2017)称**分析**是"一种逻辑分析的方法"。Dictionary.com 字典(dictionary.com,2017)将分析定义为"逻辑分析的科学"。不幸的是,两种定义都直接使用

㊀ 这句话的英文原文是"All models are wrong, but some are useful."它表示的含意是:虽然没有一个模型能够百分之百精确地拟合某个现实世界的事物,但一些合理准确模型所得出的分析洞见,对我们是很有帮助的。

第 1 章 分析概览

了分析（analysis）这个词的词根，似乎存在循环解释的逻辑错误。

分析（analysis）这个词的起源可以追溯到 16 世纪 80 年代的中世纪拉丁语（analyticus）和希腊语（analytikós），意思是"分解"（break up）或者"放松"（loosen）。在本书中，我把分析（analytics）定义为一种解决数据驱动问题的结构化方法：通过对事实（数据）的仔细推敲，帮助我们解决问题的一套方法论。

1.1.3 什么是分析

关于分析的定义有很多争论（Rose，2016）。本书的目的不是重新给出分析的定义，或者质疑人们已经给出的分析的定义。但就当前讨论的问题而言，我将分析定义为：

一种全面的、基于数据驱动的解决问题的策略与方法。

我有意避免将分析定义为某个"过程"、某种"科学"或"学科"。相反，我将分析定义为一种全面的策略，正如读者将在本书第二部分中看到的那样，它是包含过程、规则、可交付物的最佳实践。

分析通过使用逻辑、**归纳推理**、**演绎推理**、批判思维、定量方法（结合数据）等手段，来检验和分析现象，从而确定其本质特征。分析植根于科学方法（Shuttleworth，2009），包括问题的识别和理解、理论生成、假设检验和结果交流。

归纳推理

当积累的证据被用来支持一个结论，但结论仍带有一些不

第一部分 分析基础

确定性的时候,就会用到归纳推理方法。也就是说,最终的结论有可能(存在一定概率)与给定前提不一致。通过归纳推理,我们基于具体的观测或数据能够做出广泛的、一般意义上的概括和总结。

演绎推理

演绎推理基于某些一般案例提出论断,然后依靠数据,使用**统计推断**或**实验手段**证明或证伪提出的论断。例如,按照演绎推理方法,我们提出一个关于世界运动方式的基本理论,然后(应用数据)去检验我们提出的假设的正确性。

稍后我们将在本章中更详细地探讨这一点。

分析可以用来解决各种各样的问题。例如,UPS 公司应用分析结果而采取优化货物运输措施,节省了150多万加仑(1加仑=3.785 41立方分米)的燃油,减少了14 000吨的二氧化碳排放量(Schlangenstein, 2013年);克利夫兰诊所利用分析结果优化了手术室的运营时间安排(Schouten, 2013年)。有了这些成功案例,对于技术供应商(硬件和软件)和其他不同支持者来说,"分析"毫无疑问都是极具吸引力的。当然,"分析"这个词当前存在过度使用危险,这可以从人们把这个术语与其他词的各种组合中看出。诸如:

- ❏ 大数据分析(big data analytics)
- ❏ 规范性分析(prescriptive analytics)
- ❏ 业务分析(business analytics)
- ❏ 操作分析(operational analytics)
- ❏ 高级分析(advanced analytics)

第1章 分析概览

- 实时分析（real-time analytics）
- 边缘或环境分析（edge or ambient analytics）

虽然以上这些组合与搭配在分析应用的类型和描述上具有独特性，但也经常造成理解上的混乱，特别是对企业高管（如CXO层次高管）而言，技术供应商总是热衷于提供最新的分析解决方案，试图能解决他们的每一个业务痛点。我的观点（许多志同道合、理性思考的人也有与我相同的观点）是，分析并不是一种技术，技术只是在分析活动中起到了推动和赋能作用的策略和方法。

分析通常也指能够识别数据之间有业务意义的模式和关系的任何解决方案。分析被用于解析不同规模的、不同复杂程度的、结构化和非结构化的、定量或定性的数据，以便从中实现对特定问题的理解、预测或优化的明确目的。所谓高级分析也是分析的子集，它使用复杂的分析技术来支持基于事实的决策过程，而且这种分析通常是以自动化或半自动化的方式开展的。

高级分析通常包括数据挖掘、计量经济建模、预测、优化、预测建模、模拟、统计和文本挖掘等技术。

1.1.4 分析与其他概念的区别

Vincent Granville管理着一家数据科学中心（Data Science Central），这是一个专门面向数据科学家的社交网络，他提出了数据科学的16条数据分析规则（Granville，2014）。我们没有完全复述这些规则（当然，很值得读者专门去研读它们），作为澄清分析含义的一种有益方式，我们在这里重点讲清楚分析与类似概念之间的差异，搞清楚这些差异，对读者非常有帮助。下面，我们从概念和方

第一部分 分析基础

法两方面来描述分析（与其他类似方法的关系）：

1. **概念**
   - 商业智能和报表
   - 大数据
   - 数据科学
   - 边缘和环境分析
   - 信息科学
   - 人工智能与认知计算

2. **方法**
   - 应用统计和数学
   - 预测和时间序列
   - 自然语言处理（NLP）、文本挖掘和文本分析
   - 机器学习和数据挖掘
   - 进一步阐述之前，让我们先来区分**概念**和**方法**。

概念

概念是帮助我们理解某物是什么或它是如何工作的通用思维结构。

方法

在本书中，方法是指通过分析获得问题解决方案的具体技术或方式。

换一个角度来理解，"方法"描述针对不同类型问题的解决办法或途径。例如，我们可能会把某件事看作是一个优化问题或者一个

第1章 分析概览

预测问题,而大数据是一个帮助我们理解现代数据挑战复杂性的心理模型。同样,正如我们在本章后面将看到的,机器学习可以简单地被认为是人工智能的现状,后者是概念,前者是方法。

1.2 分析概念

分析概念可以看作是抽象的概念,也可以是一般的概念。我们将概念与实现区分开来,以突出这样一个事实,即在实现它的时候,会呈现出不同的表现方式。例如,人工智能的概念可以在自动驾驶汽车、聊天机器人或推荐引擎中看到。这些具体的实现实质上是人工智能这个概念在当前的不同呈现方式。

在下一节中,我将概述我对**商业智能**、**报表**、**大数据**、**数据科学**、**边缘分析**、**信息学**以及**人工智能**和**认知计算**这些基本概念的理解。

1.2.1 商业智能和报表

关于分析与商业智能的区别,几乎没有形成过共识。有些人将分析归类为商业智能的一个子集,而另一些人则把它归为完全不同的类别。我在2010年写了一篇论文(Nelson,2010),在那篇论文中我把商业智能(BI)定义为"一种管理策略,用来建立一种更有结构性和更有效的决策方法……BI包括报表、查询、联机分析处理(OLAP)、仪表盘、记分卡甚至分析等常见要素。综合性术语BI也可以指获取、清理、集成和存储数据的过程"。

有些人会将分析和商业智能之间的区别归纳为两个方面的不同:(1)所使用量化方法(即算法、数学、统计)的复杂度;(2)所产

第一部分 分析基础

生结果是针对历史已发生的还是未来将发生的。也就是说，商业智能的重点是使用相对简单的数学方法来对历史数据进行展示和呈现，而分析则被认为是采用更复杂的计算逻辑，并且能够预测一些特定问题、识别因果关系、确定最优解决方案的方法，有时也被用于指明需要采取的行动与措施。

大多数商业智能应用的局限性并不在于技术的限制，而在于分析的深度和为行动提供依据的真正洞察力。例如，告诉我已经发生了什么事情并不能帮助我决定如何行动以改变未来，这样的结果往往是通过**离线分析**（offline analysis）得到的。分析的真正责任是形成可行动的、可操作的洞察力，从而能够帮助我们了解已经发生的事情（在什么地点发生，为什么会发生，在什么条件下发生），预测出未来可能发生什么，以及我们可以做什么来影响和优化未来的结果。

请注意，图 1-1 中描述的 BI 仪**表盘描**述了有关过去的事实，如销售、呼叫量、产品和账户，使你很容易获得组织当前销售状态或活动情况的快照。

商业智能和它的近邻"报表"，都是用来描述有关现象的信息展示技术，通常位于数据传递管道的尾部，在那里可以直观地访问数据和结果。而另一方面，分析则超越了对数据的描述，它真正理解了这个现象的内在规律，从而来预测、优化和预判未来应采取的适当行动。

从传统上看，商业智能一直存在两个缺点，这源于它们与这样的事实有关：（1）BI 通常专注于建立对过去已经发生事实的认识，因为它侧重于度量和监视，而不是预测和优化；（2）其计量分析往往不够复杂，无法建立足以产生精确洞察力的有意义的改变（虽然正确的报表或可视化展现也可以对改变产生影响，但还不够精确）。

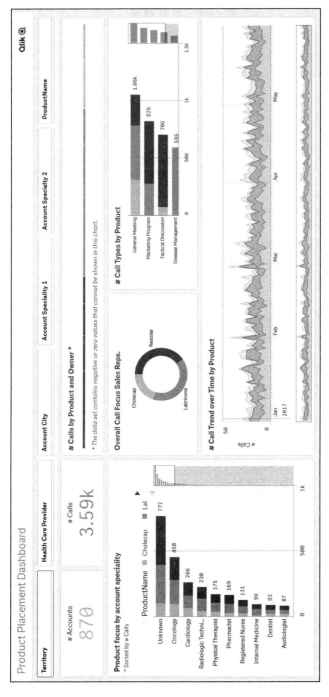

图 1-1 商业智能仪表盘

来源：QlikTech International AB。经许可转载

第一部分 分析基础

如果把商业智能与深入的"分析"恰当地结合在一起，而不仅仅停留在对事实的认识，它就更接近分析，但它又往往缺乏高级分析解决方案中经常用到的复杂统计、数学或者"机器学习"方法。

因此，我认为分析是商业智能总体框架内所包含的概念的一种自然演变。它更加强调充分开展必要的各种活动，以形成能促进行动的真知灼见。分析远远不止于在自助操作仪表盘或报表界面中所使用的、预先定义的可视化元素。

1.2.2 大数据

大数据（big data）是一种描述不和谐信息的方法，在将数据转化为洞察力的过程中，组织必须处理这些难以处理的信息。1997年，Michael Cox 和 David Ellsworth 首次使用了大数据这一表述（Cox，1997），他们当时提到的"问题"如下：

可视化为计算机系统提供了一个有趣的挑战：数据集通常相当大，占用了大量主内存、本地磁盘甚至远程磁盘的容量。我们称之为大数据问题。当数据集大到无法存放在主内存（核心存储器），或者甚至无法存储在本地磁盘上时，最常见的解决方案是扩充并获取更多的资源。

将大数据视为一个概念，它突出了这样一种挑战：数据的规模和复杂性超出了传统数据分析方法能够处理的范围。我们将大数据与传统的"小"数据进行对比，包括其容量（我们拥有多少数据）、速度（产生与获得数据的快慢）和多样性（包括数字、文本、图像、

第1章 分析概览

视频等多种数据形态）⊖。

如果大数据是用来描述当今信息复杂性的概念，那么分析就可以帮助我们以主动的方式（预测性和规范性）来分析复杂性，而不是以被动的方式（即商业智能的范畴）来应对。

1.2.3 数据科学

与大数据相比，定义数据科学显得不是一件轻而易举的工作，因为在数据科学的众多定义中，很少发现一致的描述。关于数据科学意味着什么，以及它是否与分析完全不同，目前存在很多争论。还有一些人，甚至试图通过讨论数据科学家的工作来定义数据科学：数据科学家所需要的技能，他们所扮演的角色，他们所使用的工具和技术，他们工作的地方，以及他们的教育背景，等等。但这些并没有对数据科学给出一个有意义的定义。

与其按照人（数据科学家）或他们所处理的问题来定义数据科学，不如将其定义如下：

数据科学是一门科学学科，它利用统计和数学等领域的定量方法以及现代技术，开发出用于发现模式、预测结果和为复杂问题找到最佳解决方案的算法。

数据科学和分析的区别在于，数据科学可以帮助甚至支持自动化实现对数据的分析，但是分析是一种以人为中心的策略，它充分利用各种工具，包括那些在数据科学中发现的工具，来理解事物现

⊖ 大数据的三个 V（即原文中所说的 Volume、Velocity 和 Variety），已经进一步发展成 5 个 V，即在原来的基础上又增加了 Veracity（准确性或可信度）和 Value（价值）。

象之间的真正本质。

数据科学可能是这些概念中涉及面最广泛的，因为它关系到处理"数据"的整个科学和实践。我认为数据科学是由计算机科学家设计的分析学，但在实践中，数据科学往往侧重于对一般性宏观问题的研究，而分析往往侧重于解决特定行业或具体问题的挑战。在第10章中，我通过定义数据科学和分析之间的关系来扩展这一概念，将数据科学作为分析的工具和赋能手段。

1.2.4 边缘（和环境）分析

在很多现代企业，分析是它们的一种核心业务活动，这些企业通过数据驱动和以人为中心的业务运营与管理流程实现了**数据的大众化**（democratize data）。而边缘分析（edge analytics）一般指的是分布式分析，在这种场景下，分析被内置到一些机器或系统中，通过这种内置的方式，信息的生成与收集已经成为企业"下意识"的自主活动。

边缘分析通常与智能设备相关，这种情况下，分析计算是在数据收集点（例如设备、传感器、网络交换机或其他设备）开展的，与传统的数据管道传输方式（即采集数据、传输数据、清洗数据、集成数据、存储数据）不同，边缘分析把分析嵌入到收集数据的设备中完成或就近实现。

● **数据大众化**

所谓数据大众化，指的是数据开放，使每个能够而且应该能够获得数据的人都有权通过工具来探索获取这些数据，而不是将数据局限于少数特权群体。

第1章 分析概览

例如,传统的信用卡欺诈检测依赖于机器(例如读卡器),并通过与授权"代理"的连接发送请求来验证一个交易,算法需要在极短的时间内(百分之一毫秒)对此交易完成授权或打上欺诈标签,最后,读卡设备接收授权指令后完成或拒绝交易操作。在边缘分析中,算法将运行在仪器本身上(比如带有嵌入式分析的智能芯片读卡器)。

边缘分析通常与物联网(IoT)联系在一起。最近 IDC 在针对物联网 IoT 未来视界(FutureScape)的一份报告中提出,到 2018 年,40% 的物联网数据将在网络中产生数据的边缘完成数据的存储、处理、分析和响应(Marr,2016)。随着物联网的发展,我们很可能会看到未来对所谓的"万物分析"(Analytics of Things,AoT)有更多的关注,它指的是分析将给物联网数据带来独特价值的机会。

环境分析(ambient analytics)是另一个相关的术语,它的名字意味着"分析无处不在"。就像房间的灯光或音响常常不被注意,但却为舞台构建了氛围一样,环境分析也会影响我们工作和娱乐的环境。我们看到环境智能正在日常生活场景中发挥作用,比如检测血糖水平和注射胰岛素。同样,当你回到住家附近时,家居自动化设备检测到相应信息,会自动调整温度和打开照明。环境分析超越了基于简单规则的决策,它利用算法来决定合适的行动路线。

毫无疑问,边缘和环境分析将继续挑战传统的以人为中心的管理方式与流程,传统管理方式下,使用分析结果(如对分析的理解、决策和采取的行动)以人为主,而在边缘和环境分析中会有越来越多的(不需要人工介入的)自主决策与执行。

第一部分 分析基础

1.2.5 信息学

信息学（informatics）是信息技术和信息管理的交叉学科。在实践中，信息学涉及用于数据存储和检索的处理技术。从本质上讲，信息学讨论信息是如何管理的，指的是支持流程化工作流的系统和数据生态系统，而不是对其中发现的数据进行分析。

在信息科学中经常谈到的健康信息学，它专门用于保健医疗研究，是介于健康信息技术和健康信息管理之间的一种专业技术，它将信息技术、通信和保健融合起来，以提高病人护理的质量和安全性。它位于人、信息和技术三者交汇处的中心。

保健政策是指在一个社会中为实现特定的保健目标而采取的决定、计划和行动。保健政策制定者希望看到医疗保健变得更经济、更安全、更高质量，信息技术和健康信息技术往往是实现这一目标的重要手段。事实上，其中一项最必不可少的工作是正确定位数据资源，使之能提供每个患者360度的完整健康状况信息视图，只有数据共享才能做到这一点（见图1-2）。

分析集成了所有这些概念，并依赖于底层数据、支持技术和信息管理过程来实现这一目标。

1.2.6 人工智能与认知计算

人工智能（AI）是一门"让计算机做需要人类智能才能做的事情的科学"（Copeland，2000）。

人工智能和**机器学习**的区别在于，人工智能是指利用计算机完成模式的识别与探索这类"智能"工作的广义概念，而机器学习是

第 1 章 分析概览

人工智能的子集,它主要指利用计算机从数据中学习的概念。

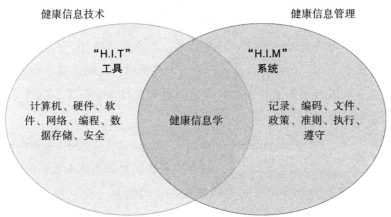

图 1-2 健康信息管理、健康信息技术和信息学之间的区别

机器学习是人工智能的一个子集,它可以根据数据进行学习和预测,不是仅仅根据特定的一组规则或指令完成事先规划好的操作,而是利用算法训练来自主识别大量数据中的模式。

人工智能(和机器学习)可以在分析生命周期中使用,以支持发现和探索(例如,数据是如何构造的,存在什么模式等)。人工智能在分析中的应用通常以机器学习(如上文所述)或认知计算的形式出现。

认知计算是一种独特的应用,它将人工智能和机器学习算法结合在一起,试图复制(或模仿)人脑的行为(Feldman,2017)。

认知计算系统被设计为像人一样通过思考、推理和记忆等方式来解决问题。这种设计方法使认知计算系统具有一个优势，使得它们能够"随着新数据的到来而学习和适应"并"探索和发现那些你永远不会知道去问的东西"(Saffron Technologies, 2017)。认知计算的优势在于，一旦它学会了某种能力，它就永远不会忘记，而人类往往做不到这一点。

在人与算法的竞争中，不幸的是，人类常常输掉。人工智能的优势就在于此。因此，如果我们要成为聪明的人，就必须学会谦逊，因为在计算机世界里，我们的直觉判断可能还不如依靠一组简单规则实现的算法。

——Farnham Street 博客（Parish, 2017, Do Algorithms, 在复杂的决策中算法能击败我们吗？）

在狭义的术语中，人工智能代表人类智慧，而认知计算则提供信息来帮助人们做出决策。

拓展学习

想要了解更多关于 AI 和认知计算的不同，请阅读 Steve Hoffenberg 写的参考文章（Hoffenberg, 2016）。

1.3 分析方法论

在前一节中，我们讨论了分析以及相关的一些概念，如大数据和数据科学。现在我们将注意力转向分析中使用的实用方法，包括各种分析工具。

具体来说，在本节中，我将概述统计、时间序列分析、自然语言处理、机器学习和运筹学中的方法。

1.3.1 应用统计与数学

与前面许多已经讨论过的概念一样，人们如何定义**统计**以及统计与一般数学（mathematics）有何不同，存在着很大的差异。有些人认为统计是数学的一个分支（Merriam-Webster，2017b），而另一些人（如 John Tukey（Brillinger，2002））则认为统计是一门独立的科学。大多数人认为，就像物理学也使用数学方法但不是数学一样，统计学使用数学但它并不是数学（Milley，2012）。

就本书的讨论而言，统计涉及数据的收集、组织、分析、解释和展示。如果使用这个广义的定义，它听起来和分析的概念非常像。然而，分析和数据科学都使用统计学的数量分析基础，但它们的关注范围比传统统计更广泛，而关于统计与其他学科之间的概念关系有几十个观点（Taylor，2016），我列举了我所看到的这些概念之间的关系，如图 1-3 所示。

数学具有一定的绝对和可确定的性质，而数学的教学方式（至少在美国学校是如此）灌输了一种以确定性的方式来看待数量世界的思想。也就是说，我们被教导相信，所有的事实和事件都可以被解释清楚。但是，统计则把量化数据看成概率的或随机的。也就是说，根据事实可能会推导出普遍正确的结论（除了简单的随机性），但必须承认，存在一些无法准确预测的随机概率分布或模式。

第一部分 分析基础

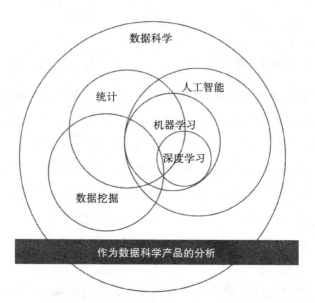

图1-3 统计与其他定量学科之间的关系

> **拓展学习**
>
> 想要学习更多的统计学历史及它如何改变科学，请阅读David Salsburg 的书 *The Lady Tasting Tea*（Salsburg, 2002）。

如图1-4所示，数学思维是演绎性的（即，它通过应用一般定律或原则来推断某一特定实例），而统计推理是归纳性的（即，它从具体实例中提炼出一般规律）。

这种差异在分析的环境下是很重要的，因为我们将归纳推理和演绎推理应用于分析解决不同的问题。因此，将数学和统计都应用到分析领域是适当的和必要的。如果开展分析是一种全面的策略，那么统计和数学就是在众所周知的分析工具箱中帮助我们实现该策略的两个工具。

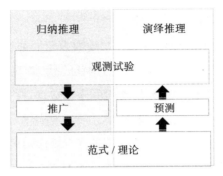

图 1-4 归纳推理与演绎推理的比较

线性规划（linear programming）可用于支持我们分析解决一类特定的优化问题。例如，迪士尼公司在其数据科学类工作中使用线性、非线性、混合整数和动态规划，来解决诸如优化餐厅座位安排、减少公园之间乘车的等待时间、安排工作人员（如演员）时间表等方面的问题。请注意，为了讨论的方便，我在这里不严格区分**运筹学**（operation research）、**数学最优化**（mathematical optimization）、**决策科学**（decision science）或**精算科学**（actuarial science）之间的区别，因为在我看来，它们都是我们分析工具箱中众多分析工具的组成部分而已，可以根据思考和解决问题的需要而灵活使用。

● **线性规划**

线性规划是解决问题的一个数学方法，其输出是一个线性模型函数。例如，我们可能想通过调节几个关键因素，比如外科手术的复杂度、需要医务人员的数量、可能出现的并发症等，来优化急救部门的效能。

1.3.2 预测和时间序列

在讨论支持分析的方法时，预测和时间序列往往被一起提及，并不是因为它们是同一种方法，而是因为它们都针对同一类问题，即基于历史信息对时间序列数据进行特征提炼和预测。

预测和时间序列分析是指对时间序列数据进行分析、从数据中提炼有意义特征的方法。很多时候，预测被描述为通过历史数据对趋势进行判断，并通过可视化手段进行直观展现的方法，有些还提供了关于未来的预测。而时间序列分析不同于预测，虽然你需要时间序列数据来进行预测，但并非所有的时间序列分析都是用来进行预测的。例如，时间序列分析可用于在多个时间序列中发现模式或相似的特征，或执行统计过程控制。类似地，季节性的分析也可以用来识别模式。

时间序列分析采用了多种方法，既有定量的，也有定性的。时间序列分析的目的是在历史数据（或时间序列数据）中找出一种模式，然后推测未来趋势。通常有四大类时间序列分析方法，如图1-5 所示。

一般而言，定量方法是最常见的预测方法。但是，当无法获得定量的历史数据时，或者广泛存在不确定性时，使用定性分析和决策分析方法也很普遍（Saffo，2007）。

1.3.3 自然语言处理

自然语言处理（Natural Language Process，NLP）是指通过计算机来理解和生成"自然语言"的方法。

第 1 章 分析概览

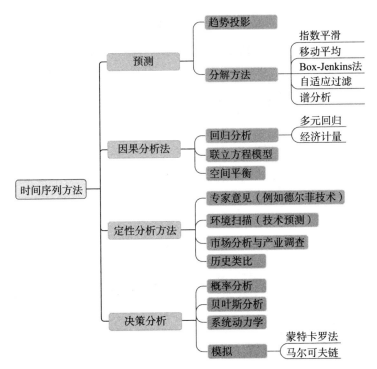

图 1-5 预测和时间序列分析的方法

当前,NLP 是一个专注于人类语言和计算机之间相互交互的研究领域,处于计算机科学、人工智能和计算语言学的交叉领域。文本挖掘和文本分析技术通常可以互换使用,既是 NLP 的前置活动也可以是 NLP 本身的应用。

NLP 的目标是理解计算机文本中的自然语言,NLP 用于文本的分类、提取和总结,我们在理解和技术方面的进步正迅速将 NLP 推向分析和其他许多领域应用的前沿。例如,在分析过程中,我们获取过去的描述信息(如文本、文档、推文、演讲),并对它们进行语义分类或情绪理解。情绪分析对于理解人们如何看待产品或服务特别有用。在医疗保健领域，情绪分析被用来衡量患者的情绪（Freed，2017），以及识别那些有心力衰竭风险的患者（Eichstaedt，Schwartz，Kern，2015）。然后，这些文本摘要将作为分析过程的输入，用于预测建模、决策分析、搜索或回答问题的机器人。

图 1-6 概述了这样一个自然语言处理的普遍过程。

NLP 的一个非常实际的应用是在市场营销领域，文本用于理解客户对某商品（通常指品牌或产品）的整体"情感"。这里的情感指的是如何理解客户的情绪并对情绪进行提炼与归类。除了情感分析，NLP 还可以有多种应用，比如：

- 语法检查
- 实体提取
- 翻译
- 搜索
- 标准化
- 回答问题

拓展学习

欲了解更多自然语言处理中使用的技术，请阅读网址 https://www.kdnuggets.com/2017/02/natural-language-processing-key-terms-explained.html 中 Matthew Mayo 的文章。

自然语言生成（Natural Language Generation，NLG）是人工智能和 NLP 研究的一个子集，它指自动从结构化数据中生成有意义的、可阅读的文本。与 NLP 不同，NLG 走的是另一条研究道路。

图 1-6 自然语言处理过程示意图

也就是说，NLG 以数据或其他形式的信息作为输入，以文本作为输出。

NLG 已经被广泛应用于各种聊天机器人，从客户服务（见 Pathania 和 Guzma，Chatbots in Customer Service）到疾病症状诊断（Facebook，2017）。聊天机器人只是 NLG 的一种应用，其他应用还包括自动化完成下列事项：

- ❏ 把商业智能报表归纳成完整的分析报告（Qlik、Tableau、TIBCO、Microstrategy、Sisense、Information Builders 都提供这类方法）
- ❏ 自动创建财务报表并完成分析（Nanalyze 软件提供此类功能）
- ❏ 制作每日体育资讯简报（StatsMonkey 提供此类功能）
- ❏ 自动编制客户服务代表的绩效评估（Narrative Science 公司的 Quill 软件提供此类功能）
- ❏ 在客户关系管理系统中自动创建 CRM 话术脚本，建议销售机会（Yseop 的 Savvy 提供此类功能）
- ❏ 为小企业提供智能的"财务分析师"整体解决方案（Arria 公司的 Recount 软件提供此类功能）

历史上，自然语言处理领域涉及规则的直接编码，以便处理语言本体，定义单词的结构，理解内容和上下文，以及它们在日常语言中的使用方式。统计计算、计算语言学和机器学习的现代进步正以前所未有的速度改变着 NLP 的世界。

1.3.4 文本挖掘与文本分析

一般来说，文本分析中最令人困惑的一个方面可能是 NLP 和文

第1章 分析概览

本挖掘之间的区别。就像在**数据挖掘**中所做的一样，我们试图从数据中提取有用的信息。在文本分析情况下，数据恰好是文本，从中提取的信息包括在文本数据中发现的模式和趋势。

文本挖掘处理文本数据本身，我们试图回答诸如词汇的频率、句子长度、某些文本字符串的存在或不存在等问题。我们可以解决类似于在第 8 章中概述的问题（例如，使用 NLP 中的技术进行分类）。本质上，文本挖掘通常是 NLP 的前奏。

文本分析涵盖的范围广泛，通常包括应用统计分析、机器学习和其他一些高级分析技术，但通常被认为等同于文本挖掘。我觉得这是个灰色地带。注意，在商业智能领域人们经常使用**文本分析**这一术语，以表示更多的简单行动可以通过典型的报表方式（例如词云、词频分析等），以一种自动和可视化的方式完成。文本挖掘一般是数据科学家喜欢使用的提法，他们虽然拥有很多更先进的方法，但那些在文本挖掘中需要做的计数、统计之类的基础事务也是他们复杂工作的一部分。我认为这符合我的观点，即分析是商业智能（BI）的一种自然进化。需要特别注意的是，不同的社区、不同的场景，会使用不同的术语，这在实际工作中可能会引起一些理解的混淆。例如，参见 www.linguamatics.com/blog/are-terms-text-mining-and-text-analytics-largely-inter changeable。

1.3.5 机器学习

美国最大的私营软件公司和分析巨头 SAS 公司将机器学习定义为（SAS，2017）：

……一种自动建立分析模型的数据分析方法。机器学习使用数

第一部分 分析基础

据迭代学习的算法，使计算机能够在无须显式编程的情况下具有找到隐藏见解的洞察力。

  机器学习的核心是使用算法来建立量化分析模型，帮助计算机模型从数据中"学习"。它同以人为中心的处理过程不同，它是由计算机学习和发现隐藏在数据中的模式，而不是由人去直接建立模型。一般而言，机器学习中模型建立和模型管理的概念是指能够持续并且重复开展后续的决策流程，而不是高度人工参与的常常基于统计手段的分析。

  随着近年来计算能力的进步，机器学习可以用来自动地实现针对大数据的复杂数学计算，而这在以前是不可能实现的。

  人类通常每周可以建立一到两个好的模型，而机器学习每周可以创建数千个模型。

  ——Thomas H.Davenpot，分析思想领袖（Davenport，2013 年）

  图 1-7 概述了机器学习中的常见方法。

拓展学习

  要学习更多相关知识及机器学习中的其他术语，请访问谷歌开发者机器学习词汇表，网址为：developers.google.com/machine-learning/glossary/。

  人们通常根据计算机的"学习模式"对机器学习算法进行分类（记住，机器学习就是让计算机通过分析数据中的模式来提炼规律），也就是说，针对同样的数据，可以有不同的机器学习算法来对真实世界（问题）建模。

  一般而言，有四种机器学习模式或者学习模型算法，它们的区

第1章 分析概览

别在于输入变量扮演的角色不同,以及如何为训练模型准备数据。

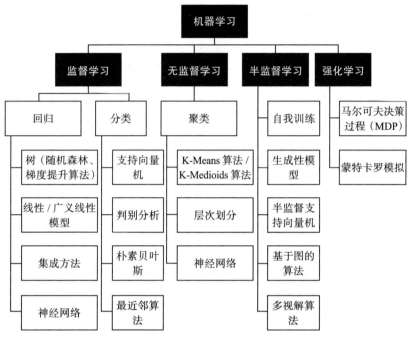

图 1-7　机器学习常用技术归纳

表 1-1 概述了不同机器学习算法的差异。

表 1-1　机器学习模式

学习模式	建模方法	举例
有监督	模型训练过程有人工干预,目的是识别哪些输出是正确的案例的结果,哪些输出不是	在历史数据集中,标记患有或者未患特定疾病的患者。应用有监督模型的目的是利用这一历史数据信息在新的(未标注过的)数据库中预测哪些患者可能患有这种疾病

(续)

学习模式	建模方法	举例
无监督	模型通过自我描述或组织数据，自己发现模式或规律	在对消费者行为的探索中，我们可能想要了解如何区分或识别访问我们网站的人。在没有先验假设的情况下，无监督的方法可以帮助我们对浏览网站的人自动进行分类
半监督	在无法标记全部数据的情况下，通过标记部分数据实现建模，并让算法开展学习	也许半监督模型最常见的例子是图像分类。这个模型可以识别图片中的"事件"，比如说，在复活节找彩蛋的时候，辨识一个草地上带篮子的孩子
强化	该算法"决定"对一个新的数据点采取一系列相应行动，而模型则根据该"决定"的好坏来获得"奖励"。	NLG算法可以用来训练提升如何构造内容和语法，如何使用标点符号，或者如何在基于奖励的口语对话系统（SDS）中表达口语。这实质上是通过强化机制来实现奖励的最大化

1.3.6 数据挖掘

数据挖掘

数据挖掘是在（通常是大型）数据集中发现和解释规律模式，以解决业务问题的过程。

在 20 世纪 90 年代末和 21 世纪初，**数据挖掘**作为一种分析大型数据库以生成新的或与众不同的信息的方法而被广泛应用。数据挖掘界的梦想是"找到干草堆中的一根针"。数据挖掘与统计学不同的是，在数据探索之前，不一定有一个**先验**的理论驱动假说。

第1章 分析概览

> **先验**
>
> "先验"被定义为"从早期开始",或者简单地解释为"事先"。先验假设是在进行实验或收集数据之前陈述的假设。

数据挖掘采用传统的统计方法以及人工智能和机器学习技术,目的是在我们拥有的数据中识别出以前未知的模式并进行预测。

就像分析中采用的其他技术一样,数据挖掘遵循这样一个生命周期:通常从问题描述开始,然后对数据进行理解,再进行模型构建,并根据结果采取相应行动。一般情况下,数据挖掘人员识别出感兴趣的输出变量,然后使用各种技术对数据进行预处理(如聚类、主成分分析和关联规则学习),然后将这些输出变量作为输入应用到数据挖掘算法中,如回归算法、神经网络、决策树或支持向量机。数据挖掘过程中的一个关键部分是模型评估和确保我们不会过度拟合模型。我将在第8章中更详细地讨论这一点。

1.4 分析的目的

只有当我们收集到的数据能够告知和激励处于某个位置上的球员如何有效行动时,事情才算完成。

——Mike Schmoker,博士,作家,前行政长官,英语教师,足球教练

分析是一种支持变革的全面战略,它为干预措施或战略转型提供信息。分析的目标是支持数据驱动的、基于事实的探索过程。这

第一部分 分析基础

一切都是为了建立信心，推动我们了解知识，并利用这些知识来理解、解释、预测和优化。

1.4.1 分析是关于改善结果的活动

我们通过分析来理解、描述和解决问题，并通过分析做出决策和创造洞察力，以推动变革。我们用我们所知道的来理解我们的世界，也就是说，我们"描述、发现、预测和给出建议"（Blackburn 和 Sullivan，2015）。如果分析既不推动变化也不产生成果，那么就不会有多大意义，结果充其量是有趣的。分析成果是否对改变现实世界有某种影响，是衡量分析是否有价值的试金石。幸运的是，有大量的例子说明了分析活动及其产品是如何在不同行业的组织机构中创造变化的。

成百上千的例子已经证明，分析具有改进和提升业务的能力。为什么分析会引起这么多的关注呢？为了回答这个问题，可以参考下面一些通过分析创造价值的案例。

> **案例研究**
>
> www.analyticslifecycletoolkit.com 了解按行业、方法和输出结果分类组织的分析成果应用案例。

总之，当某个需求包括以下三个特征时，使用分析来解决问题的机会最大：

1. 具备完整、统一的数据视图
2. 对未知事物进行描述和探索，以达到预测、描述和优化的目的
3. 存在一个足够重要的业务问题，它既紧迫又是可解的

第 1 章 分析概览

为了确保分析在业务中具有永久的重要位置，以上三方面都是必要的因素，绝不是"可有可无"的条件。

1.4.2 分析是关于创造价值的活动

我们已经被数据淹没了，我们需要的是信息、知识和智慧。

——John Halamka 博士，贝斯以色列女执事医疗中心 CIO

如前所述，结果是分析的一个关键组成部分，因为我们必须创造一些有价值的东西。在讨论分析时，很难不谈论最终创造的价值。毕竟，人们已经看到过许多失败的 IT 项目，在看待分析类项目时，人们也会有类似的疑虑。导致分析项目失败的原因有很多（Bartels，2017），正如 Jeremy Petranka 博士指出的那样，项目失败的原因常常是项目与企业或组织战略没有建立起真正的联系。

虽然分析项目失败的原因可能各不相同，但我在我的顾问生涯中发现，当分析项目的基本价值主张没有完全实现时，项目通常会失败。也就是说，没有实现"交付、沟通和认可"分析项目价值的承诺。

如何衡量分析项目价值有许多定义，例如净收入 [= 收益 – 成本] 便是其中一种方法。我更倾向用分析项目的质量成分来看待分析项目价值，这可以描述为：

分析项目价值 =（项目质量 + 项目产出）/ 项目成本

这里的"质量"是至关重要的，没有质量的分析意味着风险、不确定性以及未实现的潜力。项目质量通过稳定性、可重复性、可靠性和可验证等指标来衡量。当上述比率小于 1 时，即当项目成本超过质量加产出时，我们就没有达到基本的项目价值主张（即在项目启动前所考虑的：为什么要做这个分析？）。然而，仅能覆盖成本的项目价值（上述比率为1）仍然不够。相反，我们期望分析项目能够成为组织的"能力加速器（force multiplier）"（Kaufman, 2010），也就是说，上述比率越大越好。当然，分析的投资回报（ROI）并不是衡量项目价值的唯一标准，因为还必须考虑其他方面，例如降低风险，避免错过机会或致力于改善客户、病人或其他利益相关者的生活，等等。

更确切地说，分析是创造价值的工作，我们通过称之为**分析生命周期**（Analytics Lifecycle）的科学方法来实现这一工作目标。分析需要一种多学科的方法论来实现价值。

● **分析生命周期**

分析生命周期是指在一个分析产品的生命周期中所发生的一系列变化。在本书中，为了改进组织及其工作流程，我们必须考虑到业务问题的不断变化，并随着这种变化及时进行相应的调整和完善。

我们将在第10章中讨论衡量分析项目价值的工具和最佳实践，同时我们会讨论"价值管理"（Value Management）方法，并将其作为分析产品管理的一种重要工具。

1.4.3 分析是关于发现的活动

比你思考什么更重要的是你的思考方式。

——Atul Gawande 博士，作家和外科医生

如果商业智能（BI）是关于认知可知的事物，那么分析可以帮

助我们探索未知的事物。俗话说，"除非我们去探索，否则我们永远不会知道某件事。"分析的力量在于它支持我们对未知的探索。我们利用推理和理解能力来挖掘数据中隐藏的模式。实际上，当我们用数据"解决问题"时，我们常常会在演绎推理和归纳推理之间来回切换。

关于探索的概念贯穿于本书，并在许多最佳实践领域中被专门描述为一种方法论，用来构造解决问题的框架（第6章），挖掘隐藏的模式和发现关联关系（第7章），推动分析结果得到有效应用（第9章）。

1.4.4 分析是关于促成变革的活动

不要仅仅依靠数据来推动决策，而要利用数据来推动建立更好的领导力行为。

——John W. Boudreau 博士，南加州大学马歇尔商学院与高效组织中心教授和研究室主任

我知道很少有人喜欢和拥抱变革。然而，变革是不可避免的，完全不变的组织几乎不存在。推动组织变革的动力可以有多种形式，对于某些组织来说，可能是以危机的形式出现，比如灾难、放松管制、利润下降、政府的强制要求、系统性失败或者公共卫生恐慌。

变革为整个行业提供了改变其运作方式的机会。例如，*Moneyball*（Morris，2014）一书中描述的奥克兰A号的案例，以及他们如何利用分析来驱动比赛。美国职业棒球大联盟已经被分析活动改变了，它现在根据分析结果决定使用球员的方式，每个球员的使用方式永远都不会一样。

我从价值、结果和影响这样的词汇开始这一节的论述。对我来说,这些都是影响分析的关键因素:推动变革以改善结果并创造价值。如果看看一些最有名的分析案例,我们就能看到由分析结果导致组织变革的证据(即分析如何影响决策制定过程,或者如何影响工作任务完成):

- 迪士尼利用分析和线性规划来设计餐厅的规模,优化其整个度假区的容量和资源利用。
- 克利夫兰诊所使用先进的预测模型来安排手术室工作人员时间表。
- 波士顿公立学校改进了公交站点的分配方式,以更加便利25 000多名校车乘客。
- 犹他大学提前三周预测了呼吸道合胞病毒(RSV)在高危患者中的爆发。

在上述每一个案例中,无论我们是使用分析方法来改进客户体验,还是激励创新,抑或是重新设计和优化服务提供过程,变革都是不可避免的,因为对组织的影响必然涉及改变工作的完成方式。

我们将在整本书中探讨分析导致的变革和带来的影响。在本书第三部分,当讨论让分析成果应用更具可操作性时,我们还会特别关注这一主题。

1.5 本章小结

在很大程度上,分析是一项有弹性的工作,因为它能够影响我们的工作方式、我们所做的决策以及我们取得的成果。分析常常与

第1章 分析概览

大数据、数据科学、信息学,甚至商业智能放在一起讨论。

然而,分析应该被看作是一种组织战略,**分析生命周期**是一组最佳实践,每一种实践都有互补的过程。事实上,我在本书中从操作上将分析定义为**一种全面的、由数据驱动的解决问题的策略**。这个定义可能不会减少那些把分析与统计学、计算机算法、数据可视化或海量大型数据库混为一谈的人的困惑,但如果你一定要这样做,请务必相信:(1)分析与上述领域确实不是一回事;(2)尽管它们都非常有用,但它们的许多内容仍然只是工具,而不是由数据驱动的、基于事实的探索和解决问题的科学或者方法论。我认识很多没有统计博士学位的杰出分析思想家,这从另外一个角度也说明分析与统计并不是一码事。

分析应被描述为一个过程,并具有以下可以观察到的特征:

- ❏ 分析不是终点,而是获得洞察力以实现变革的过程。分析是将数据转化为切实可行的措施的艺术和科学。
- ❏ 分析使我们在数据中发现有意义的模式,支持使用数据来检验所得到的结论(或采取行动)。
- ❏ 分析不是一种技术,虽然技术是用来支持分析过程的。
- ❏ 分析不仅仅是简单地计数或使用基本的数学,而是利用我们对过去的了解来预测和优化未来。
- ❏ 分析可以包括但不一定必须是计算密集型的、只能由硅谷"数据科学家"使用的算法,而是由对预测未来充满好奇心的人们——我们称之为"数据倡导者(Data Champion)"——掌握的方法。
- ❏ 分析必须从创建"决策"过程的输入开始,也就是说,分析过程需要创建一个数据产品——不论其大小，不论其是否可重复使用——该数据产品将为另一个分析过程提供输入信息。

就像许多在现代分析方法出现之前建立的组织策略一样，我们将继续进化我们的思想，提高我们理解世界的能力。我们得益于以前工作所积累的知识，包括科学流程、统计学、探索性数据分析、数据挖掘、人工智能、数据可视化、计算科学、心理学和行为经济学、精益思维、六西格玛等。以上领域均对分析科学做出了独特的贡献，包括思考、学习、解决问题、决策制定和行为改变等。

探索性数据分析

探索性数据分析（Exploratory Data Analysis，EDA）是在开展分析工作之前理解数据和决定需要澄清哪些问题的过程。

在本书的第三部分，我们提供了一个将分析*付诸行动*（actioning）的实用视角。虽然付诸行动是一个非正式术语，我们仍使用"付诸行动"这个词，是因为它意味着通过分析成果去推动变革；也就是说，"将分析付诸行动"是一种有组织的、基于特定目标的、需要取得产出的活动。

1.6 参考文献

Bartels, E. (2017). Jeremy Petranka on IT strategy. Retrieved from events.fuqua.duke.edu/facultyconversations/2017/06/20/jeremy-petranka-on-it-strategy/.

第1章 分析概览

Blackburn, F., & Sullivan, J. (2015). Field guide to data science. Retrieved from www.boozallen.com/s/insight/publication/field-guide-to-data-science.html.

Brillinger, D. R. (2002). John Wilder Tukey (1915–2000). *Notices of the AMS, February 2002*. Retrieved from Notices of the AMS website: www.ams.org/notices/200202/fea-tukey.pdf.

Champkin, J. (2013). George Box (1919–2013): a wit, a kind man and a statistician. *Significance*. Retrieved from www.statslife.org.uk/history-of-statsscience/448-george-box-1919-2013-a-wit-a-kind-man-and-a-statistician.

Copeland, J. (2000). What is artificial intelligence? Retrieved from www.alanturing.net/turing_archive/pages/Reference%20Articles/What%20is%20AI.html.

Cox, M., & David, E. (1997). *Application-Controlled Demand Paging for Out-of-Core Visualization*. Paper presented at the Proceedings of the 8th Conference on Visualization '97, Phoenix, Arizona, USA.

Davenport, T. H. (2013). Industrial strength analytics with machine learning. Retrieved from blogs.wsj.com/cio/2013/09/11/industrial-strength-analytics-with-machine-learning/.

dictionary.com. (2017). Analytics. Retrieved from www.dictionary.com/browse/analytics.

Drucker, P. (1969). *The age of discontinuity: guidelines to our changing society* (1st ed.). New York: Harper & Row.

Eichstaedt, J., Schwartz, H. A., & Kern, M. L. (2015). Psychological language on Twitter predicts county-level heart disease mortality. *Psychological Science*.

Facebook. (2017). Florence chat. Retrieved from www.messenger.com/t/florence.chatbot.

Feldman, S. E. (2017). Cognitive computing. Retrieved from en.wikipedia.org/wiki/Cognitive_computing.

Freed, D. (2017). Joy for Facebook Messenger. facebook.com/hellojoyai/.

Granville, V. (2014). 16 Analytic disciplines compared to data science. Retrieved from www.datasciencecentral.com/profiles/blogs/17-analytic-disciplines-compared.

Hoffenberg, S. (2016). IBM's Watson answers the question, "What's the Difference Between Artificial Intelligence and Cognitive Computing?" Retrieved from www.vdcresearch.com/News-events/iot-blog/IBM-Watson-Answers-Question-Artificial-Intelligence.html.

Kaufman, J. (2010). *The Personal MBA*.

Marr, B. (2016). Will 'analytics on the edge' be the future of big data? Retrieved from www.ibm.com/think/marketing/will-analytics-on-the-edge-be-the-future-of-big-data/.

Merriam-Webster. (Ed.) (2017a) Merriam-Webster.

Merriam-Webster. (Ed.) (2017b).

Nelson, G. S. (2010). BI 2.0: Are we there yet? Paper presented at the SAS Users Group International.

Pathania, A., & Guzma, I. (Chatbots in Customer Service). Retrieved from www.accenture.com/t00010101T000000__w__/br-pt/_acnmedia/PDF-45/Accenture-Chatbots-Customer-Service.pdf.

Rose, R. (2016, June). Defining analytics: a conceptual framework. *ORMS Today, 43*.

Sack, J. (2012). Early human counting tools. Retrieved from mathtimeline.weebly.com/early-human-counting-tools.html.

Saffo, P. (2007). Six rules for effective forecasting. *Harvard Business Review*.

Saffron Technologies. (2017). Retrieved from saffrontech.com/saffronre sources/.

SAS. (2017). Machine learning—what it is and why it matters. Retrieved from www.sas.com/en_us/insights/analytics/machine-learning.html.

Schlangenstein, M. (2013). UPS crunches data to make routes more efficient, save gas. Retrieved from www.bloomberg.com/news/articles/2013-10-30/ups-uses-big-data-to-make-routes-more-efficient-save-gas.

Schouten, P. (2013). Better patient forecasts and schedule optimization improve patient care and curb staffing costs. Retrieved from www.beckershospitalreview.com/hospital-management-administration/better-patient-forecasts-and-schedule-optimization-improve-patient-care-and-curb-staffing-costs.html.

Shuttleworth, M. (2009). What is the scientific method? Retrieved from explorable.com/what-is-the-scientific-method.

Taylor (2016). Battle of the data science Venn diagrams. Retrieved from http://www.kdnuggets.com/2016/10/battle-data-science-venn-diagrams.html/2.

Value Proposition (n.d.). Wikipedia. https://en.wikipedia.org/wiki/Value_proposition.

Wolfram, S. (2010). Making the world's data computable. *Stephen Wolfram Blog*. Retrieved from blog.stephenwolfram.com/2010/09/making-the-worlds-data-computable/.

Woodford, C. (2016). Speedometers. Retrieved from www.explainthatstuff.com/how-speedometer-works.html.

第2章 分析人才

培养人才是企业最重要的任务，人才是赢得知识经济竞争优势的必要条件。

——彼得·德鲁克

2.1 谁来做分析工作

一些专家可能认为应该把分析工作丢给精挑细选出来的少数精英去做，这些人往往是数学家、统计学家和计算机科学家，因为正是他们开发了复杂的算法。但我不同意这种观点。算法开发属于数据科学范畴，确实是一个复杂而且有价值的领域。但我认为几乎所有人都可以"做"分析。虽然教育水平和定量分析技能训练能为分析工作的开展提供更先进的分析方法，但分析本身是一项团队活动。决策贯穿整个组织，但人们经常忽略这样一个事实：在决策中起作用的是决策生命周期和分析生命周期两个截然不同的过程（见图2-1）。这两个过程之间的联系向我们展示了应该如何为组织的分析需求提供服务。

解决问题并不是一件多么独特的事情，我们每天都在努力解决各种问题。虽然每个人解决问题的能力有高低之分，但解决问题的技能是可以学习、发展和被指导的。一些人认为，在解决数据分析

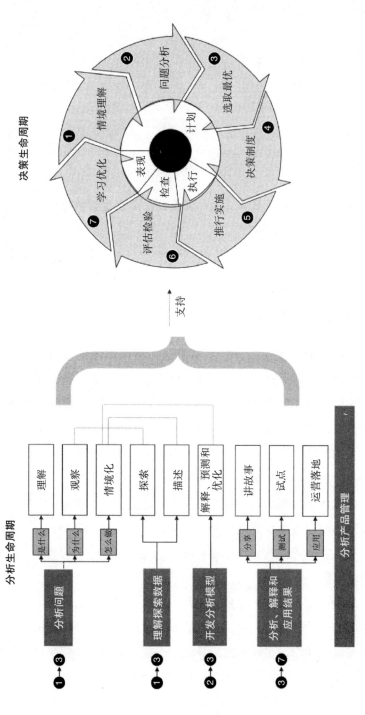

图 2-1 分析生命周期支撑决策生命周期

第 2 章 分析人才

这类问题时,拥有高超能力的数据科学家处于问题的一端,业务用户则处于另一端,而具备一般分析能力的数据分析师处在两者之间(见图 2-2)。Gartner 公司将数据分析师(Moore,2017)定义为"创建或生成具有高级诊断分析、预测分析或规范分析功能的模型的人,但他主要的工作内容常常在统计学和分析学领域之外。"

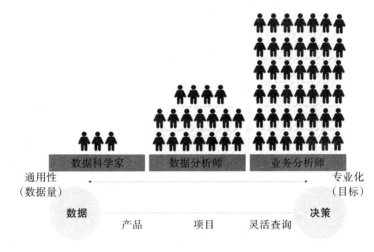

图 2-2 运用数据支持决策的过程中的不同角色

如果我们认为分析是一门决策支持类学科,那么从事"深度数据科学"活动的人在组织的分析团队中所占的比例仍是相对较小的(尽管这项工作很重要)。因此,我们需要构建一个能灵活匹配组织分析团队构成的模型,使得组织的分析工作既不会与业务脱节,也不会降低少数真正的数据科学家在团队中的重要作用。

我将一个组织及其可应用的资源看作一个生态系统⊖。在这个

⊖ 在本书中,分析是作为一个生态系统的概念来使用的。关于分析生态概念的详细描述请参见 2.6 节中的 "Fattah,A.(2014)"。

生态系统中,重要的是要使用和管理好发展和维持分析能力的关键资源。

本章的余下部分将论述这种重要资源的其中一个方面:分析师的使用和管理。第 3 章将探讨更广泛的构建分析"能力"的概念。

2.2 分析师的职责

本书的第二部分将从对分析学宏观问题(包括分析的内涵、谁做分析以及为什么做分析)进行讨论,转移到对分析中的任务和分析过程的具体细节进行讨论。本章首先讨论谁来做分析工作。

人们对于**分析团队成员的角色和职能**划分几乎从未形成统一的见解。这在一定程度上是由分析团队的"我们与众不同"的心态所决定的;另一方面,即使在同一行业的两个企业,也不太可能具有相同的分析策略或数据成熟度。不同企业的业务范围、数据成熟度、经验和资源不同,决定了企业专业分析人员的构成也各不相同。此外,各类组织也是由具有不同能力、多元化甚至特殊背景的形形色色个人组成的。

提供分析服务的团队通常是不断演化而形成的,并不是专门挑选几个人就能组建完成的。这就意味着很多组织中对分析岗位的职责描述和当前组织所需的分析工作内容相去甚远。类似地,很难有一套分析师岗位序列的标准描述,能够清晰展示分析师的职业生涯规划以及不同分析角色之间的内在联系。

不过有一些通用的模式可以作为参考。图 2-3 给出了一组用于分析师的岗位分类标准,它描述了一个全方位分析产品团队所需的

第2章 分析人才

角色和职责[⊖]。

图2-3 分析工作的五大岗位系列

应该注意到,这些岗位序列有着各自独特的职业发展路径。这一框架可用于人才招聘、人才挽留和职业发展决策。就一般目的而言,这些区分有助于构建本书第二部分讨论的分析流程中的流程和参与者角色。

⊖ 这个分析能力模型由我创立的ThotWave公司提出,详细信息见www.thotwave.com/healthcare-analytics-competency-model-talent-development-program/。

2.3 分析工作的岗位序列

根据我作为顾问、培训师和分析团队管理者的经历,我将分析工作划分成五大类岗位序列,包含了分析生命周期所需的各种工作角色和职责。每个分类中都包含着一组能力,每组能力又分别定义了其所需的知识、技能、行为和特征(见图2-4)。

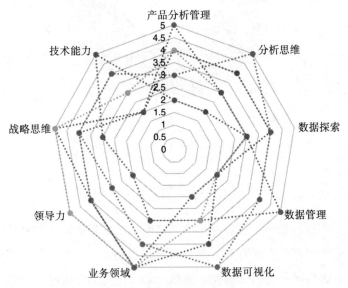

图 2-4 分析生命周期各岗位序列所需能力

九个能力领域对于组织层面取得分析体系的成功至关重要(见图2-5)。这是一个通用的模型,但请注意,一个组织的特征、文化

第2章 分析人才

和使命可能会影响模型中各个元素的重要性。在我的咨询工作中，这个参考模型对大多数组织都很有效。

图 2-5　分析的九大知识领域（分析能力模型）

下文讨论的分析生命周期的五个岗位序列中，每个序列所对应的上述九大领域内所需的具体能力各不相同。没有精通一切分析技能的分析独角兽（Olavsrud，2015），也没有任何人能精通每一个分析领域。请注意，在下面的岗位序列中，我特意没有使用数据科学家这个名称，因为我的目的是希望大家弄清楚分析是数据科学的产物，而数据科学家一词则包括了分析领域中各种各样的角色。

2.3.1　业务分析

业务分析是指通过将业务知识、业务运营、工作流程和数据分析结合起来，在持续改进的理念下实现组织目标的能力。这项工作中的具体角色可能侧重技术能力，也可能侧重信息集成。所有角色职能都需要具有需求分析和定量分析技能（指或者具有数据分析技能或者具有数据管理技能)。核心能力包括强大的业务流程、知识管理、可行性评估、数据驱动变革领导力和业务影响评估等方面的能力。通常,特定业务分析角色岗位的职能与统计分析、技术数据分析或分析产品管理角色岗位序列有重叠的部分。

业务分析常见岗位

- ❏ 业务分析师。负责理解业务变更需求,评估需求变更给业务带来的影响,收集整理业务需求,根据相关方沟通策略的需要分析和提供数据。
- ❏ 信息学家。负责获取、传递和使用数据,应用业务或领域知识,推动信息技术的开发、维护、优化和合理使用。
- ❏ 数据知识管理专家。负责组织、记录和管理与企业使用的数据和分析产品有关的信息。
- ❏ 数据记者。负责解释、评论和重新表述数据和分析结果,以便无技术背景的相关方也能够读懂数据分析结果对业务领域的意义。
- ❏ 数据管理员。负责管理和监督特定业务领域数据资源,以确保数据使用者能够以统一、可靠的方式访问、创建和维护高质量数据。

2.3.2 统计分析

统计分析是通过数据分析洞察并解决业务挑战的过程所需的一项核心能力。通常,这种能力是通过使用高级统计知识、数据可视化和一些算法编程来实现的。统计分析工作序列中的角色要与整个企业的各个业务板块负责人进行充分沟通和协商,因为他们产生的

第2章 分析人才

信息要供广泛的受众使用,这些受众包括企业高级领导人、研究人员、一线操作人员,甚至还包括合作伙伴、客户或病人等外部人员。统计分析的核心能力包括案例分析思维、可视化和解释分析结果的能力。统计分析中一些特定的角色可能更具技术性,要求具备数据编程能力,这也会与强调技能的技术分析岗位序列中要求的能力有所重叠。

统计分析常见岗位

- 统计学家。负责利用数据工程、数学、统计和编程技能,从各类大量的业务数据中提取出合理的见解。
- 地理空间科学家。负责利用地理信息系统分析业务数据,随着时间的推移,这些数据可以与位置和空间的概念联系在一起。
- 智能分析师。负责执行各种简单或者复杂的统计活动,为业务部门提供维持、改进或转换业务活动的洞察力。
- 研究分析员。负责执行各种简单或复杂的数据分析任务,提供研究支持,帮助解答组织机构中存在的问题。

2.3.3 技术分析

技术分析涵盖了各种专业角色,他们负责对数据和数据产品进行清洗、调整、建模并转换为可靠的数据基础,为探索企业数据寻求洞察力提供支持。达成这一目的可利用的工具很多,但对于现代的分析团队来说,快速采用新方法和在工具之间灵活切换的能力至关重要。这个岗位中的角色应当能理解技术框架对组织、检索和共享现有数据的要求,所需核心能力包括数据梳理、数据标签建立、工具使用以及系统思维方法。

技术分析常见岗位

- 商业智能架构师/开发人员。负责开发组织数据、信息管理和技术组件的框架，用于创建分析报告和分析结果展现的企业系统。

- 数据架构师。负责推荐并初始化数据结构、数据模型、关系、属性、值域和模式的创建；理解架构设计对不同业务部门的影响。

- 数据管理员。负责基于对企业关系、业务定义和业务使用概要的全面理解来管理和维护数据；采用为企业赋能和提升智能应用的方式组织、维护和存储信息。

- 数据工程师。根据技术需求开发程序解决方案，以满足需求和设计规范。从本质上讲，这个角色通常被放在 IT 部门，也可以称为 ETL 开发人员、数据分析人员或数据集成人员。

- 报表开发人员（和仪表盘开发人员）。负责为业务部门创建各种报表、仪表盘和记分卡，并提供分析说明。

2.3.4 领导力分析

分析团队的领导岗位序列包括指导和管理分析团队的一线经理和总监级领导。他们帮助组织通过使用数据和分析产品做出决策。他们汇聚企业在业务、质量、技术等方面的问题，形成应关注的分析需求，推动整个企业的协作、最佳实践共享和共享知识资产的部署。领导者必须对企业的文化和业务流程有全面的把握，同时还需要在分析项目的设计思维、数据驱动的决策制定、深信分析的价值、

第2章 分析人才

把握企业战略方面具有较强能力。

领导层的常见岗位

- ❏ 经理/团队主管。担任分析团队和数据产品团队管理者，负责项目优先级管理、分析团队动态调整和专业发展等方面的工作。团队主管也可以参加团队分析产品的开发，并做出个人贡献。
- ❏ 高级经理。担任分析产品一线经理，直接带领团队分析人员开展分析工作，还应负责团队文化建设、协调团队成员职业发展战略等广泛内容的工作。
- ❏ 分析高管。总监或者更高级别的组织领导，他们选择采取哪种战略性业务分析目标，并将这些分析目标与数据和分析团队所需的能力相匹配。

2.3.5 产品分析管理

项目管理岗位序列的工作内容很多，主要是负责做好围绕分析项目或项目组的开发、管理和落地实施工作。这些工作对于做好分析生命周期管理至关重要，涉及将分析洞察力转化为行动的许多核心过程。负责项目管理的项目经理需要确定分析项目范围，制定项目实施计划，确定团队工作优先级，甚至指导团队遵循合适有效的工作流程。一些担任这一职务的个人也管理小型分析团队。他们通常也有很强的业务领域知识，擅长协调分析项目与整个企业的战略关系。这些管理人员在团队的分析项目开发活动中越来越多地使用敏捷开发模式。

分析产品管理常见岗位

- ❏ 产品经理。负责根据企业对分析洞察成果的需求，做好分析或数据产品的部署、维护、更新和评估；负责数据产品的交付、业务范围管理、成本控制和成果应用计划制定。在某些情况下，这个岗位也被称为项目组合经理。

- 项目经理。负责使用公认的项目管理方法对项目或项目组合进行管理，确保项目达到设计目标；当出现项目偏差的时候，负责支持对项目的业务范围、成本、进度等方面的偏差进行管理。根据职责范围的大小，它们也被称为项目群经理或项目经理。
- 过程架构师。负责识别当前的业务流程状态，获取业务属性，记录所有业务流程细节，协调促成新的业务流程设计；确定数据产品、用户行为、实际业务流程和业务策略之间的影响和联系。
- 质量经理。负责确保使用质量保证的最佳实践开发分析产品；负责分析产品的维护和耐用性评估，以及分析产品的整体使用寿命管理。

2.4 分析的关键能力

第 1 章讨论了如何开展组织机构的能力建设，我们将其定义为基于组织中人的集体能力可以达成的任务。在第 3 章中，我们将详细阐述组织机构分析能力的概念。在此，我们开始讨论组织机构所需的一般分析能力，第 12 章将重点对这些能力进行详细讨论。

在分析界，人们非常关注大家需要擅长什么，从数学技能到深度计算机科学和统计建模，不一而足。虽然具体的方法和技术是必

第 2 章 分析人才

要的,但分析界的无名英雄其实是那些善于解决问题、善于批判性思考、会阐述分析结果以及善于合作的人。不幸的是,这些软技能很难写在简历上,并且在招聘时更难评估,组织往往只能聚焦到一个人有形的、可测试的特质上,例如他知道什么,而不是他有能力实现什么。

在一篇题为"The Elusive Data Scientist"(难以企及的数据科学家)(Nelson 和 Horvath,2017)的论文中(如图 2-6 所示),我和我的一位同事列举了我们衡量分析人才的四个方面的能力:

1. 技术
2. 业务领域
3. 方法
4. 软技能

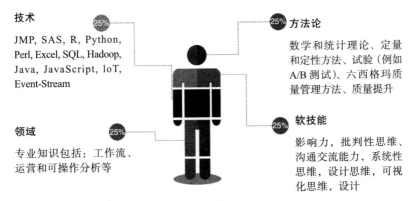

图 2-6 难以企及的数据科学家综合了技术、数据、业务领域和方法论等方面的能力

第一部分 分析基础

> **分析能力**
>
> 分析能力指的是将数据成功转化为可行性措施所需的知识、技能、能力和性格。

当人们谈论分析人才的技能时,常用*知识*、*技能*和*胜任力*这三个不太精准的词语来表达。本书重点讨论分析能力建设,因此需要明确定义分析人才应具备技能的术语,以便清楚表达通过团队分析能力实现企业期望的过程。为达此目的,需要先明确定义如下几个概念:

知识领域(knowledge area):指个人获得的,使他能够胜任单一的或某个业务领域的工作职能所需的信息集合。

技能(skill):指一种以个人的知识为基础的,能够以之完成某种活动,可以通过评价进行衡量的能力。技能可以通过必不可少的特定活动习得,但是仅有技能还不足以胜任某一职能。

胜任力(competency):指一个人的知识、技能和行动能力的集合,使个人有能力成功地做好某件事。

能力(ability):指在某个时间点从事某种特定活动的能力。

熟练程度(proficiency):指具有一定胜任力后达到的特定水准。

我主张从分析和解决问题的过程中去评估一个人,而不仅仅是从衡量其所具备的技能去评估一个人。例如,可以通过一个人在计算机语言(如 SAS、R、Java、Python)方面的技术专长来衡量他的技术技能,但另一种更深层次的评价方法是评估他成功完成一项工作的能力程度。我们将在第 12 章中更详细地讨论这一点。

除了目前关于分析的"软技能"的讨论之外,我在第 12 章中分

第 2 章 分析人才

别详细讨论五个分析岗位序列的分析专业人员所需的能力。

> **工具与模板**
>
> *如想更多了解分析团队在五个分析岗位序列方面的胜任力知识，请参阅 www.analyticslifecycletoolkit.com。*

思维方式可能会影响一个人如何处理（并解决）一个问题，但在与他人合作时，要充分考虑到我们的思维方式（感知、判断、决定）可能和别人不同，这一点也很重要。毕竟，分析是通过科学的、基于事实的策略来影响行动（即进行干预）的方法论。

可视化技术专家 Stephen Few 总结了分析思维类型。在一篇文章中，Few 推荐了一套称为"分析思维研究"的课程体系，用以强化分析专业人士分析思维能力的不足。具体而言，他列出了分析人员应具备的九种不同类型的思维模式：

1. 全脑思维
2. 批判性思维
3. 逻辑思维
4. 科学思维
5. 统计思维
6. 系统性思维
7. 视觉思维
8. 伦理思维
9. 数据探查

每一个对分析感兴趣的人不仅需要阅读他的文章（Few，2015），还应该考虑如何培养分析人员，拓宽他们的分析方法论视野。

第一部分 分析基础

在本章中,我认为在评估分析团队胜任力时,很重要的是考虑团队的一些非技术方面的能力(见图 2-7)。我们将在此讨论其中的四点:

1. 分析思维能力
2. 解决问题能力
3. 批判性思维能力
4. 系统性思维能力

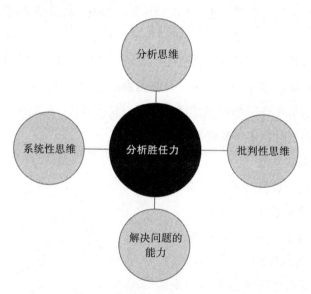

图 2-7　分析岗位所需的关键胜任力

2.5　分析思维

分析思维能力是一个宽泛的概念,它指的是一个人对信息进

第2章 分析人才

行梳理并评估其各个组成部分优劣势的能力。拥有分析思维能力的人会分解问题，对问题的多个解决方案进行头脑风暴，分析数据差异，权衡各种解决方案的利弊，并利用测试和验证来确认或否决某个解决方案。在整个分析生命周期中都需要应用分析思维方法，特别是在我们要对面临的分析问题进行分类时。正如我们在本书中所看到的，准确评估分析问题空间和正确选择解决问题的分析方法是一项关键技能。在这里所展示的例子（球拍和球的问题）中，我们注意到，除非我们应用分析思维方法，否则很容易做出错误处理。

> **实践中的分析思维：球拍和球的问题**
>
> 通常是以应用题的形式来阐述分析思维的思考过程：
>
> "球拍和球总共花费 \$1.10，球拍比球贵 \$1.00，那么球多少钱？"
>
> 研究表明大部分人会答错，球的价钱是 \$0.05，而不是 \$0.10，运算公式如下。
>
> $$x + (\$1.00 + x) = \$1.10$$
> $$\$1.00 + 2x = \$1.10$$
> $$2x = \$1.10 - \$1.00$$
> $$2x = \$0.10$$
> $$x = \$0.05$$
>
> 我们对结果做如下验证，验证无误。
>
> $$x + (\$1.00 + x) = \$1.10$$
> $$\$0.05 + (\$1.00 + \$0.05) = \$1.10$$

第一部分 分析基础

2.5.1 问题求解

有很多种解决问题的方法。传统上,组织习惯于使用分解法分析问题。也就是说,人们将问题分解(或减少)到其基本组成部分,并分析构成各部分的元素,选择能反映问题特质的属性,对问题进行描述。

例如,在分析一辆汽车不能启动的原因时,我们会首先思考导致问题发生的因素(电子器件、燃料、发动机)。然后,由此列出一系列的潜在选项,来帮助我们厘清当前的困境(见图 2-8)。

这种解决问题的方式经常用于管理咨询领域,以解决复杂的业务上的和组织结构上的问题。例如,麦肯锡和波士顿咨询集团推广使用多种可视化模型,如决策树、MECE 原理、金字塔模型和 BCG 矩阵,用于剖析问题或综合分析结果。这些模型将在第二部分的分析生命周期章节中具体介绍。

这些工具只是采用**分解**⊖和综合两种方法解决问题的一些例子。在分解法中,人们将问题分解为部分或组件。而在综合法中,解决问题的方向正好相反(见图 2-9),分散的部分或组件被组合成一个完整的整体(或系统)。

在执行分析生命周期的全过程中,我们往往要交互使用综合(系统化思维)和分解(简化思维)两种思维方式,它包括:

- 定义问题和理解问题
- 数据发现、关联关系和数据洞察
- 内生和泛化
- 技术布道、测试和原型设计

⊖ 原文为"analysis",意思是通过分析,将问题进行分解从而方便解决的一种方法。——译者注

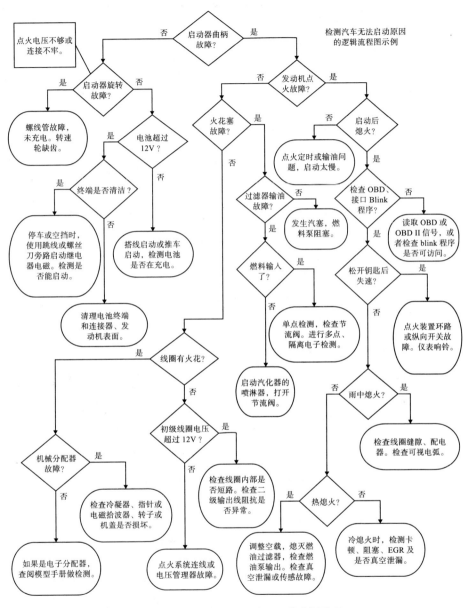

图 2-8 定位汽车无法启动原因的分析流程

来源：Copyright 2008 by Morris Rosenthal www.ifitjams.com

第一部分　分析基础

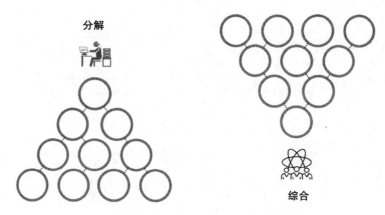

图 2-9　分解和综合是解决问题的两种不同方式

图 2-10 给出了适用于分析方法论的一般观点。此图改编自 Vijay Kumar 的关于实践创新设计思维方面的文章（Kumar，2012）中提到的创新规划模型。

只有坚持才能找到解决问题的办法，而不是停留在简单肤浅的答案上。我们很容易抛出一些关于为什么某些东西会损坏的理论，但是需要通过结构化思维方法的训练才能找到解决问题的方法。那些富有好奇心的分析专业人士采用严谨的结构化分析方法，使用分解–综合、DMAIC 或其他结构化方法来解决问题。下面，我们介绍应用分解–综合方法解决问题的过程。

● **DMAIC**

DMAIC 是一种基于六西格玛的数据驱动的改进策略。DMAIC 是指定义（Define）、测量（Measure）、分析（Analyze）、改进（Improve）和控制（Control）的缩写。

第 2 章 分析人才

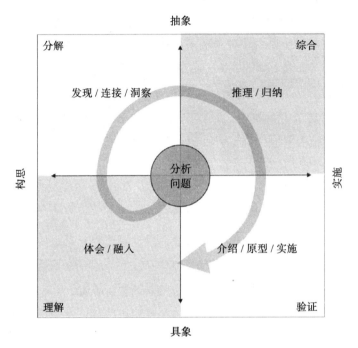

图 2-10 开展分析的创新规划模型

2.5.2 分解方法

分解方法一般包括三个步骤：

1. 将一个问题分解为它的组成部分，这个过程将各个部分隔离开来，并将它们分解至不可再分、互不相同的基本单元。

2. 逐个分析分解后的各个独立部分。

3. 将这些不同的组成单元重新组合到原系统中，在系统中根据各部分的属性对其进行描述。

分解方法的好处是，它隔离了焦点领域，所以你不必"一口吃个胖子"，可以把注意力集中在高优先级的问题上。分解方法的局限性在于它忽视了系统中存在的关系和相互联系。也就是说，孤立地看待系统各要素之间的关系，系统仅仅是其各部分的总和。

分解方法适用于系统内几乎没有相互联系或相互依存的情况。然而，在复杂的系统中，如欺诈检测、药物依赖或零售额预测中，系统不能被简单地分为几个独立的部分，因为它内部是相互依赖的。

2.5.3 综合方法

解决更复杂的问题可能需要使用综合方法，其中第一步是理解研究对象这一元素所在的整个系统，检查系统和元素之间存在的互联性和依存性。

综合方法被定义为形成内部相互连接的整体的成分或元素的组合。

综合方法侧重于分析系统中的关系和相关性，常常用于描述一个实体（部分）与其所属的整个系统的关系。

请注意，本章的后续内容中我们将讨论系统性思维的概念，这与综合方法的相关性很大。

与分解方法一样，综合方法也有三个推理阶段：

1. 确定研究对象所在的系统或整体。
2. 创建整个系统运行的大致框架。
3. 试着理解各部分是如何连接和运作的。

值得注意的是，分解方法和综合方法是两种可以用来描述事物的基本分析范式。我们讨论这两种分析范式的原因是，在日常工作中我们通常没有清晰考虑过自己是如何思考的。也就是说，我们并不会意识到，什么时候应该用分解方法，什么时候应该用综合方法。

第2章 分析人才

对大多数人来说，很容易想到解决问题的细节方法（解决问题的策略），并将重点放在分解、分析和重组的详细步骤上，或者实现技术手段的机制上。但是没有清晰地转换我们的思维方式，缺少批判性思维能力的锻炼，会使我们承受不必要的风险，这可能导致分析方法中出现盲点。这些盲点（问题）在业务需求分析、数据探索、数据分析、分析结果传播甚至分析项目的执行等层面都有可能存在。

> **工具和模板 @**
> www.analyticslifecycletoolkit.com
> 练习单：分解方法和综合方法。

2.6 批判性思维方法

如上文所讨论的那样，分析思维方法是指导我们审查和分解问题、评估相关因素的优势和劣势的能力。批判性思维方法是一种与其互补但又略有不同的解决问题的方式，它涉及使用心理模型来克服思维过程中的懒惰或无意识偏见——例如，迫使我们更主动地思考问题。Amos Tversky 和 Daniel Kahneman（Tversky 和 Kahneman，1974）首先讨论了我们用来简化日常决策的内在偏见或启发式思维。后来，Kahneman 在他的畅销书 *Thinking, Fast and Slow*（Kahneman，2013）中详细阐述了这一内容。

Kahneman 描述了两个影响人们思维方式的系统：系统1指的是每一种日常刺激都会发生的自动无意识思维（经验法则或启发式思维）；系统2是较缓慢、更深思熟虑的思考方式，用于考虑关键问题。

第一部分 分析基础

我们在分析生命周期的所有最佳实践领域中都会使用批判性思维,不过它在运用数据探查来生成假设时特别有用。正如 Few 建议的那样,"批判性思维能够识别误导我们的思维方式,并试图纠正这些思维缺陷……数据探查需要掌握批判性思维的必要技能,而批判性思维绝不是常识"(Few,2015)。

人是不完美的。在交叉学科领域(包括神经科学、认知心理学和行为经济学),我们注意到越来越多的证据表明人类思维的不可靠性,例如逻辑谬误(不真实的逻辑联系)、错误假设,以及感知和记忆的神经科学揭示的妄想症(过于自负而不自省,甚至面对相互矛盾的证据时也如此)。当我们看到、听到和体验事物时,我们的大脑并不直接记录,而是感知,它是一个构建我们可以理解的现实的过程,融入我们已经构造的其他情景。也就是说,我们根据自己所关注的事物、信念、动机、自我和情绪来编造信息。此外,当我们的思考和阅历成为记忆时,我们的记忆会再进一步被构造、改变和整合。研究表明,我们的记忆常常不能真实反映现实。通常,我们回忆时更多是再次重建和更新记忆,因为每次回忆时我们的大脑都会试图填补空白进而改变原有信息。

作为分析专业人士,我们的大脑的工作方式有很多限制,包括心理捷径(或启发式思维)、逻辑谬误、未经检验的偏见和错误的假设。为了克服这些限制,可以利用所学到的逻辑思维和批判性思维技能来帮助我们更准确地评估周围的世界。

批判性思维是一种思维方式,在这种思维方式下,我们有意通过巧妙地掌握思维结构并运用智力标准来提升我们的思维质量(包括假设、前提、结论和论点)。

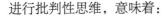

进行批判性思维,意味着:

- 对你假设的所有事实,以及你认为正确的答案都进行检验。
- 检验你的思维逻辑,以确保它没有缺陷或偏见。
- 了解你自己的动机,弄清楚它们会如何影响你的思维。
- 关注过程而不是结果或结论。如果我们不依赖于解决方案,而是依赖于解决问题的过程的严谨性,那么我们就可以在一个合理且稳健的过程基础上获得无数的成果。
- 审视自己的信仰,以确保你对世界的信仰与其他人是相互兼容的。
- 对别人的质疑保持开放的态度,并认真考虑别人的看法。在这个过程中,你可以用语言描述自己论点的假设、前提和结论,以便表达你整体的观点。
- 知道自己的局限性。我们都有不同的经历、教育背景和观点。认识到你的论点会如何受到自己的局限性的影响,这一点至关重要。
- 接纳不确定性。尽管大多数的业务高管都只想得到一个答案,但我们需要明白,我们的分析和模型往往都不是绝对精确的,都有进一步提升的空间。

2.7 分析中应用批判性思维的例子

我在与分析师团队负责人交流时指出,批判性思维是分析中最重要的技能之一。以下是在分析活动中应用批判性思维的一些例子:

- 一位重症护理护士会用批判性思维技巧来分析她的病人重新

入院概率的评分（从数据分析中得出结论），并判断哪些因素对评分起了作用，哪些因素影响最大，以及应该考虑何种行动方案。
- 数据分析员使用批判性思维技能来评估哪些数据对了解当前营销活动的效果最有用。
- 统计学家会核查论证过程，并使用批判性思维来理解模型的结果，协助提出建议措施，帮助改进企业运营。

2.8 如何提高批判性思维能力

> **工具和模板 @**
>
> www.analyticslifeeycletoolkit.com
>
> 训练你的大脑：批判性思维练习。

虽然初中和高中理科课程会训练科学质疑的能力，但如果没有经过专门的职业化培训，大多数人没有机会充分培养批判性思维技能。就像音乐会的钢琴家一样，批判性思维是一种需要学习的技能。我们本身并不知道怎么做，需要不断地练习和反馈。

关于如何更好地培养批判性思维能力，我建议养成如下习惯：

1. **质疑**。通过思考你的思维过程来质问自己，你的动机是什么？有什么没考虑到？要做到这一点什么是必要的？有什么其他的解释？你的信仰和情感是怎样的？重要的是，多与身边那些能问自己棘手问题、帮助自己更好思考的人交流。我们经常认为同行或监管人员的质问具有威胁性，但如果能够接受他们对我们的思维过程

第 2 章 分析人才

和思维逻辑进行的审查,我们会变得更优秀。

2. **勤练**。我们只有定期锻炼批判性思维技能才能有所提升。设想某人已经解决某个问题并勾勒出论点(例如,应用思维导图),他的假设是什么?前提是什么?逻辑与前提协调吗?他考虑了哪些替代方案?此外,要针对现实中的问题与其他人一起练习,可以参加一些设计思维或创新竞赛。或者,解决你的企业正面临的一个问题,但是一定要找到一位教练或导师来批评和指导你的思维方法。不要做没有反馈的练习,这就像打网球却看不到球落在哪里一样。

3. **学习**。成为终身学习者。正如查理·芒格和沃伦·巴菲特所言,如果你想超越比你聪明的人,气质和终身学习比智商更重要(Sellers,2013)。我们通过观察、提问和行动来学习。虽然我们不可能学到所有的东西,但是我们可以时常问一句"为什么?"来保持我们的好奇心。在我自己的学习中,我发现有必要时常问一下我是在学习知识(让我知道什么),还是在学习做事。批判性思维需要在后者的实践中练成。

4. **反思**。学习的一个重要部分是积极反思你所学到的东西。Mortimer Adler 在他的著作 *How to Read a Book*(Adler 和 van Doren,1972)中指出了我们大多数人没有考虑到的四个阅读层次。在高阶阅读中,我们会考虑、反思、比较和分析。要进行批判性思考,请阅读一些关于分析方法论方面的刊物(更多细节见第 7 章),或者通过学习组合获取学习经验,具体可参见 columbiasc.edu/faculty/learning-portfolio/。

2.9 系统性思维

> 系统性思维是一门管理学科,它通过研究整个系统的各个组成部分之间的联系和相互作用来建立对系统的理解。
>
> ——William Tate, *The Search for Leadership: An Organizational Perspective*(Tate,2009)

大多数人都曾在商业或个人交往中与他人合作过,合作过程中他们可能会注意到不同的人有不同的想法。例如,一些人首先了解事情的整体情况,然后再深入研究细节。其他人非常注重细节,做事情时首先研究细节,以此使工作成果达到更高的水平。事实上,每个人的想法不同,思维模式也不同。

没有绝对正确的思维方式。我们中的许多人被教导过要把一个问题分解成不同的部分,然后分别分析它们。但在这样做的过程中,如果我们忽略了分析的关注点与它们所处的环境之间的关系,我们可能容易遭遇盲点。

拓展学习

要了解皮克斯如何看待环境(世界)与角色之间的关系,请看一看这个视频:www.khanacademy.org/partner-content/pixar/storytelling/we-are-all-storytellers/v/video-4-world-character。

同样,在分析中,重要的是要注意数据(即人员、过程和技术的数字足迹)在系统环境中是如何生成的。

系统性思维("System Theory",2017)是一种将周边系统的作用考虑在内的解决问题的方式(见图 2-11)。

第2章 分析人才

系统性思维

系统性思维是一种推理过程,也叫综合思维或整体思维,应用这一思维的人认为系统的各个部分是紧密联系的,且只有将各个部分与系统整体联系起来考虑才能得到对问题的认识。

图 2-11 文化整合——以病人为中心的护理

当我们考虑系统内部的依赖关系和相互连接性时,我们可以有效地解决复杂的问题——即使系统很大,有许多相互关联的组成部分，例如医疗保健中病人的多项数据指标。

系统性思维是数据科学家最基本的工具之一。只有了解了整个系统，才有可能从海量的"大数据"中讲述数据背后的故事。（Coleman，2011）

——Howard Elias，EMC 总裁兼首席运营官，信息基础设施与云服务

我们通常认为系统的动态性太复杂，所以更倾向于分解系统（一个部分一个部分地看问题），但是有些人则认为一切都是一个系统，持这种观点的人经常被批评缺乏迅速理解问题的各个环节的技巧。从精益六西格玛和系统设计（Higgins，2017）之间的差异也可以看出分解方法和综合方法之间的不同。哈雷·戴维森似乎意识到了将多个视角（如系统性思维和精益六西格玛）结合起来考虑问题的好处（见下栏）。

哈雷·戴维森将系统性思维与持续改进相结合

哈雷·戴维森摩托车公司前新产品开发主管 Dantar Oosterwal 将系统性思维与精益六西格玛等持续改进项目相结合，保持技术领先的产品开发策略。这种新的思维方式加速了产品开发周期，使 1996 至 2007 年间向市场发布的新车型的平均数量增加了 600% 以上。在他的书中，Oosterwal 强调了系统性思维在持续改进项目中的重要性，他说，"如果把重点放在工具和技术上，可能会有财务上的改进，但是它们带来的变化不能完全融入系统整体，这个变化仅仅只会产生另一个还不错的项目"（Oosterwal，2010）。

2.10 本章小结

在当前的分析领域，我们可以影响组织的发展轨迹、人们的生活以及我们周围的世界。我们都知道，分析师创造了炫丽的可视化图景，得到了深度分析结果，但我们没有提出"那又怎样？"的疑问。将数据与环境联系起来是一种批判性思维能力，这种能力在分析中必不可少。

分析策略包括使分析团队的目标与整个组织的战略相一致。这种联系是至关重要的，这样你所做的"数据和技术"工作与你工作的业务环境之间就会有清晰的联系。

实际上，战略就是竞赛计划。请注意，不能仅仅在计划周期开始时制定好战略，而到了忙碌的日常工作中就遗忘了战略。在业务活动中，战略和执行之间必须有明确的联系。Palladium（由哈佛大学的 Kaplan 和 Norton 两位教授创立）在 2006 年的一项调查中发现了一个惊人的统计数据，即就战略与执行的联系而言，只有 25% 的公司认为自己的表现不亚于或优于行业平均水平。这意味着 75% 的公司的表现低于或等于行业平均水平。2008 年 1 月，*Harvard Business Review* 刊登了 Kaplan 和 Norton 的文章"控制管理系统"（Kaplan，2008），明确讨论了解决这个问题的方法，提出了将企业战略和业务运营联系起来考虑的综合过程。

2.11 参考文献

Adler, M. J., & Van Doren, C. L. (1972). *How to read a book* (rev. and updated ed.). New York: Simon and Schuster.

Coleman, F. (2011). Data analytics—systems thinking. *Dell EMC—Big Data*. Retrieved from infocus.emc.com/frank_coleman/data-analytics-systems-thinking/.

Fattah, A. (2014). Going beyond data science toward an analytics ecosystem: part 1. Retrieved from www.ibmbigdatahub.com/blog/going-beyond-data-science-toward-analytics-ecosystem-part-1.

Few, S. (2015). A course of study in analytical thinking. Retrieved from Perceptualedge.com: perceptualedge.com/articles/visual_business_intelligence/a_course_of_study_in_analytical_thinking.pdf.

Higgins, M. (2017). Increase lean Six Sigma's power with TOC and systems thinking. Retrieved from www.isixsigma.com/methodology/lean-methodology/lean-six-sigma-toc-systems-thinkin/.

Kahneman, D. (2013). *Thinking fast and slow*. New York: Farrar, Straus, and Giroux.

Kaplan, R. S., & Norton, David P. (2008). Mastering the management system. *Harvard Business Review*, 86(1), 62–77.

Kumar, V. (2012). *101 design methods: a structured approach for driving innovation in your organization*. Hoboken, NJ: John Wiley & Sons.

Moore, S. (2017). Gardner says that more than 40% of data science tasks will be automated by 2020 [Press release]. Retrieved from www.gartner.com/newsroom/id/3570917.

Nelson, G. S., & Horvath, M. (2017). The elusive data scientist: real-world analytic competencies. Retrieved from support.sas.com/resources/papers/proceedings17/0832-2017.pdf.

Olavsrud, T. (2015). Don't look for unicorns. Build a data science team. *CIO.com*. Retrieved from www.cio.com/article/3011648/analytics/dont-look-for-unicorns-build-a-data-science-team.html.

Oosterwal, D. P. (2010). *The lean machine: how Harley-Davidson drove top-line growth and profitability with revolutionary lean product development*. New York: AMACOM.

Sellers, P. (2013). Warren Buffett and Charlie Munger's best advice. *Fortune*. Retrieved from http://fortune.com/2013/10/31/warren-buffett-and-charlie-mungers-best-advice/.

第2章 分析人才

Systems Theory. (2017). *Wikipedia*. Retrieved from en.wikipedia.org/wiki/Systems_theory.

Tate, W. (2009). *The search for leadership: an organisational perspective*. Axminster: Triarchy Press.

Tversky, A., & Kahneman, D. (1974). Judgment under uncertainty: heuristics and biases. *Science, 185*(4157).

UK Healthcare Strategic Plan. Retrieved from ukhealthcare.uky.edu/strategic-plan/foundation/.

第3章 分析的组织背景

创新是一个组织的生命线。领导具有创造性思维的人士并与之共事通常需要与传统组织结构相悖的知识和行动。要保护组织中与众不同的人免受官僚主义和规则至上主义者的打击。

——Max De Pree，美国商人和作家

3.1 组织的战略与分析活动的协同

当今大多数领导者都认识到协同的重要性，也就是说，愿景、使命、价值观和战略都需要在整个企业内部保持沟通和协调。回到我们这里讨论的分析活动的战略，即分析所围绕的特定目标，总是和实现组织的使命直接相关。

战略是一个经常被误用和误解的词。简单地说，战略是一套帮助企业确定正确的定位，实现未来成功的综合选择。分析战略定义了一套明确的行动方案，以指导组织的领导团队如何通过数据分析来提升组织的竞争力。明确定义分析战略，有助于在组织内部保持一致沟通、建立目标意识，并明确定义管理系统所必要的**分析能力**和资源的详细需求。

分析与企业的协同意味着明确我们的意图（见图3-1）。主要内容包括：

第 3 章　分析的组织背景

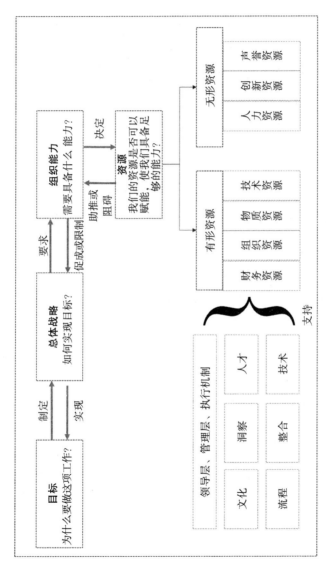

图 3-1　分析与企业的协同：战略、组织能力、资源和管理机制之间的关系

❏ 目标：为什么我们这样做？
❏ 战略：我们的行动方案是什么？我们想要完成什么？我们将做什么和不做什么？我们有什么独特优势？
❏ 组织能力：我们需要具备什么能力？
❏ 资源：为了具备这些能力，我们需要什么资源？
❏ 执行和评价体系：我们需要什么样的监督评价体系，以便让我们不偏离正确的轨道？

3.1.1 目标

目标是组织的努力方向，是引导企业前进并提供标准轨迹的灯塔。一个组织需要配置分析职能岗位的理由通常包括：

❏ 支持领导者的信息需求
❏ 通过使用先进的分析技术获得竞争优势
❏ 在日常工作中通过使用数据做决策

组织在试图保持它的分析正确性方面，没有绝对正确或错误的做法。然而，具有清晰的战略确实能增加我们达到目标的机会。分析部门的目标应该与支持组织战略直接相关。

工具和模板 @

www.analyticslifecycletoolkit.com 指导规划分析战略的常见问题。

3.1.2 战略

如果说使命描述了组织的目标，愿景则勾勒了组织的未来蓝图，

第 3 章 分析的组织背景

那么**战略**就是组织用来达成其使命和愿景的一组选择。

例如，如果一个组织认为其竞争优势在于它可以开发利用的信息，那么组织的战略就应该重点关注实现分析优势的对策。也就是说，跨越一成不变的、可供使用的数据的界限，深入开发预测分析和**规范分析数据的能力**。

> **规范分析**
>
> 规范分析（prescriptive analytics）是一种高级分析技术，它的纠正或执行过程是"预先规定好的"。它与预测分析不同，预测分析用于帮助我们预测将来可能会发生什么，而规范分析则根据预测结果勾勒出具体的干预措施。

组织的分析职能变成了一个分析产品工厂，即分析成果既可以服务于机构的灵活需求（ad-hoc request），又能够产生创新和可重复使用的数据产品（见图 3-2）。

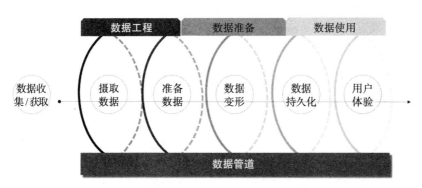

图 3-2 支撑数据分析生命周期的数据管道

第一部分 分析基础

另一方面，如果一个组织打算实现数据应用的大众化和普及化，从而做出更好、更明智的业务决策，而不是建立一个华而不实的、宏大的数据科学战略，那么从数据存储、数据管理、元数据管理到数据探索的方法都将显著不同，因为我们的重点将更多地放在如何管理数据以支持战术性决策上。很多企业领导者不想放弃任何东西，常常希望战略和战术两者兼顾，而这是需要付出代价的，因为同时满足两者需求的数据治理和积极管理的成本绝不可小觑。对于后者（战术性决策需求）来说，也许一种可执行的策略是将模型开发（数据科学）工作外包出去，而把内部的有限资源集中在数据质量和数据治理上。因为，组织一旦梳理清楚了内部的数据治理和管控体系，今后还可以逐步建立自己的数据科学和模型开发能力。

请注意，在制定战略时，需要应用以下三个基本原则：

1. 战略需要创造一种独特而有价值的定位，涉及一系列不同的活动。

2. 战略要求你在竞争中做出权衡，选择做什么和不做什么。

3. 战略需要考虑选择最适合公司的策略，而不是理论上的最佳。

如下一节所示，这里所说的"适合"，意味着要根据组织当前拥有的有形和无形资源来评估组织可以开展的分析愿望。

3.1.3 组织的能力

一个组织的能力通常以资源的形式表达（有形和无形资源、如人力资源、有形资产、财务资产、信息和知识产权）。无形资产同样重要，比如，组织的商业模式、组织考虑和应对挑战的方式、组织发展和创新的方式，等等。在分析领域，组织拥有的这些**能力**是指

第 3 章　分析的组织背景

通过员工的集体智慧和知识可以实现的东西。组织内部的分析团队应当擅长许多能力才能胜任要求（参见图3-3）。

```
批判性思维试错文化    同理心
人才培养机制
        测试        合作文化
    解决问题的能力
   学习能力    创新思维
              领导力
          思维能力
              责任心
        模式发现能力
```

图 3-3　现代组织中的数据分析团队应当具备的文化和能力

组织的能力是指为了（既有效又高效）获得成功而需要的技能。但是，对于实现组织的目标而言，拥有技能是必要条件，但是仅仅拥有技能还不够。能力需要通过努力去培养和实现。

例如，组织可能希望员工擅长机器学习（假设它符合分析战略要求），但现实表明，这可能还需要一段时间的培养和发展，员工才能掌握机器学习能力。

正如 Jonathan Trevor 和 Barry Varcoe 发表在 *Harvard Business Review* 的文章"你的组织一致性有多强"（Trevor & Varco，2017）中所说的那样，"如果领导团队为了一个不知道能否成功的商业战略而孤注一掷地努力，那么这是一个鲁莽的领导团队。"

第一部分 分析基础

3.1.4 资源

在有意识地策划和培养组织能力的过程中，如果不考虑支持的资源，就很难谈论组织能力本身。这些资源包括人的因素、组织和沟通结构、文化、最佳实践和流程。资源是否协调和匹配，其衡量标准是资源在影响和推动结果方面的最佳配置程度。

虽然人的因素只是分析所需考虑的关键资源之一，但它却可能是最重要的一个资源，正如我们在下一章将要看到的那样，其重要性甚至超过一个完善的数据基础设施。对此，Norm Smallwood 和 Dave Ulrich 认为，"只有当公司每个员工的综合资质和能力得到充分展现时，组织的整体能力才会得到体现"（Smallwood & Ulrich，2004）。

3.1.5 评估和管理系统

最后，在讨论与组织战略协调一致的分析职能时，非常重要的是把分析职能与组织的评估与管理系统联系起来。如前所述，所谓战略的匹配与一致，意味着在组织内对于目标、战略、能力定义与规划、需要提供的资源等都非常清晰明确。

许多分析项目之所以失败，其原因在于对一些重大举措，如针对分析战略的努力，没有与运营一致的规划，缺少分析项目的管理和评估系统。分析项目长期的战略必须与日常运营相关联，使分析战略与运营计划和预算保持一致，同时关注那些对战略至关重要的流程改进。实际上，这意味着业务运营分析必须考虑运营影响，并将分析成果纳入工作流程和工作任务。分析工作流应考虑对分析生命周期、数据治理和数据质量流程的影响。

第 3 章 分析的组织背景

仅仅因为某件事情显而易见,并不会让它变得简单。真正的战略并不在于明确要做什么,而在于要设计出一套方法,来确保与别人相比,我们实际上可能要做很多每个人都知道应该做却没有去做的事情。

——David Maister, *Strategy and the Fat Smoker*(Maister,2008)

这种情况在一些组织中时有发生,这些组织只认识到需要开发成熟的数据治理能力,但却无法做到让每个人都清楚必须做的事情——彼此沟通、协作、打破界限等。

人们总是忙于响应请求,研究数据,创建模型,但他们却常常没能关注最终结果。下列 Google 如何使用 OKR 的设计体现了 Google 如何将自己从关注具体的活动转变为关注最终结果。在分析中,这显得尤为重要,因为人们常常很容易陷入具体的活动和细节而忽略最终结果。

Google 如何使用 OKR

Google 在创新和执行两方面都如此成功的原因之一是它的目标导向战略,使得人们更专注于结果而非中间过程,从而加快执行时间。目标与关键结果(Objective and Key Result,OKR)理论最早由英特尔的 Andy Grove 提出,后来由 John Doerr 在 Google 推广。它基于这样的信念:当人们的思想意识与可达成的结果协调一致时,他们会工作得更好。Google 风投部门的合伙人 Rick Klau 谈论了 Google 如何管理工作(Klau,2012),请参考网站 "re: Work from Google"(Google,2017),Google 在这里分享了实施 OKR 的最佳实践和模板。

Google 一直在推广一种方法:不断提升其组织的执行策略,从

第一部分 分析基础

而确保组织能够专注于计划实现的结果,他们称之为目标与关键结果(Objective and Key Result,OKR),这也是整个组织战略背后的引擎和驱动力,因为它建立了组织战略和执行策略之间的有机联系。

OKR是一个非常强大且有效的目标设定方法,它帮助明确目标,更加关注重要事项,将每个人的工作与组织的最高目标联系起来,推动从公司到员工的跨职能协调,帮助所有员工(和志愿者)理解他们工作的意义,并最终提高整个公司各方面的表现和成果。OKR是新一代的目标设定流程和系统,也是S.M.A.R.T目标方法论(Specific(具体),Measurable(可衡量),Aligned(一致),Relevant(相关),Time-based(时效))和MBO(Management by Objectives(目标管理))的演变。自20世纪50年代初以来,这些传统的目标设定方法已经得到成功的应用,但OKR流程与这些方法的不同之处在于,它增加了对当今快节奏工作环境来说很关键的两个重要举措:(1)各级目标的一致和统一;(2)将目标分解为更小的步骤(三到五个关键结果)。

以下是关于OKR方法的一些有用的定义和指南:

目标:陈述要达成的结果(是什么)

- ❏ 目标应关注于最终结果或产出,而不是具体的活动。
- ❏ 时间表必须每季度设定一次。
- ❏ 目标应该是可量化的(关键结果应该能对目标进行量化分解)。
- ❏ 主要目标必须与团队或团队中的个人联系起来或逐级下发,以便他们很清楚自己支持的目标,并使这些目标与CEO、分析高管或经理的目标保持一致。

第 3 章 分析的组织背景

关键结果：分析目标如何达成的衡量方式。
- 结果必须可以通过指标或里程碑来衡量。
- 指标必须是可以通过数字来计量的，如单位、美元或百分比等（如，"获得 1000 个点赞"）。
- 虽然里程碑常常不能计量，但它仍然可以作为衡量已经完成什么工作的一种手段，例如"部署预测模型"这个里程碑，可以判断为已经完成或仍未完成。
- 里程碑可以用来描述一些总体目标，例如"提升我们的营销成果"。

3.2 组织的文化

在讨论分析团队的人员和组织时，讨论组织的文化在分析的成功中所扮演的角色非常重要。

Cris Beswick 等人（Beswick, Geraghty, & Bishop, 2015）将文化定义为：

一个组织中各种元素的有机融合，包括领导风格、价值观、行为、态度、工作方式，以及支撑元素的正式与非正式的底层基础。

根据之前担任顾问和培训导师的经验，我发现组织的文化令人着迷。正如一个朋友曾经说过的那样，"每个组织都有其文化，但并不总是好的！"

文化和领导力需要齐头并进。在数据分析的范畴里，文化体现在五个方面：

以数据为中心。组织通过基于事实的流程和数据驱动的洞察力

第一部分 分析基础

来制定业务决策和解决方案,分析成熟度意味着将数据产品交给一线员工和业务合作伙伴以推动决策。

创新。鼓励人们尝试新事物,集思广益,并渴望通过创造性的、全局的思维来解决当前和未来的问题,允许员工犯错并从中总结经验。

学习。组织应承诺不断投资于员工的能力发展。领导层的讲话和员工行为应遵循既定的规范,符合提升专业能力的期望。

服务。员工有一种主动解决客户问题的内在愿望,并通过应用数据产品来"取悦"客户。在组织的总体政策和评价方法方面,对服务客户和"做正确的事"进行量化评估。

团队参与。分析团队的成员都积极参与解决问题,能够努力提升能力,明白分析团队承担的任务,团队成员间彼此信任,认同组织的使命。

在我的咨询工作中,我们采用称为分析成熟度评估模型的工具(你可以从相关网站访问此工具),来开展分析文化的调查,从而帮助分析团队确定可能的机会并提供建议。文化的维度如图 3-4 所示。

工具和模板 @

www.analyticslifecycletoolkit.com

分析文化调查。

文化之所以重要,在于它为学习型组织创造了一种环境。它让人们感到安全,勇于尝试新事物,可以快速失败又再次创新。如果文化过于僵化,人们害怕出错,他们就会害怕尝试新事物,也不允许失败。虽然失败这个词可能被视为一件坏事,但我认为,

第 3 章 分析的组织背景

当事情发展并不总是顺利的时候，领导层表达出对于失败的包容是很重要的。

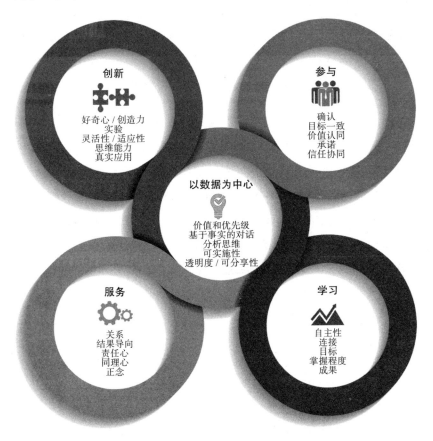

图 3-4　分析文化及其成熟度取决于五个维度

如果你没有偶尔经历过失败，那就表明你从没做过任何有创新的事情。

——Woody Allen

第一部分 分析基础

失败是我们学习的方式,我们需要鼓励学习新事物。

分析职能部门经常面临双重挑战,因为既需要提供满足客户的速度、稳健性和可重复性需要的分析产品,还要同时开展创新。不幸的是,组织经常退回到重复性运营的状态,而忽视了通过创造性和创新来提升运营能力。一些组织通过有意识地设计管理架构来支持日常运营和创新这两种截然不同的意识和心态。

创新与实验设计

虽然机器学习和高级分析方法看起来令人兴奋,但你不应忽视实验在创新中的作用。虽然学习不会按照预测模型那种方式"实施",但作为更具战略性应用价值的一种分析方法,实验设计(the Design of Experiments,DOE)仍然非常值得一提。DOE通常是从数据中学习的最快方式,并且这种学习很有可能比逐步改进预测模型而获得的收益有价值得多。在DOE中,学习常常会产生专利或节省数百万美元,有时甚至只需要进行一次实验。要了解有关DOE的更多信息,请查看explorable.com/design-of-experiment。

需要警惕数据中心主义或数据至上主义。因为在这种情况下,组织将倾向于所有决策都必须依靠以数据分析为基础的事实。如果一切都只与数字有关,组织的一些团队可能会失去他们的个性和灵感。数据中心主义的另一个危害是,它引导我们相信无论什么问题,都可以通过应用数据来解决。组织是混乱的,我们需要理性思考,有时也需要经验和洞察力,从而帮助分析团队保持在正确的轨道上。

如果想了解有关这方面的有趣观点,请参阅文章"以数据为中心的革命：数据孤岛僵化主义的七种警示特征"（McComb，2015），以及一篇来自 Rob Preston 的以"数据让我暴怒！"开头的文章，文章题目叫"数据使你破产"（Preston，2015）。

3.3 分析团队的组织架构设计

在分析领域，目前正在采用一些常见的分析团队组织架构，从集中式的结构到分布式的结构，以及介于两者之间的混合模式。关于各种结构的优缺点已经有很多的论述，想了解更多信息，请参考以下资源：

- "分析团队的六种组织架构模型简介"，来自国际分析研究院（Analytics，2015 年）。
- "大数据分析团队的组织架构模型"，来自 Robert L. Grossman 和 Kevin P. Siegel（*Journal of Organizational Design*）（Grossman, 2014）。
- "建立一个分析驱动型组织"，来自 Accenture（Accenture，2013 年）。
- "面向现代数据和分析应用的团队组织设计"，来自 Gartner 的 Mark A. Beyer（Beyer，2017）。

确定一个完成特定任务的组织的最优架构，既要考虑组织的目标与流程，同样也要考虑它的历史和文化传承。

组织由扮演不同角色的人员、形成人员之间相互关系的结构以及他们开展工作的流程等组成（见图 3-5）。业务运营包括执行和管理两方面的流程，管理用于确保组织保持正确的业务聚焦和执行力

（World Customs Organization, n.d.）。

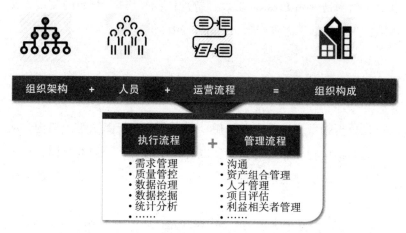

图 3-5　组织的架构设计是关于架构、人员和流程的综合规划

由于分析成果通常会引起组织的变革，其影响会延伸到组织的几乎每个方面，因此设计一套与整个组织文化相匹配的分析团队架构是确保分析取得成功的关键。

每一次变革，无论是一次战略合并，一个业务流程的外包，抑或是一项技术实施计划，都会对组织的架构、人员和流程产生一定的影响，无论这种影响是大还是小。非常关键的一点是，应该有意识、有目标地策划分析团队的组织架构，以确保分析活动产生能够达到未来效果所需要的最大影响。然后，根据分析团队组织架构的需要，配置特定的角色、职位，命名并组建分析团队。

分析团队组织设计的目标是回答这样一个问题：我们如何组织分析团队才能正确开展分析工作？该设计包括业务的所有构建模块：正式和非正式的结构、内部的流程和系统、关系、人员及知识。

第 3 章 分析的组织背景

虽然分析团队的组织设计方式应当考虑许多方面的影响，但 Jay Galbraith 在他关于"星形模型"设计理论（Galbraith & Nathanson，1978）的开创性工作为我们设计分析团队架构提供了一个非常好的视角。该模型概述了五类设计策略，这些策略组合在一起，可以帮助确定如何最好地设计有效的组织。

在星形模型中，设计策略分为五类（见图 3-6）：

1. 战略决定方向。
2. 架构决定了决策权的位置。
3. 流程与信息流有关，它们是响应信息技术的手段。
4. 奖励为期望的行为提供动力和激励。
5. 选择和培养合适的人员，以便与组织的其他策略保持一致，使整个组织能够以最高效率运作。

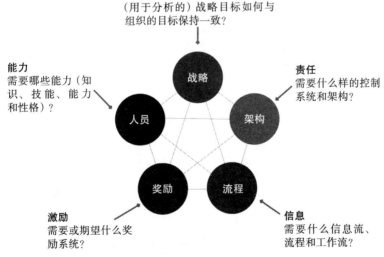

图 3-6 用于组织架构设计的 Galbraith 星形模型

组织架构的设计，不仅要反映公司当前的客户战略、理念和价值主张，而且还需要反映组织未来实现竞争优势所需要的条件。

以深思熟虑和目的明确的方式开展分析团队的组织架构设计非常重要，因为只有这样才能做到：

- 确保组织架构支持实现分析战略和领导力目标。
- 能够创建实现机构运营变革目标的分析角色、职位和团队。
- 能够有效地开展分析团队工作任务。
- 通过有效的沟通渠道和明确的愿景，让员工准备好承担新的责任。
- 实现分析的承诺（改善结果，创造价值，促进创造）。

3.4 什么样的分析团队组织架构设计最好

管理咨询巨头普华永道在其 2014 年发表的"战略+商业"调查中发现，42%的企业高管认为他们的组织架构与其战略目标不一致，有些部门不理解自己企业的组织架构，甚至加以抵制。在题为"组织设计的 10 个指导原则"（Neilson，2015）的文章中，普华永道概述了组织设计中应考虑的八大基本要素，总结在表 3-1 中。

正如前文所说，对一个组织来说，并没有一个唯一正确的或者一成不变的组织架构设计方案，今天合适的组织架构可能会随着时间的推移而发生变化，因为技术、客户体验和角色都一直在发生着转变。在工作中，我发现有三种常见的组织设计占据主导地位。对于任何希望承诺具备分析能力的组织来说，我建议了一个能力清单。你将注意到，在任何分析团队组织所需要具备的能力中，分析的客

第 3 章 分析的组织背景

户体验以及对分析产品或结果的管理,都处于核心位置。

表 3-1 普华永道关于组织架构设计应考虑的八大要素

正式的	非正式的
决策:决策是如何制定的	**规范**:员工如何凭直觉行动
激励:如何驱动员工的行为	**承诺**:如何鼓励员工做出贡献
信息:组织如何正式地处理数据和知识	**心态**:员工如何使他们的工作更有意义
组织架构:工作和责任是如何分配的	**人际关系**:员工如何在条条框框规定之外进行联系

3.4.1 集中式架构

当需要集中管理企业范围的数据和分析需求时,我们会选择集中式的分析组织架构模式,这既有助于衡量 ROI,也可以根据所有员工的技能更合理地分配项目。

图 3-7 是一种典型的集中式分析组织架构示意图。一些总监或 AVP(Associate Vice President)向管理层中的某人汇报,比如可能是首席分析官(Chief Analytics Officer),或者双向汇报到公司不同的高级领导(CXO 级别)。

分析部门统一接收大量的分析请求,并按照所需的服务条线进行分类。通过这种方式,可以向特定的业务部门以及面向整个公司层面的需求提供服务。

这样的分析组织架构模式可确保与数据治理职能的健康关系。虽然这里没有一个正式的数据治理部门,但这种集中式分析组织架构至少可以共享汇报关系。

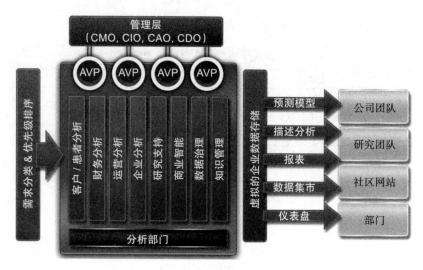

图 3-7 数据分析团队的集中式组织架构

3.4.1.1 集中式架构的优点

集中管理与配置所有分析人员，使得他们可以相互学习，并消除孤岛和彼此之间的隔离。这将对分析团队员工的参与意识产生很大的派生影响，同时也让管理层能够确保分析团队的工作与企业战略目标紧密关联。

支持该架构的人已经注意到，它有助于防止分析团队开展重复的或者非常类似的工作。花在数据管理方面的时间大大缩短，因为分析师团队共享所有的业务定义，数据在分析工作开始之前就已经协调一致并准备就绪。整体流程非常清晰规范，服务水平协议会以书面的形式写进文档，以确保所有部门都了解他们与分析团队的工作关系，以及可以期望分析团队做哪些工作。

集中管理使公司领导能够在分析师的工具、培训和职业发展

第3章 分析的组织背景

等方面进行一致性的整体规划。据报道,这会对员工士气产生有利影响。

最后,集中管理的另一个优势是:如果你面临大量新领域的数据(例如物联网、边缘分析、移动通信等),组织可以就如何处理这些新的数据资源,在数据管理和分析方面进行统一的战略规划。

3.4.1.2 集中式架构的缺点

虽然集中方式对某些组织来说效果很好,但并不适合所有企业。最大的挑战之一可能是一个组织的文化和历史。将几乎所有分析师抽调出来集中管理,可能被视为剥夺部门或下属机构的控制与自治权。从整个组织的视角来看,这常常是一项不可能完成的任务。

与此同时,分析师必须与各部门保持深入联系,以便充分了解他们的需求,特别是当分析任务与部门战略目标紧密相关的时候。

因此,这是一个关于沟通的问题,像卡罗来纳州健康系统这样的组织,就明确要求它的分析师花大约20%的时间直接与业务部门在一起工作。

我认为最大的经验教训是,在创建现在这个新的集中架构之前,整个组织中的分析师一直以一种相互隔离的方式工作,但现在我们已经致力于在整个企业范围内整合分析资源,更加有效地开展工作。以整体的视角来看待分析项目并聚焦于努力的成果是非常关键的。

——Carolinas HealthCare System 高级分析部门副总裁

另一个潜在的问题是,由于高层领导可以直接获得分析师资源,他们的分析需求可能会压制部门的分析需求。高层领导下达"立即做这种分析"这样的指令,对分析团队的正常工作常常是一种干扰,达不到最佳效果,我在过去服务过的组织中就看到过这种情况。

集中管理分析团队常常被打上压制创新的烙印,因为人们不能总是事先计划探索所需要的各种资源。有些部门拥有资源丰富且实力强大的研究团队,对这些部门来说,进行分析项目集中管理尤其是一项艰巨的挑战。如果这类部门已经习惯于与业务部门内的分析师建立牢固的关系,并且这也确实有助于部门的研究工作,那么把分析团队进行集中化管理的计划,就会面临政治和习惯势力的阻力。

3.4.2 分散式架构

现在我们来讨论分散式分析团队架构(见图3-8),以及适合使用这种架构的组织。

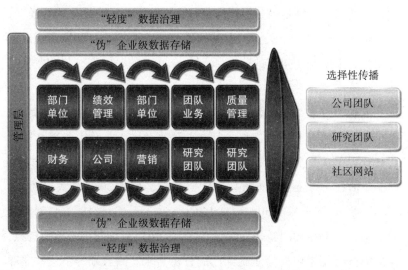

图3-8 数据分析团队的分散式组织架构

第3章 分析的组织背景

这个分析师团队组织架构示意图,是从那些我亲自参与过的采用分散式架构的组织中抽象出来的。这些组织的相通之处在于,每个业务部门都有自己的分析团队,他们从一个共享的、部门之外的资源库来获取分析所需要的数据。如前所述,这个外部的资源库可能是一个数据仓库或者数据湖。由于从各源系统加载进来的数据量过大,可能没有足够的时间按照范式的企业级数据模型进行加工和存储。

IT部门会把数据进行适当的转换以适应分析师的需要,这项工作一般都会在数据治理的规范下完成。当然,会采取一种轻量级的数据治理标准,以确保各业务部门仍能保留使用他们自己业务定义的能力。

分析结果将根据每个业务群组的授权分发。换言之,有些分析结果可以在整个组织内共享,在研究案例与报告中发布,有些则只能在内部业务部门中使用。

这种架构的优势在于,分析职能与业务部门紧密联系在一起,各部门对自己的业务定义和分析风格具有一定的自主权。因此,许多具有强大研究力量的大型组织都选择了这种架构。通常,对那些在分析领域具有悠久和丰富历史的企业,集中式架构不仅在政策上行不通,也不是大家所期待的。

3.4.2.1 分散式架构的优点

分散式架构的好处之一是具有最大的灵活性,非常适合那些复杂的大型组织。分析师的工作与业务部门深度融合,他们对业务和流程非常了解,这些知识对问题的设计和分析结果的解释都非常有帮助。

第一部分 分析基础

另一个好处是，每个部门或分支机构都可以自由选择他们想要用来分析数据的任何工具，而不受公司政策的束缚。类似地，这些业务部门还可以定义自己的分析方法。有些部门可能有完全不同的分析理念和分析逻辑，这取决于他们所处领域的行业标准。

分散式架构的一个显著特点是，以鼓励大量创新而广为人知。事实上，有几个大型企业（比如在医疗保健行业的企业），已经发展出独立的数据分析衍生机构，其业务是以数据治理、分析、咨询服务等方式，把它们的分析模型或分析方法论销售给其他企业的分析部门。

3.4.2.2 分散式架构的缺点

分散式架构模式并非没有缺点和挑战，它并不是适合所有组织的最佳分析团队组织架构。它最适合那些在企业级数据仓库建立之前，就已经具有很长的数据收集和数据分析历史的组织。

在分散式架构模式下，归属于不同业务部门的分析师，不会像他们在集中管理架构那样频繁地相互沟通。这可能会导致一些在业务领域发展出来的知识，形成部门自己的知识部落，而这并不涵盖在企业整体范围的知识管理战略中。

因此，在分散式架构模式下的变更管理可能会成为一个巨大的障碍。也就是说，如果上游数据中的某些基本内容发生变化，如何顺畅地与所有分析小组沟通这种变化？这会变得非常困难。在分散式架构中，总有可能存在少数分析师没有察觉到或者意识到这种变化。

没有自上而下的管理，可能会遇到这样一些问题，即分散的分析师们在不同的孤岛中进行非常类似的分析工作。这不仅造成资源的重复和浪费，还会由于不同的数据假设前提，造成分析报告的不一致。这些不一致的分析报告以不同途径传递到管理层后，只会增加决策和管理上的混乱。

没有分析团队的集中管理，针对分析团队的培训、工具使用和分析流程等，可能会各自为政，无法统一。有些分析师可能会有合理、清晰的职业规划，有些则没有。

在分散式架构模式下，你也可能会遇到工具膨胀（tool bloat）问题，即企业在采购分析工具的时候没有统一规划，没有基于企业已有的分析工具来考虑更好的工具采购方案。

如果领导层一开始就能意识到分散式分析团队架构存在的这些问题，那么风险还是可控的。但是，在那些急需数据和更多分析人员的企业环境下，如果选择采取分散式架构，所有上述问题极有可能发生。

3.4.3 卓越中心式架构

最后介绍一下组建分析团队的卓越中心架构（Center Of Excellence，COE）模式，它是前述两种架构的混合（见图3-9）。许多组织正在转向这种分析团队架构，因为他们意识到，随着有分析需求的业务用户数量不断增多，需要在数据管理、分析工具和流程中保持更多的一致性。

同前面一样，这是一个抽象出来的架构示意图。分析团队的卓越中心式架构，在组织内为分析团队构建了一个集中的职能，而大多数分析师仍保留在各业务部门。卓越中心通常由一位资深领导来管理，他拥有深入的行业知识、强大的IT理解能力和全局视角看问

第一部分 分析基础

题的能力。COE 架构在数据治理，以及对数据仓库和企业级商业智能团队的共同监控和管理等方面发挥着至关重要的作用。COE 通常是一个小规模的企业级分析团队。

COE 的主要工作之一，是对培训、工具使用和知识管理等流程制定明确的规范。COE 明确定义整个组织内所有分析师应遵循的最佳实践。BI 和分析的 COE 同事，可以制定规则来对分析报告的外观和感觉进行标准化管理，甚至可以作为顾问，有选择性地参与到业务部门内分析人员的项目中一起工作。

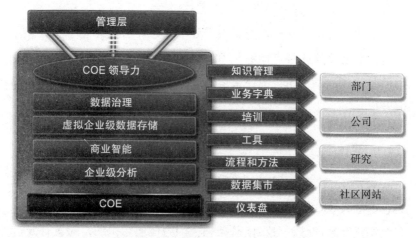

图 3-9 数据分析团队的卓越中心式组织架构

3.4.3.1 COE 架构的优点

这种架构的优点在于创建了一个分析社区，即使分析人员散落在不同的地理位置，它也可以通过分析社区在组织内为所有分析师建立一个集中的"家"。

这种架构还允许各部门的分析团队保持一定的自主权，同时他

第3章 分析的组织背景

们能实现资源的融合、最佳实践的交流、培训和工具使用的一致和统一,但各部门的预算仍是彼此独立的。

成功建立 COE 的那些组织,都拥有出色的知识管理体系和方法论,使得各种分析团队提供的有关业务的数据和分析成果在组织内可供所有人使用。

采用 COE 架构的组织应该通过内部的协同和努力,建立一组指导计划,并确保分析师参加这些计划是个人所期望的工作成果之一。通过这些努力,虽然分析师在地理上散布各处,但分析师社群会不断发展壮大。

3.4.3.2 COE 架构的缺点

与前面讨论的其他架构一样,COE 并非没有缺点和挑战。

在 COE 架构下,当企业级分析与部门内分析发生冲突时,可能会出现角色的混淆,特别是当涉及使用共享资源时(如需要使用同样的分析师资源)。如何对项目进行优先级排序或安排执行计划,可能会存在分歧。这种情况下,借助与部门事先约定的服务水平协议会对解决问题有所帮助。当然,这也意味着必须通过领导的参与和努力来协商、起草并定期更新这些协议。

COE 架构并没有解决分散式架构下出现的分析工具膨胀问题。换言之,当每个部门都选择购买自己的分析工具时,整个组织可能会失去批量采购工具时的优势。

COE 架构相对较新,可能会出现许多的内部相互角力,这取决于企业文化,因为一定程度的集中化管理是很有必要的。COE 架构要求必须建立强有力的领导力,以确保最佳实践不仅仅是规范,而是能够落地执行。

3.4.4 分析的组织方式

正如你将在本书中看到的那样,我的一些个人偏见,在一定程度上影响了我对分析成功真正所需要东西的看法。具体而言,我认为客户体验应该在我们如何设计分析组织架构以及提供分析产品和服务所需能力方面占据重要位置。

如果我们围绕(分析)客户的发展旅程来设计分析组织架构,你会注意到这会改变人们对我们所做分析工作的看法,包括分析的目的和任务,这是事关战略的关键组成部分。不幸的是,我们过去一直是根据我们如何看待数据和系统来使我们的分析活动和整个组织的要求保持协调和一致,而不是根据客户如何思考他们面临的问题来设计分析任务。举例来说,尽管 CIO 可以围绕数据管理、商业智能、数据治理和安全等技术进行组织的设计,但由于彼此分离的职能通常不了解潜在的问题到底是什么,客户体验可能会受到损害。有时,一件被看作"数据问题"的事情,实际上可能与安全、客户端工具或技术、数据治理体系或一般系统性故障相关。

把一个问题交给你的 BI 团队去解决,他们提供的解决方案可能只是一份分析报告。在我看来,最好能够围绕客户旅程进行分析组织设计,并使得分析组织架构(团队、部门、分部、项目组等)将重点聚焦于客户进行设计,同时,设置一个"统筹管理人(hub person)"负责各分析团队的协调一致。在现代医疗体系中,采用类似的方法来跨越不同科室的分隔,从而促进病人关怀,确保以患者为中心的体验。在分析领域,所谓的"分析管家(analytics concierge)"承担类似的角色,由他先对问题进行理解、勾画并排定

第3章 分析的组织背景

优先级，然后与相关领域专家协商可能的解决办法。这种方式可以很好地归入到本书介绍的最佳实践领域中去。

分析管家远不只是传统的业务分析人员，而是需要对业务、运营策略、可视化方法、问题解决技巧、内部业务系统和相关数据，以及分析可能性具有非常广泛了解的那个人。

分析团队还可以根据需要引入分析、技术或其他资源，帮助客户了解其遇到的挑战，对问题进行分类，并一直跟进到最终结果。这种模式如图 3-10 和图 3-11 所示。

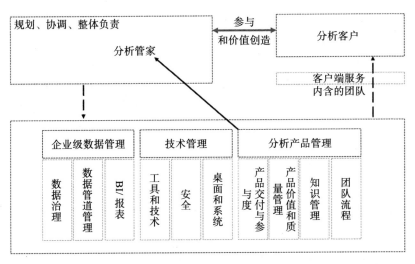

图 3-10 分析管家模型

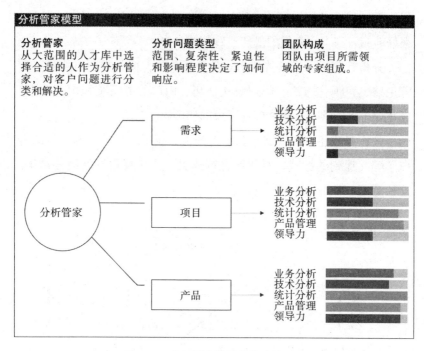

图 3-11 分析管家模型中的人员配置

3.5 本章小结

分析战略主要是把分析部门的愿景与企业的整体战略保持一致。这种关联是至关重要的,因为分析的目的就是让分析团队开展"数据和技术"工作产生业务洞察,通过业务洞察对组织的业务运营产生影响。

实际上,战略就是竞赛计划。请注意,不能仅仅在计划周期开始时制定好战略,而到了忙碌的日常工作中就遗忘了战略。在业务

第3章 分析的组织背景

活动中,战略和执行之间必须有明确的联系。Palladium(由哈佛大学的 Kaplan 和 Norton 两位教授创立)在 2006 年的一项调查中发现了一个惊人的统计数据,即就战略与执行的联系而言,只有 25% 的公司认为自己的表现不亚于或优于行业平均水平。这意味着 75% 的公司的表现低于或等于行业平均水平。2008 年 1 月,*Harvard Business Review* 刊登了 Kaplan 和 Norton 的文章"控制管理系统"(Kaplan, 2008),明确讨论了解决这个问题的方法,提出了将企业战略和业务运营联系起来考虑的综合过程。

在分析领域,并没有一个完美的组织架构,但要做出正确的选择,需要综合考虑影响分析职能设计的战略、文化、业务和技术等因素。从根本上来说,分析的目标就是确保分析成果与组织的业务目标和架构协调一致,以便帮助组织最有效地利用企业的各种可用资源,这一点非常重要。最后,要认识到围绕(分析)客户需求进行分析组织设计的重要性。

3.6 参考文献

Accenture. (2013). Building analytics driven organization. Retrieved from www.accenture.com/us-en/~/media/Accenture/Conversion-Assets/DotCom/Documents/Global/PDF/Industries_2/Accenture-Building-Analytics-Driven-Organization.pdf.

Beswick, C., Geraghty, J., & Bishop, D. (2015). *Building a culture of innovation: a practical framework for placing innovation at the core of your business.* London and Philadelphia: Kogan Page.

Beyer, Mark A. Organizing your teams for modern data and analytics deployment. Retrieved from www.gartner.com/doc/3645917/organizing-teams-modern-data-analytics.

Galbraith, J. R., & Nathanson, D. A. (1978). *Strategy implementation: the role of structure and process*. St. Paul, MN: West Pub. Co.

Google. (2017). re:Work. Retrieved from rework.withgoogle.com/guides/set-goals-with-okrs/steps/introduction/.

Grossman, R. L., & Siegel, K. P. (2014). Organizational models for big data and analytics. *Journal of Organizational Design, 3*. Retrieved from www.jorgdesign.net/article/view/9799.

International Institute for Analytics. (2015). Six organizing models for analytics teams. In International Institute for Analytics (Ed.). Retrieved from iianalytics.com/analytics-resources/six-organizing-models-for-analytics-teams.

Kaplan, R. S. & Norton, David P. (2008). Mastering the management system. *Harvard Business Review, 86*(1), 62–77.

Klau, R. (Producer). (2012, 7/20/17). How Google sets goals. Retrieved from https://library.gv.com/how-google-sets-goals-okrs-a1f69b0b72c7.

Maister, D. H. (2008). *Strategy and the fat smoker: doing what's obvious but not easy* (1st American hardcover ed.). Boston: Spangle Press.

McComb, D. (2015). The data centric revolution: seven warning signs of appliosclerosis. Retrieved from tdan.com/the-data-centric-revolution-seven-warning-signs-of-appliosclerosis/19166.

Neilson, G. L., Estupiñán, J., & Sethi, B. (2015). 10 principles of organization design. *strategy+business, 79*(Summer 2015 | Issue 79). https://www.strategy-business.com/article/00318?gko =c7329.

OKR Goals—Objectives and key results—focused overview. Retrieved from https://www.atiim.com/okr-goals-objectives-and-key-results.

Preston, R. (2015). Let data put you out of business. Retrieved from www.forbes.com/sites/oracle/2015/05/27/let-data-put-you-out-of-business/#12fe94871e8a.

Smallwood, N., & Ulrich, D. (2004). Capitalizing on capabilities. *Harvard Business Review (June)*.

Trevor, J., & Varco, B. (2017). How aligned is your organization? *Harvard Business Review* (February 7).

World Customs Organization (Ed.) (n.d.). Strategic organization design and job profiling. In WCO Framework of principles and practices on customs professionalism. Retrieved from clikc.wcoomd.org/pluginfile.php/30120/mod_label/intro/Section%20II_EN.pdf.

第 4 章　数据战略、平台与架构

> 没有一个数据战略，就如同让组织中每个部门的每个员工去建立自己的会计科目表，并使用每个人自己的编码方案。
>
> ——Sid Adelman, 数据仓库专家（Adelman, Moss, Abai, 2005）

分析依赖数据，这一点虽然显而易见，但仍值得在此重申一下。无论你是在制定决策、解决问题、确定新的风险投资机会，还是在思考如何抵御潜在威胁，你都需要用事实来研究问题，确定影响，弄清事实，并以此作为研究可行方案的基础。

机构到底需要多少数据？是否需要数据仓库？是在企业级数据仓库、数据集市还是数据湖里构建我们的数据？最终，解答这些问题大都需要依靠一个明确的数据战略，以及与达到分析能力的理想目标所需资源的协调和统一。

本章将在**数据战略**的环境中讨论其中部分问题。请注意，我在这里对分析组织的整体战略（参见第 3 章的讨论）和数据战略作了区分。在这里，数据战略是指一个组织应该决定如何去收集和管理哪些数据。本章中，我用和讨论商业战略类似的方式来阐述对数据战略的讨论——即强调数据战略要与业务目标紧密联系。

第一部分 分析基础

4.1 数据战略

战略是一个我们经常用到的术语。每个人似乎都将这个词理解为"某些重要的事"或"非战术性的"。尽管在我们的字典里是常用词，我认为战略也许是商业世界中最常被误解的词，其对分析团队也会带来各种各样的影响，例如：

- 不能立即对紧急问题做出反应
- 用户对分析产品的满意度不高
- 数据需求大量积压
- 分析人员流失

在商业战略中，当我们讨论到组织声明（organizaton statement）的要素时，会涉及组织的使命、价值观、愿景和战略，它们是统一和协调组织是什么、组织运营坚持什么样的价值观的基础，是组织用来达到所声明目标的战略。这些组织声明刻画了组织最核心的定位，指导组织每天的工作，让组织专注于追求自己的目标。

每个分析师队伍也都应该有一个战略声明，不仅用来说明它们为什么存在，想成为什么样的队伍，而且还要能够说明如何实现那些目标。通过阐明战略，团队树立了旗帜，不仅说明了它们是谁，也说明了它们不是谁，这些声明在评估潜在项目机会时是极为有用的指导。此外，分析师队伍要有如何衡量成功以及评估其商业战略是否发挥作用的方案。当没有这些计划时——这种情况常常存在——整个战略规划的流程就被破坏了，员工们自然会开始质疑战略的价值。

我们从商业战略与数据战略中分别学到的东西之间存在很强的

第4章 数据战略、平台与架构

关联。在商业（或组织的）战略中，我们定义了能够阐述我们目的（使命）与描绘未来蓝图（愿景）的元素作为我们的基础目标。战略是一系列让我们达到目标的选择。同样，数据战略是我们为了确保分析成功而对企业进行定位的一整套选择。数据战略作为指导方针，用来支持我们决定收集、管理、使用、治理什么样的数据。

4.1.1 数据战略声明

如第3章中所说，战略声明阐明了组织的使命、目标和愿景，并细化了一个特定的全盘计划。

制定一个数据战略声明，关键是明确要做的事情。战略声明包含三个部分：目标、范围和优势。

- 目标：一开始，先定义数据战略所要达到的结果——即**战略目标**。这是一个单一、明确的目标，能在接下来的五年左右时间里持续驱动组织，一定要非常清晰，不会产生任何歧义。

- 范围：接下来，**范围**概括了组织运营的边界（或积极收集什么数据）。通常来讲，范围标识了分析的利益相关方，以及分析产品和服务的提供方式。打一个形象的比喻，范围就是想清楚可能由组织内部或者外部的人提供的所有潜在的分析功能。范围的边界可能落到**客户细分**（内部客户）、数据域（主题）、分析的复杂度、运营分析还是探索与创新分析（客户服务还是项目管理）等不同的领域上。

- 优势：最后，**优势**是指分析组织在提供价值的能力上有别于其他组织的独特优势。优势声明有两部分：第一部分是客户价值主张；第二部分是一系列确保分析组织能够传递其价值

第一部分 分析基础

主张的独特活动。

对于分析师队伍来说,其优势可以来自分析的复杂度、广度和深度,以及从数据转化为洞察力的速度,等等。

总的来说,战略声明清晰地表述了分析组织的目标概览,明确了分析组织如何开展工作,能为客户创造什么价值,以及通过哪些活动来实现差异化。

图 4-1 来自 Collis 和 Rukstad(Collis,2009),概况了一个组织的商业战略的使命、价值、愿景、战略声明、执行与评估之间的关系。

因此,心中有一个整体的战略声明,伴随而来的数据战略将包含一个对要达成目标的深刻理解,然后定义打算在数据战略中包含的内容的边界,并以自身的优势作为结尾。接下来的部分概述了用来制定数据战略计划的框架,它是从制定业务战略的方法中借鉴而来的。

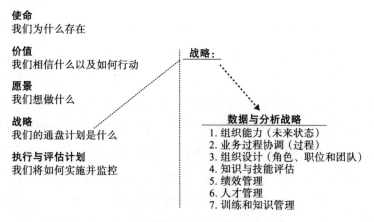

图 4-1 公司战略与分析职能之间的关系

第4章 数据战略、平台与架构

4.1.2 战略与实施

一件事情很明显并不代表它很简单。真正的战略不仅要搞明白做什么,更要找到可行的方法来确保它的实现。与其他人相比,我们只是更多地做了那些每个人都知道自己应该做但实际上并没有做的事情。

——David Maister,战略与肥胖的吸烟者(Strategy and the Fat Smoker, Maister, 2008)

设计数据战略规划流程的目的是建立计划,以便使数据成为支持企业战略决策和运营管理的关键资产。基于我过去的咨询工作经验,建立一个正式的企业数据战略,可以在企业面临突然出现的数据问题时(而这往往是不可避免的),支持企业从容应对问题。这些问题包含数据质量、元数据管理、数据访问和共享、查询性能、数据拥有权、数据出处、可维护性、可用性、安全和隐私等。

数据战略需要能帮助和激励分析组织战略与整体组织战略的协同。该协同十分关键,能够在你所做的"数据和技术"工作与你所处的业务运营环境之间建立清晰的关联。

4.2 战略规划流程

就像业务流程规划一样,数据战略规划也有一些常见的方法。图 4-2 是基于我个人多年为客户进行咨询工作的经验总结,我发现这套方法十分有效。需要注意的是,我们应该采用敏捷的方法以确保这些步骤是迭代优化的,而不是一系列固定的顺序步骤。该流程

第一部分 分 析 基 础

非常依赖于设计思维的哲学。

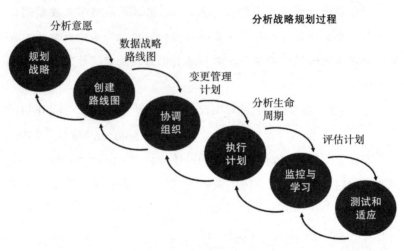

图4-2 分析战略规划过程

设计思维是一个从理解用户开始的以用户为中心的过程。也就是说，我们需要将数据分析产品用户（终端用户）的需求放到优先位置，而不是将产品开发者的需求放在前面。通常来说，终端用户是执行良好数据战略的受益者。这个过程充分借鉴和利用了主要利益相关方的集体智慧和专业知识，并获得了所有数据战略流程参与者的参与，而不仅仅是负责管理数据平台（SAS、Hadoop、Oracle、Teradata、Netezza等）的IT人员。设计思维鼓励创新，通过不同路径探索解决同一个业务问题的方法，以便更快地获得业务问题的可行解决方式。

厘清数据战略各阶段之间的关系，是思考一个企业如何在数据战略规划与实现数据管理路线图之间建立协同的一种方式。表4-1

第4章 数据战略、平台与架构

强调了将企业数据战略与业务实施之间联系起来的关键步骤。

接下来的章节将探索这个方法论,我们首先讨论数据战略应该包含什么,然后通过一个实际例子来展示实施过程。

表4-1 实施数据战略的6个阶段

过程域	交付物/里程碑	工作与活动的描述
规划战略	■ 批准的数据战略声明 ■ 分析组织的使命和愿景(服务于谁以及为了什么价值) ■ 设计思维工作坊(同理心、定义、设想、原型、测试)	分析组织必须能够清楚表明它在什么样的业务领域开展工作,明确面临的关键问题,并决定怎样更好地支持组织来获得可能的最佳结果。规划一个数据战略,超越了传统商业战略活动的范畴,如使命、价值和愿景声明,外部竞争性、经济、环境分析以及方法论。利用商业战略,将数据战略映射到组织的愿景、使命和目标上。此外,还要创建和企业KPI协同的成功标准。利用这些作为输入,数据战略声明概述了目的、范围和优势,作为一个分析组织,你应该非常明确打算做什么事情
创建路线图	■ 批准的并获得资助的数据战略路线图(可执行的计划)	一旦确定了数据战略计划,接着就需要将使命、愿景和战略转化为可执行的且可度量的计划。此时需清楚表达战略的对象、度量、目标、举措和预算,它们将最终指引相关的行动和资源分配。以下细节至关重要:描述数据战略,衡量计划,确定行动的计划,评估潜在风险以及降低风险的后备计划等。当细节敲定后,这将作为输入来决定资金、人力与领导权。传统商业战略使用一些工具,如OKR(参见第3章关于Google的案例介绍)、平衡计分卡和其他评估手段

第一部分 分析基础

(续)

过程域	交付物/里程碑	工作与活动的描述
协调组织	■ 变更管理计划 ■ 数据治理计划 ■ 利益相关方管理和沟通计划	当开始执行数据战略时,非常有必要将数据战略和流程中作为利益相关方的各业务单元的战略联系起来。如果是规划企业级的数据战略,利益相关方通常指某个业务部门或机构。如果数据战略是服务于某个业务条线或单元,那么利益相关方就是所有受到影响的人(正面或负面影响)。必须使用强有力的变更管理方法来确保协调、动机、参与和行动,从而优化战略执行。设置一个正式的沟通机制,并将员工的个人目标与激励同数据战略影响到的战略目标联系起来。总之,使用正式及非正式的方法来确保协同一致
执行计划	■ 分析和数据生命周期工作流 ■ 质量管理过程	许多项目的失败,是由于忽略了针对主要战略举措(例如数据战略)的运营计划。长期战略必须与日常运营相结合,在专注于那些对战略至关重要的过程提升时,要将战略与运营计划和预算协调一致。实际上,这意味着确保将业务运营造成的影响嵌入到工作流和工作任务中,同时也解释了这一影响是如何造成的。工作流需要能解释对分析生命周期、数据治理和质量过程的影响
监控和学习	■ 评估计划和结果	像大多数事情一样,当战略得到规划、计划并实施时,其持续的执行需要同时保持对效果的监控,以了解该战略是否得到适当的执行。这要求对问题、障碍与挑战的监控和学习。这个过程将有关运营与战略的信息整合进一个精心设计的管理审阅评估架构中
测试和适应	■ 学到的东西 ■ 知识管理计划 ■ 最佳实践演进	学习型组织非常善于测试基础战略假设以判断战略是否正确。这包括使用内部运营数据和新的外部环境与竞争数据,从发起完整战略计划过程与运营执行两个方面测试和实施战略

第4章 数据战略、平台与架构

4.3 规划一个数据战略路线图

一个数据战略路线图要包含什么内容？

虽然没有完美的答案，但有一些路线图元素是最常见的，选择路线图模板与格式时需要遵循下列指引：

- ❏ 使用能快速且容易创建的格式。
- ❏ 确保具有协作的特征，允许多个协作者直接在草稿上讨论。
- ❏ 作为一个动态的文档，记录有关变更与审批过程，可以保留战略演进过程的历史。
- ❏ 可以以某种方式进行访问，便于大家（如管理人员、业务用户和普通员工）理解和掌握，从而让每个人都清楚地知道，路线图中某个内容在哪里，当前最新的状态是什么，以及接下来会是什么状态。

对于如何着手开始构建数据战略，仍然有着许多不同的观点。从实用主义的角度来看，人们可能会问："如果组织要取得突破性成效，哪些关键信息是必备的？"数据战略是用来支持组织达成目标的，因此，我们应该基于数据是如何驱动战略举措来进行数据战略规划事项的优先级排序。

不幸的是，人们面临的挑战之一是"人们往往不知道他们不知道什么"。数据领域的技术支持人员经常提出的问题是"你们的需求是什么？"，而业务人员通常提出的问题是"数据如何能最好地帮到我们？有哪些信息可用？"，或者"我应该问什么问题？"因为缺乏共同语言，开启了一个"谁先来"这种不停猜谜的循环模式。

这也是为什么说，基于设计思维的敏捷模式，可以激发一个基于同理心和问题定义的对话。如果访问数据不是问题的话，我们常常会去注意那些支持战略目标的业务流程，并设想这些流程应该是什么样子的。天马行空的思维方式，常常能打破传统**需求分析**的固有链条。反过来看，对于那些把数据加载到数据湖或者数据仓库的人，常常也难以意识到，数据分析支持重要决策的价值也会支持组织向着通过数据分析获得突破性进展的方向发展。

你需要认识到数据是你所在组织的生命线，并且要正确地使用它。

——Michael A. Schiff，数据管理顾问

一个典型的数据战略包括以下方面，每个方面都有一些需要应对的关键问题。

4.3.1 范围和目的

- ❏ 我们要有目的地管理什么数据？什么数据还不在范围内？
- ❏ 我们需要哪些信息来支持组织的运营，哪些数据又是发展组织的业务和达到战略目标所需要的？
- ❏ 我们想要实现什么目标？
- ❏ 如何评估我们数据战略的成功？
- ❏ 我们的数据有多大价值？

数据战略是对商业战略的补充。分析组织应制定一个使命声明，清楚地陈述自己的身份和存在的原因。明确的分析组织使命声明不但可以用来定义什么在数据战略范围之内，也能帮助澄清什么在数据战略范围之外。

此外，为评估企业数据战略的进展，建立清晰合理的期望非常关键。衡量指标可包含数据服务等级（对数据系统与数据质量）、支

第4章 数据战略、平台与架构

持战略决定或运营指标的敏捷度或计划的阶段性成就等。

开始的时候，数据战略制定者应该把主要挑战或者风险分门别类，并定义沟通计划来支持预期的设计决定，详细规划客户旅程以理解并优先处理流程中欠缺的部分。

当评估数据战略各部分的优先级时，要问自己"某个关键域（比如地址）的价值是什么？"我们能期待什么样的营收增长？将数据和价值关联起来有助于将数据管理变成持续提升的过程，并通过支持这些努力来创造价值。

陷阱：在回答需要什么数据这个问题时，不要陷入接受"所有数据"作为答案的陷阱。成功地管理数据需要消耗资源，而每个组织的资源都是有限的。

4.3.2 数据收集、标准化和清洗

- ❏ 数据需要多久更新一次？
- ❏ 数据归档和汇总的要求是什么？
- ❏ 在哪里和在什么时候需要什么数据？今天还是未来？
- ❏ 不同数据的数据库存放在哪里？是否需要统一客户视图？
- ❏ 如何整合数据孤岛？有哪些必要的数据转换，以怎样的频率进行转换？

这个阶段经常会出现一些差错。将孤岛连接起来的需求意味着数据连接变得和数据收集一样重要。这是对数据类型或信息需求进行清晰定义并转化为优先列表的机会。构建数据仓库和特定领域的数据集市已经不能满足这个要求，架构师必须考虑完整的客户、受众或产品旅程。

数据标准化不能不考虑数据整合。这意味着不仅需要处理数据冗余，还要进行**主数据管理**（Master Data Management，MDM）。如果在部门级别进行主数据管理操作，主数据管理战略可能无法实现。所以需要向领导层阐述为什么主数据管理是一个关键的企业级工具，并且需要在可影响的层级进行最低限度的主数据管理操作。

> **主数据管理**
> 主数据管理指组织用来确保在整个企业范围内数据的一致性和统一性的手段。虽然需要技术的支持，但主数据管理并不是一个工具。

4.3.3 数据架构、虚拟化和整合

- 什么场景需要实时数据，哪些特定数据需要实时化？
- 数据如何在多个数据孤岛中分享？
- 如何访问、共享和管理数据？
- 数据服务是否要基于云（如软件即服务（SaaS））或企业内部署的方案？
- 数据应该如何建模？

虽然有大量的数据整合技巧、工具和技术，在数据战略中需要问自己更多技术无关的问题，如什么数据应该以某种格式保存？多久需要加载一次？数据源应该是什么，必须留存多久历史？把所有数据以实时方式保存到一个地方，既不实际，也没必要。类似地，基于云的存储方案也许看上去很有吸引力，但如果没有一个合理的

第4章 数据战略、平台与架构

数据战略，最终会变成不能解决问题的方案。

比如，近二十年来人们信奉**虚拟数据仓库**的概念。这意味着数据不用加载到数据仓库即可访问。这确实有一些好处，如实时访问数据和减少存储成本，但一个压倒性的风险是来自多个源的数据经常不一致或不准确，这会对运营系统产生有害的影响。

同样，一些数据需要及时提供，另一些却对时间并不敏感。怎样存储数据以及在哪里存储数据，需要基于合理的需求。一个数据战略应该考虑需要存储什么以及在哪存储。

数据战略还必须回答这样一个问题：是在本地存储数据，还是存储在云端。当组织将数据转移到云端或使用 SaaS 应用程序时，重要的是要考虑"最坏的情况"的应急处置方案，如果你突然与数据断开连接，例如，遭受大规模黑客攻击、勒索软件，或者云存储提供商全系统停机和服务中断（如 Amazon 的存储服务中断）。此外，需要确保你保留了对数据的所有权利，并确保你拥有及时的备份。

近年来，人们一直在讨论用数据湖（也可能是"数据沼泽"）替换传统建模方法（如逻辑数据模型、实体关系模型、物理数据库设计等）的好处。不管你最终选择哪种数据库设计模式来存储数据，你都应该先创建业务数据模型来理解数据的语义和业务规则，否则将无法实现数据标准化。

4.3.4 数据洞察和分析

❑ 如何促进数据探索？
❑ 如何开发、部署和管理分析结果？

- 是否会提供数据自助服务访问,或者建立一个数据供应团队?
- 数据分析领导层如何知晓数据战略所起的作用?
- 如何促进整个组织内的数据协作?

不用说,"数据"实践的目标不是产生更多数据。相反,目标是实现数据为组织所用并驱动组织的决策,提升绩效和驱动创新。如果说数据是组织的生命线,那么分析就是组织的心脏,通过组织的心脏将分析实现的洞察注入系统的每个角落。分析团队要持续问自己这样的问题,"如果这样那又会如何?如果有了结论我们能做些什么?这个分析结果将如何改变流程或工作流?"分析团队能这样做十分重要。

4.3.5 数据治理和数据质量

- 谁拥有数据?
- 谁提供围绕数据战略的战略领导力?
- 谁负责数据管理、数据质量、培训用户、安全管理工作?
- 谁确保数据架构伴随数据类型的不断更新和新需求的出现而同步更新?
- 谁决定谁能获得什么级别的访问权限?谁能改变、复制、移动或删除数据?
- 谁能带进来新数据?
- 数据质量到什么级别是实际可行的?
- 清洗数据的代价是什么?
- 如何评估数据质量?

数据治理仅仅是整个数据战略的一部分。在数据治理中,必须

第4章 数据战略、平台与架构

回答关于角色、责任、审批和工作流的棘手问题，以确保数据被妥善管理。这要从相关工作约定的整体规则逐级分解到谁拥有数据要素、价值清单和验证策略（例如，是否需要在输入数据时根据邮编数据库来检查地址）。该领域要处理的问题还有很多，例如数据变更时必须多久更新一次，有哪些法规要求，等等。许多组织在客户数据、主数据和财务数据的治理行动上花费了大量的工作，但这远远不够，数据治理需要针对所有数据资产。另外要注意的是，数据治理不是一个工具或技术问题。

数据战略通常是企业级数据治理战略规划和企业整体分析战略计划的重要组成部分。我相信制定企业级数据治理规划是在 IT 支持下的业务责任。数据所有者通常是数据的创造者或主要使用者。数据管理员负责实施标准和数据治理规范，并管理业务规则。他们虽然没有制定政策或创建业务规则的权利，但他们要负责数据审计并解决数据争端。

数据质量的相关概念是任何数据治理项目的关键部分。数据战略用客观的手段来应对如何定义数据质量"高"或者"低"的问题。开展数据质量管理需要掌握如何沟通、提升意识、获得支持以应对整个组织的数据质量问题，它是数据治理的一部分。从战术上来讲，数据质量和数据治理过程将处理这样一些问题，比如：谁负责数据质量？谁来识别、评估和诊断数据质量问题？谁负责解释我们验证数据整合与数据转换的过程？等等。

数据质量是一个重要的概念，需要注意的是，评估清洗数据的成本也很重要。不是所有数据都值得清洗。确定清洗低质量数据的成本，可以决定清洗工作的优先级。从实践视角看，我们知道激励通常驱动行为。因此，为了数据治理的成功，要从受影响最大的群体寻求支持——不论是有影响力的部门如财务，还是那些最有机会影响顾客的业务部门。定义一个清晰的数据治理路线图对组织文化的形成有极大的影响。

4.3.6 元数据管理

- 需要管理什么样的元数据？谁来定义业务元数据和技术元数据？
- 谁负责提升对元数据的认识，谁负责管理元数据？
- 谁负责收集和维护元数据？
- 一旦拥有了元数据，如何使用元数据？
- 什么工具和系统会产生元数据？
- 什么工具将元数据推送给业务使用？

元数据是实现数据标准化和数据整合的工具。元数据是IT资产的上下文内容信息，如数据、过程和程序。数据资产的元数据组件包含业务定义、域（有效值）、数据格式（类型和长度）、创建数据的业务规则、转化和聚合的规则、安全需求、所有权、源（操作文件和数据库）、时效性和应用能力等。虽然有许多公司讨论元数据并能展示他们所收集的数据，但并不是所有公司都保存了上述信息，即使有些公司保存了这些信息，也不总是能有效地使用它们。元数据管理不应成为一件脏活累活，只作为文档来记录。也不能把所有围绕元数据战略的决定都推给工具供应商。相反，元数据应该成为人们探索整个企业数据的地图。

第4章 数据战略、平台与架构

4.3.7 数据访问、发布、隐私和安全

- 谁能访问数据？能看到什么程度的细节？不同国家或地区是否有区别？
- 如何保护数据？是否需要加密？
- 如何决定安全和隐私的责任归属？
- 谁负责（以及使用什么流程）建立安全和隐私管理流程？
- 审计安全政策的流程是什么，频率怎样？
- 如何处理那些与特定领域高度相关的监管问题？

对任何一个数据战略来说，也许最容易引起争论的内容是谁应该对什么数据有怎样的访问权限。数据战略陈述了用什么方法来管理、监控和提升数据访问、数据分布和数据安全。在当前的商业环境中，阻止与妨碍人们访问数据的做法已经不合时宜。相反，需要通过数据大众化的引导使得组织中有更多的人可以使用数据。当然，对那些个人的、私有的和保密的数据的访问应该有一些限制。

数据战略应该论述遵循怎样的流程来决定用户对数据的需求，并定义哪些数据在何时、何地、发布给谁的标准措施。像大多数事物一样，你需要监控、评估并报告发布数据的成本，指定与数据发布相关的管理活动的责任归属，从而让大家理解这些工作的全部价值，并支持优先级排序。

你也许会面临一些全球性问题，涉及在哪里以及怎样跨越国界来访问相关数据。举例来说，有些国家对数据的收集与传输有严格的限制，就像有一个针对数据的虚拟"海关"一样。确保你的组织或你的云供应商，在通过国际线路传输数据时不会意外违反相关的

政府限制。

除此之外，你还要对可以展现的数据负责。比如，美国政府和美国许多州政府的法规限制社会保险号码的使用、存储和展现。另外，在2016年，欧盟通过了通用数据保护条例（GDPR）。GDPR是最广泛综合的监管协议，旨在做三件事：

1. 协调全欧洲的数据隐私法案。
2. 保护和授权所有欧盟公民的数据隐私。
3. 重塑在欧洲大陆各组织与机构处理数据隐私的方法。

由于持续的**数字灾难**（如 Equifax 和其他公司遭受的灾难），监督审查的要求将持续驱动各项强化措施以保护数据。此外，我预计保护手段将会持续演进，如利用**区块链**来保护数据资产（比如那些在分析中使用到的数据）的安全，同时，需要解决静止数据以及动态数据（如流事件）的问题。

> **区块链**
> 区块链指一种存储数据的技术，它解锁数据的键是保存在一个总账里的。在分析的环境中，区块链可以用来存储敏感数据，并通过密码算法来保管键（或区块）。

4.3.8 数据保存

- 数据要保存多久？
- 要保存什么数据？
- 谁决定维护和归档历史数据的策略？

第 4 章 数据战略、平台与架构

大多数组织不太重视制定策略，以决定什么数据源不再有访问需求。我们要知道，管理和保护数据是有成本的，仅仅因为收集与存储大量交易数据很容易，就应该这样做吗？这些资源有没有其他更好的用途？

一个常常要面对的战术问题是保存数据的细节程度。也就是说，要以什么形式、保存什么级别粒度的数据，服务等级协议包含什么内容？你要设计一套数据保存战略，如详细数据保存几周或几月，轻度汇总的数据则保存几月或几年。对任何数据保存计划来说，都需要考虑法规和监管的要求。

无论如何，都需要确保你的数据保存策略能满足当前和未来一段时间的要求。对于有明确业务目标的数据和那些只在某些时刻可能会用到的数据，需要设计不同的数据保存策略。

4.3.9 性能与服务水平协议

❑ 谁负责决定数据服务的性能要求？
❑ 谁负责决定对数据服务的可用性要求？

最终，你的数据战略应该说明如何管理服务水平协议——也就是说，不管是显性的还是隐含的，我们期望什么样的数据服务性能。数据战略要解决这样的问题，如服务提供者如何执行数据、网络与安全基础设施的容量规划。也要讨论打算怎样监控、评估和报告**数据系统**的性能，基于什么样的流程来管理服务等级协议。

4.4 制定数据战略的敏捷方法

上节列示的数据战略应考虑的问题清单也许看上去过于庞大，但你还是可以基于这些问题来指导你的数据战略规划，解决那些对你的组织来说目前最紧迫的问题，把你的数据战略变成一个动态文档，随着时间推移不断填充细节和更新内容。因此，我们需要制定一个详细的计划，说明在什么时间段来解决什么问题，让组织的关键利益相关方能了解最终的结果看上去会是什么样子，以及过程中会有哪些中间点。

工具和模板 @

www.analyticslifecycletoolkit.com

编制组织的数据战略的文档资料。

从战略到执行的过程中你也许要解决许多其他问题，即使这些问题对数据战略本身来说并不是那么关键。另外一些议题可能包含工具和技术、数据标准、所使用的分析生命周期模型和对数据管理理论的检测。你也许会问："我们将来如何处理新数据源？怎样管理软件选择过程？我们选择软件的标准是什么？我们会不会卖数据，如果卖，为什么卖和怎么卖？"如果你需要制定一个数据战略，现在就要开始思考这些问题。

上面描述的模型所面临的挑战之一是，它没有说明对一个组织来说，这是第一次构建数据战略还是在完善其已有的数据战略。从实践的角度来看，设计一个能够胜任这些阶段（为了一个整体分析战略或者对分析起支持作用的数据战略）的敏捷数据战略，需要使

第4章 数据战略、平台与架构

用设计思维的最佳实践。不要陷入传统软件开发生命周期的陷阱，不要按照类似登月计划的复杂模式来设计数据战略（如获取需求，签字确认；制定设计规范，签字确认；创建测试计划，签字确认；开展测试，签字确认；变更管理，签字确认；等等）。

4.5 数据战略小结

这个主题的重点是说明数据战略的各个组件。为了确保在诸如你的角色、你运营所基于的价值观、指导你达成分析目标的战略等事项之间的统一与协调，制定数据战略是必不可少的活动。要将组织的数据战略视为数据驱动组织活动的重要基础，指导组织的日常工作，帮助你聚焦分析的目标。在所有 IT 举措中，不论其本质是支持组织的运营还是基于决策支持，数据战略都是一个关键和基础的组成部分。

一个定义良好的数据战略能帮助组织实现许多事情，为组织的分析团队的成功做出贡献：

- ❑ 协调一个组织的各个方面，聚焦于所有人都理解的单一"数据"目标。
- ❑ 作为每个人识别组织目标与方向的聚焦点。
- ❑ 到底什么才是对组织重要的？通过对此问题提供一致和清晰的信息来指导日常工作。
- ❑ 决定优先级，支持决策。
- ❑ 促进组织内部的参与，使他们了解自己为什么在这里，以及为什么要做他们正在做的这些事，来支持数据驱动方面的努力。
- ❏ 建立运营的指导原则。
- ❏ 向外部的利益相关方澄清数据工作的目的。
- ❏ 清楚表达人们要在哪里以及不要在哪里花费时间。
- ❏ 提供分配组织资源的基础与标准。
- ❏ 建立组织的基调或组织的文化氛围。
- ❏ 促进将战略目标转化为围绕数据的组织架构、能力、分析团队组建、分析团队构成和工作过程。

我相信数据战略应协调一致,并支持组织的战略驱动,包括提高营收和价值,减少成本与复杂性,通过转移风险和加强约束来确保企业的生存发展。这些建议对任何行业都适用。每个消耗资源的举措,包括数据相关的举措,都必须服务于这些基本的驱动力。

4.6 平台和架构分析

人们经常混淆数据分析能力与分析技术。大量硬件与软件供应商为组织的分析生命周期各阶段提供"技术"解决方案,包括:

- ❏ 数据存储
  - 数据库
  - 本地和基于云的数据存储
  - 数据联邦和数据虚拟化
  - 内存数据构造
  - 数据应用一体机
- ❏ 数据管理

- 数据整合与 ETL 工具
- 数据治理
- 数据加密和脱敏
- 主数据管理
- 数据质量管理

❑ 分析和展示
- 搜索和知识发现
- 流数据分析
- 数据挖掘
- 文本挖掘（NLP、NLG）
- 统计分析
- 机器学习
- 人工智能和认知计算
- 视觉分析
- 数据可视化

很容易将**数据管道**（data pipeline）及其相关联的技术架构与数据分析生命周期混淆起来。图 4-3 描绘了数据管道如何支持数据分析生命周期。

4.7　分析架构

支持数据分析生命周期的**技术**十分广泛。有硬件、一体机、软件"栈"、平台，以及涵盖分析生态系统当前和未来演变格局每个方面的解决方案。当考察一个解决方案是否比另外一个更合适以及当

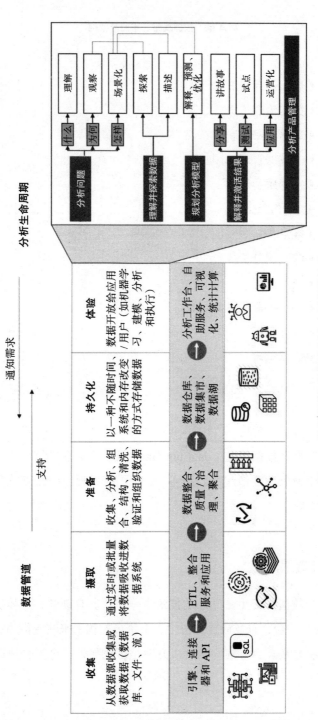

图 4-3 数据管道与数据分析生命周期的关系

第 4 章 数据战略、平台与架构

前任务到底需要什么技术时,常常会有这样的困惑——什么才是最佳选择?我的一位教授朋友经常说,"最好的选择往往是完全不牵扯技术的那个。"

除了技术、平台和**架构**的选择,对于需要什么来支持组织的分析能力,并没有简单的答案。如图 4-4 所示,某些需要考虑的因素有:

- 问题范围(广度和深度)
- 决策的复杂性
- 问题的紧迫性和影响

让我们逐个看看并讨论每个因素是如何影响分析所需的技术格局的。

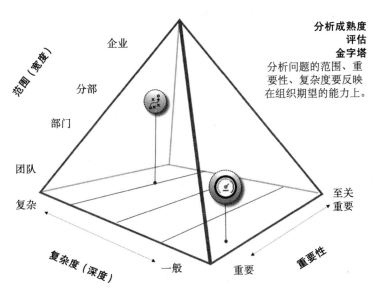

图 4-4 分析成熟度评估金字塔

第一部分 分析基础

4.7.1 范围：业务规模和生命周期支持

在当前场景中，范围既指分析生命周期过程的广度与深度，也指需要支持的业务活动规模。用户的数量和类型（数据科学家与**数据拥护者**）会决定架构的范围。

> **数据拥护者**
>
> 数据拥护者这个概念最早是 ThotWave 提出来的（Hovarth & Nelson, 2016），用来特指那些参与整个分析生命周期并在组织内指引和带头使用数据的人。

本章前面的内容阐述了数据管道与支持分析生命周期所用技术的关系。当组织选择技术方案时，对于那些希望应用技术支持整个生命周期的组织，与只希望应用技术支持某些子集（如统计假设检验）的组织相比，它们的选择会大为不同。对于后一种情况，桌面版本的统计分析软件包即可满足要求，对于第一种情况，必须要有企业级架构。

4.7.2 决策的复杂度

另一个要考虑的因素是分析能力是否需要支持新问题（创新领域），还是只针对众所周知且确定的流程提升效率。

在决策论中，这些对应于程序化决策与非程序化决策问题。**程序化决策**高度结构化或以某种频率复现，或两者皆有。**非程序化决策**是非结构化的，且相对程序化决策而言发生的频率较低。这也经

第 4 章 数据战略、平台与架构

常被表述为自动化分析与探索型分析的区别,后者是服务于组织创新或探索能力的基石。

如图 4-5 所示,日常问题通常被认为是那些相对操作性质的,并且可通过一些基本技巧(仪表盘、可视化分析、质量起因分析、统计过程控制技术等)来解决,而其他问题则需要更深入的统计探索与验证。

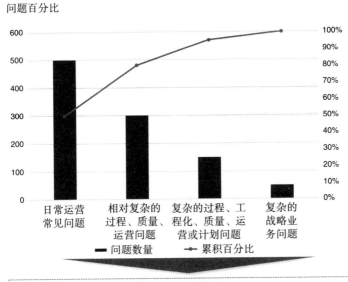

图 4-5 不同复杂度问题百分比

正如 David 等人在 *Harvard Business Review* 的文章(Snowden 和 Boone, 2007)中所述,我们(作为领导者)需要调整我们的决策方式以适应所面临的环境。

4.7.3 理解复杂度

Snowden 和 Boone 定义了复杂系统的特征，解决这些问题，即使对行业领先者也充满挑战。从定义来看，复杂度意味着可能有多个"正确"答案。作为行业领先者，在碰到简单问题时，我们必须理解、分类并做出回应，而对于复杂系统，我们则必需"理解、分析并做出回应。"他们引用了一个复杂系统的若干特征：

- 大量相互交互的元素
- 非线性交互
- 动态系统
- 持续演进的系统
- 难以预测（Oosterwal, 2010）

4.7.4 紧迫性和影响

最终，作为在决定企业级分析架构适用性和规模时要考虑的因素，技术之间的关系对决策的紧迫性与影响起重要作用。

考虑业务决策的紧迫性时，需注意以下问题：

- **危机**

危机是组织新出现的、需要迅速并准确应对的挑战。它既重要（对组织的成功或持续发展很关键）又紧迫（必须立即处理）。出现危机时，组织的业务可能会陷入危机，比如 Johnson 和 Johnson 在 1982 年发生的事件，7 人在服用了含有氰化钾成分的强效泰诺后身亡（Moore, 1982）。最近的例子包括 Target 百货公司被黑客攻击后的回应，另外还有 Chipotle 对大肠杆菌在其连锁店爆发时的反应。

第4章 数据战略、平台与架构

❑ **非危机**

我们在日常工作中都会面临那些非危机的问题。非危机是一个"可能"重要并且需要解决的挑战,不过,不立即处理还不至于将组织引入死亡的旋涡。典型的非危机问题如营收下降或者客户流失。

❑ **机会**

机会是指组织可以用来巩固和提升其防御(如监管、声誉、金融风险)的能力,或者顾名思义,可以充分利用的新机会。

应对以上各类问题时所需要的数据略有不同,非危机问题的分析依赖于高度组织的且稳定的数据——经常被称为**特定目的数据**(data for purpose)。相对来说,危机问题则依赖于从事先非预期的数据源中整合高质量数据的能力。换句话说,不是让一个分析师坐下来,然后开发一个解答未预期问题的数据模型就能解决危机问题。机会问题经常被描绘成两者的结合:高度组织的且未预期的数据。

要注意到每类问题对数据和分析团队架构有不同的要求。Junaid Qadir 和他的同事在 *Journal of International Humanitarian Action*(Qadir, 2016)上描述了一种危机分析的分类方法,包含一个成功平台所要求的一些赋能技术,涉及多学科和广泛的数据源(见图4-6)。

Qadir 等指出,需要利用非传统数据源的需求包括:

❑ 数据尾气:日常流程中自然出现的数据副产品
❑ 在线活动:来自用户通过交互(如邮件、评论)和 Web(搜索引擎和社交媒体活动)生成的数据
❑ 传感技术:物联网和智能产品
❑ 公共数据:包括公开来源的和开放的数据

第一部分 分析基础

❑ 众包数据：组织化和大众化的数据

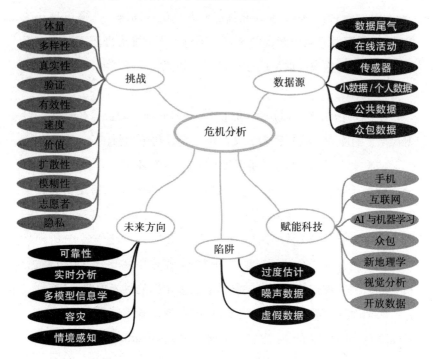

图 4-6 危机分析的维度

来源：Qadir, Junaid; Ali, Anwaar; Rasool, Raihan ur; Zwitter, Andrej; Sathiaseelan, Arjuna; Crowcroft, Jon (2016). Crisis analytics: big data-driven crisis response. Journal of International Humanitarian Action 1(12).

4.8 特定目的数据或潜在价值数据

很有可能大部分的数据和分析架构都是设计用来处理非危机问

第 4 章 数据战略、平台与架构

题的。尽管上述机会和危机类问题的战略本质不同，我们还是将精力投入到处理可预见的常规事情上面，然后收集需求、建立模型和让分析成果产品化。过去几年中，业界一直在推动针对特定目的数据与**潜在价值数据**的区分。

大多数人认为，我们在这里所讨论的"特定目的"是"已知的"需求，也就是说，我们了解数据的应用目标，并对数据进行相应的组织。"潜在价值数据"则意味着我们对怎样使用这些数据还没有清晰的认识，但这些数据可能很有意思。

从架构上看，两种类型数据服务的战略目标十分不同。特定目的数据存储在精密、规范的数据库中，由行与列构成，具备特定的完整性和高度程序化的管理流程，用于数据的访问、整合、清洗、扩展与存储。对潜在价值数据来说，我们不清楚哪些事情我们不知道，也就是说，我们是"有意识地无知"（意指自己意识到无知）。

彻底地意识到无知，是每个真正的科学进步的前提。

——Stuart Firestein, *Ignorance: How it Drives Science*（Firestein, 2012）

通过允许我们中的好奇者探索未知的**数据尾气**，并向他们提供分析沙盒，我们很容易能发现新的交互，这不仅会带来新的洞察，也将使我们可以更快地对危机和机会做出响应。

杨森研究依靠多样性

当在杜克大学的富科商学院完成我的硕士学位的时候，我有机会邀请到 Paul Stang 博士与 Patrick Ryan 博士出席一个我们的分析会议。Patrick 在杨森研究与发展机构执掌流行病学分析。他

> 们演讲中最令人印象深刻的部分是描述如何组建分析团队。与传统的"分析"角色如生物统计学家、医药专家和数据工程师不同，他们创造了一个由心理学家、行为经济学家、作家、艺术家和工程师组建的分析团队。
>
> 这与许多正在演进的创新中心（Nelson, 2016）很相似，都是通过拥抱多学科的观点来创造、设计和变革整个行业。

4.9 本章小结

不论你是在解决一个史无前例的危机问题，还是在确保你的分析引擎有充足的燃料，分析都依赖于数据。一个组织的效率和效果，经常能够通过其管理关键信息资产的水平来衡量。如本章所述，有意识地规划数据管理的目的和手段十分关键，也就是说，要构建数据战略！它将很好地帮助组织有目的地决定管理什么数据和不管理什么数据。

在回答数据战略应该是什么这类问题时，我们经常寻求技术上的答案。这是一个很大的错误。数据架构、平台和技术，应该建立在组织当前掌握的和希望获得的能力支持之上。

在任何数据架构中，最重要的是服务于组织的一致的、可靠的和有价值的数据流，也就是说，数据管道。我将"管道"看作是企业信息工厂（Corporate Inforamtion Factory）（Inmon, Imhoff, Sousa, 2000）的自然进化。

正如 Michael Li 所说，"复用性、一致性和可生产性，使得数据科学家专注于数据科学本身"(Li, 2015)。

4.10 参考文献

Adelman, S., Moss, L. T., & Abai, M. (2005). *Data strategy*. Indianapolis, IN: Addison Wesley.

Collis, D. J., & Michael G. Rukstad. (50th Anniversary McKinsey Award Winner for Best Article in Harvard Business Review, 2009.). (2008). Can you say what your strategy is? *Harvard Business Review, 86*(4).

Firestein, S. (2012). *Ignorance: how it drives science*. Oxford; New York: Oxford University Press.

Horvath, M. P., & Nelson, G. S. (2016). We need data champions in healthcare. Retrieved from info.thotwave.com/download-the-we-need-data-champions-in-healthcare-research-summary.

Inmon, W. H., Imhoff, C., & Sousa, R. (2000). *Corporate information factory*. Retrieved from www.netlibrary.com/urlapi.asp?action=summary&v=1&bookid=56348.

Li, M. (2015). Three best practices for building successful data pipelines. *Data*. Retrieved from www.oreilly.com/ideas/three-best-practices-for-building-successful-data-pipelines.

Maister, D. H. (2008). *Strategy and the fat smoker: doing what's obvious but not easy* (1st American hardcover ed.). Boston, Mass.: Spangle Press.

Moore, T. (1982). The fight to save Tylenol. *Fortune*. Retrieved from fortune.com/2012/10/07/the-fight-to-save-tylenol-fortune-1982/.

Nelson, G. S. (2016). Using design thinking to solve hospital readmissions. Retrieved from www.thotwave.com/blog/2016/12/05/2753/.

Oosterwal, D. P. (2010). The lean machine: how Harley-Davidson drove top-line growth and profitability with revolutionary lean product development.

Qadir, J., Ali, A., ur Rasool, R., Zwitter, A., Sathiaseelan, A., & Crowcroft, J. (2016). Crisis analytics: big data-driven crisis response. *Journal of International Humanitarian Action, 1*(12).

Snowden, D. J., & Boone, M. E. (2007). A leader's framework for decision making. *Harvard Business Review*. Retrieved from hbr.org/2007/11/a-leaders-framework-for-decision-making.

第二部分

分析生命周期最佳实践

第 5 章　分析生命周期工具包

创新和最佳实践可以在整个组织中生根发芽——但只有当它们被播种到肥沃的土地上时。

——Marcus Buckingham

5.1　分析生命周期最佳实践领域

数据分析不仅仅是召集一群数据科学家和数据分析师就可以了。数据分析部门的领导者必须要关注和考虑一系列的活动以实现他们的业务目标。产品经理、项目经理、流程架构师、业务分析师、质量经理和技术开发人员都是实现成功分析的关键要素。以下的每个能力都是分析生命周期的组成元素，一个组织必须要具备这些能力。每种能力都是一种分析的最佳实践，我们将在本章和后续章节中进一步描述：

❑ 问题理解。通过明确阐述问题的每一个环节来支持构思，将其转化为一个可以通过数据来回答的问题，调查潜在的根本原因，以及有效地确定待解决问题的优先次序。

❑ 数据探查。识别和获取回答问题所需的数据，包括整理、调整、清洗和准备用于分析的数据，并对数据进行探索和特征化处理，以评估其在解决业务问题中的作用。

第5章 分析生命周期工具包

- **分析模型开发**。使用包括数据可视化、描述性和推断性统计分析以及高级分析等技术，通过用数据讲故事的方法来解决现有的问题或预测未来。
- **成果应用**。在分析和数据洞察离开"实验室"之后，通过理解和行动支持分析成果，预测挑战，考虑如何应用分析结果，以及将分析成果应用到业务处理流程中。
- **分析产品生命周期管理**。将分析模型视为数据产品，需要对设计、实现、测试和部署各环节进行专业化的**职责分工**。产品管理包括对知识和变更进行主动管理，以及质量流程管理、项目执行管理、项目评价管理和团队监督。

图 5-1 描述了整个数据分析生命周期常见的各项活动，以及创建一个分析产品时在各阶段大致需要投入的工作量水平。

如图 5-1 所示，数据分析生命周期从确定基本问题的定义开始，然后依次是数据探查、分析和成果应用。这个流程在分析洞察结果以某种方式嵌入到业务流程并得到执行后结束。重要的是要明白每一个阶段都不是僵化的、固定顺序的。在进一步完善问题定义前可能需要先提取和探查数据。同样，你也可能会经历一个错误的起点或发现理论中的盲点，或者在经过详细的探索和分析之后发现没有正确的可用数据。但是，通过密切遵循这一流程的各个步骤，你可以防止因需求遗漏或业务问题描述不清而导致在最后实施阶段失败。

第二部分 分析生命周期最佳实践

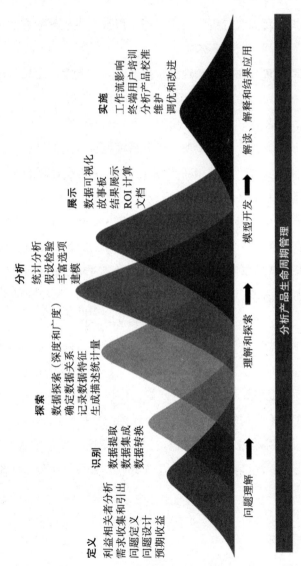

图 5-1 分析生命周期

第 5 章 分析生命周期工具包

5.2 数据分析是数据科学的产物

第 1 章讨论了数据分析和数据科学之间的区别，以及如何利用数据分析来解决某个行业或一定问题范围内的特定挑战。如果数据分析产品是数据分析以及广义上的数据科学的结果，那么我们对真相的认知及理解都应该与时俱进。数据分析可帮助我们了解真相并理解其背景，即过程、组织和环境。

数据分析有助于我们发现事实。也就是说，我们使用数据以及这里列出的最佳实践和流程，通过数据分析对理论进行经验性测试，通过验证和测试确保它们的可靠性，并通过将分析所得的洞察付诸实践以从中受益。

通过这里描述的分析生命周期流程，对问题进行描述、解释、预测及提供解决方案，我们将获得对问题的进一步理解。

5.3 数据分析的目标

到目前为止，我通常把分析的目的称为"解决问题"的一种方式。事实上，数据分析可以用来达成以下一个或多个目标：

- **解决问题**。应用分析主要涉及发现解决实际问题的方案，并且用解决方案产生的直接效用或应用情况来衡量是否成功。在数据分析生命周期中，关注的重点通常是解决问题的速度和可解释的价值。
- **支持论断**。分析专业人士经常使用一些分析技术来为一个论断的有效性提供支持，比如确认一个假设或通过可视化手段来展现关联关系。其重点在于通过分析加强论断的准确性和可靠性,并不一定强调流程的可重复性。
- **理解现象**。我们经常为了从广义上和狭义上更充分地理解一个现象而着手启动分析项目。可视化分析或探索性数据分析等技术可以帮助发现这些关系。
- **发现新事物**。分析可以用来告诉我们一些我们还不知道的事情。我们可以将这一目标追溯到数据挖掘的发展历史,它经常利用新的分析方法或非结构化、无组织的数据,而且常常集中在创新型的焦点上。好奇心和求知欲激发了对这些关系和关联的探索与发现。

在每一种情况下,根据结果使用方式的不同,关注点是不同的。然而,虽然不同的目的下使用的分析方法可能会不同,但数据分析生命周期作为一种通用的**方法论**或框架是一致的(见图5-2)。

应该指出的是,这里有意省略了一些其他主题,例如监测一个流程、有指导的数据探索或查找一个数值。如果希望更全面、深入地讨论数据分析的应用,尤其是关于数据可视化用途的详尽介绍,我建议阅读 Stephen Few 关于这一主题的观点(Few,2012)。

当然,这些目标通常与商业智能和数据可视化相关,并不一定被视为属于数据分析的范畴。

5.4 分析产品的规模和范围

值得注意的是,并非所有数据分析产品都需要同样的勤勉、质量保证、工作量水平和来自管理层的监督。需要重点考虑的因素通常与

第 5 章 分析生命周期工具包

先前在第 4 章中讨论的因素相同,包括范围、复杂性和紧迫程度。

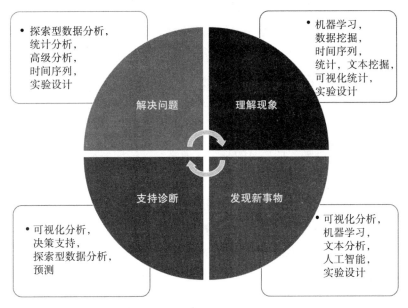

图 5-2 分析的动机

这里概述了四种类型的分析"交付物",为规划不同类型的分析(或数据)产品提供启发。

- ❏ 简单的临时需求。指那些花费不到一天时间就能解决的需求。通常情况下,这些需求是为了支持之前已经提供过的查询,或者是为探索一个潜在的问题提供支持。

- ❏ 复杂的临时需求。解决这类产品需求往往需要对需求问题有更深入的理解,以便找到需要的数据并进行相应的转换,或者为演示与讲解准备好分析结果。解决这类需求问题的工作量从一天到一周不等。

第二部分　分析生命周期最佳实践

- **特殊项目**。与临时需求不同，以数据作为解决问题基础的分析项目是一次性项目，有生命周期（开始和结束），但需要做好计划、团队间的协作以及对新数据的集成才能解决。数据分析项目被视为"一次性"的方案，如果它们最终演变为数据产品，项目的关注度也会相应扩大。
- **产品**。开发数据分析产品是一项基本上贯穿整个数据分析产品生命周期的研究和开发活动，目的是通过可上线部署的交付产品来支持决策的制定。通常，这些产品都是自动化过程的一部分，或者集成到业务流程中。

表 5-1 展现了每种类型的**分析项目 / 产品**的示例及其特点。

请注意，在整本书中，**分析产品**这个术语被用作分析生命周期的输出或交付物的通用术语。在适当情况下，还将使用问题、项目或需求等术语。

表 5-1　分析项目产出的产品类型

类别	工作量投入水平	自动化水平	监督 / 测试
简单的临时需求	数小时	低	自查
复杂的临时需求	数小时到数天	低	同级检查与评估
特殊项目	数周	低到中[①]	团队检查与评估
数据分析产品	数月	高	正式的验证

① 注意，特殊项目可能演变为未来的数据分析产品。

5.5　分析生命周期工具包的组织方式

本书的后续章节将概述五个最佳实践领域，每章一个。每章都将提供最佳实践领域的描述，为什么它是重要的，以及涉及什么人。

第 5 章 分析生命周期工具包

具体包括以下内容：
- **流程**。你需要做什么，为什么这样做是重要的。
- **角色**。可以分配给独立个体的职责以及需要的技能，该职责与哪些流程和交付成果相关联。
- **工具和模板**。在整个分析过程中产生的交付物、头脑风暴工具、工作表和计划。

此外，在讨论每个最佳实践领域时，我将重点介绍示例、提示、要点、案例研究，以及合适的延伸阅读材料。

5.5.1 关于分析流程

在深入研究分析最佳实践领域之前，我想分享一下我对分析流程的看法。对许多人来说，流程是一个很讨厌的概念，就像谚语所说，提起它就让人"汗毛直竖"。我和你的感受一样。许多人都认为流程（以及政策和程序）是停止思考该如何进一步提升的原因。此外，它也暗示着死板的遵循规则，而不对规则的价值进行批判性的思考。

流程被称为"一组相互关联的工作任务的集合，以便达成某个特定的结果"（"What Is a Process？"2016）。我们都看到过扼杀创造力的流程，或者更糟的是，当它们被忽视或被规避时，纯粹是在浪费时间。对流程缺乏正确认知的组织，往往也不允许对流程进行持续性的改进。

我希望你能暂停"我讨厌流程"的固化思维，转而考虑其好处。苏格兰经济学家 Adam Smith 创造了"流程"这个词。他发现，通过创建一个流程，并将流程中的步骤分配给精于此道的专家，生产率

第二部分 分析生命周期最佳实践

就会提高。此外，他在 *Wealth of Nations*（Smith，1776年）中指出，劳动分工也促进了创新。通过允许个人将"心灵的全部力量"运用到一个焦点领域，人们自然会努力缩小他们必须付出的努力，并因此持续得到改进。随着时间的推移，不同的人加入整体的改进当中，从而更大地促进了生产率的提高。Smith 总结道："不同的改进并不都是单个人的发明，而是随着时间和经验的积累被不断发现的，并汇集了许多不同专家的创造力。"

在我的经验中，本书所描述的分析生命周期流程对分析产品的速度、灵活性和可靠性产生了积极影响，并极大地提高了分析对组织的价值。

在分析生命周期中，我们使用流程（或过程）进行必要的分工，因为任务不再仅仅存在于一个人的头脑中。数据倡导者或数据科学家可能在如何解决问题方面具有创造性，我们需要向这些专家学习，而不是试图控制他们或强迫他们使用我们的方法。流程是为了持续改进而设计的，但在能够改进之前，我们必须首先抓住本质。

随着分析流程逐渐成为业务中的重要环节，我希望你会同意，无论你的核心业务是什么，最佳实践和流程都应该被应用，以使你的分析可扩展、高效和有效。

5.5.2 分析生命周期最佳实践领域、流程和工具

如图 5-3 所示，分析生命周期工具包被划分为五个最佳实践领域：
- ❑ 问题理解
- ❑ 数据探查
- ❑ 分析模型开发

第 5 章 分析生命周期工具包

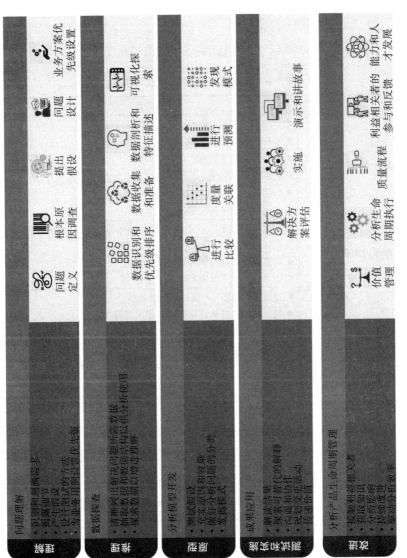

图 5-3 分析生命周期工具集的 5 个最佳实践领域

第二部分 分析生命周期最佳实践

- ❑ 成果应用
- ❑ 分析产品生命周期管理

表 5-2 ~ 5-6 总结了五种最佳实践中的关键活动。

表 5-2 最佳实践领域：问题理解

流程	关键活动
问题定义	■ 识别业务问题/需求，并进行特征提取 ■ 管理问题定义和影响 ■ 为投入提供正当理由 ■ 将问题陈述转化为分析问题和技术需求 ■ 识别与问题和提出的方案相关的假设条件 ■ 提炼业务和分析问题陈述
根本原因调查	■ 通过头脑风暴，并有效使用发散思维过程，以揭示潜在的因果关系 ■ 对需求恰当地分类并确定可行性 ■ 针对需求定义开展根本原因分析
提出假设	■ 生成（和管理）可测试的假设条件 ■ 与利益相关者验证预期结果和关键需求信息 ■ 生成可测试的理论并验证它们的合理性 ■ 跟踪不理解的工作流 ■ 根据需要采用主要和次要分析方法，以理解潜在的问题来源
问题设计	■ 使用 FINER 标准（Car, 2013）来评估业务问题是否可以被转化为可解答的问题 ■ 将问题转化为合适的研究设计
业务方案优先级设置	■ 根据业务价值、交付成本和时间限制等因素，对需求设置优先级 ■ 验证方案设计是否满足业务需要 ■ 详细说明支持方案所需的各项能力 ■ 管理与方案实施和成功相关的指标

第 5 章 分析生命周期工具包

表 5-3 最佳实践领域：数据探查

流程	关键活动
数据识别和优先级排序	■ 阐明解决问题所需的数据 ■ 协调我们可以获得的数据和我们想要的数据之间的差异 ■ 追溯数据中反映的业务和运营工作流程 ■ 阐明数据的来源和治理假设
数据收集和准备	■ 从大型结构化数据存储中提取数据 ■ 从非结构化数据源中提取数据 ■ 集成来自多个源的数据 ■ 确保数据的保密性和安全性 ■ 使用各种方法来清洗或丰富数据 ■ 将结果映射回业务和运营工作流程 ■ 根据所需要的分析类别对数据进行适当的建模
数据剖析和特征描述	■ 识别数据中的关系 ■ 对未知数据进行探索 ■ 描绘数据集的轮廓 ■ 开发并运行一个结构化的过程，描述数据集的总体趋势、特征和组成 ■ 生成描述性统计数据、频率分析和数据分布（也称为探索性数据分析——EDA） ■ 识别和调查异常数据 ■ 创建可能解决问题的理论
可视化探索	■ 利用各种可编程、菜单驱动的可视化工具来检查关联关系 ■ 利用良好设计的原则来制作适合其类型的视觉效果 ■ 创建有助于表现数据背景和内涵的图形

表 5-4 最佳实践领域：分析模型开发

流程	关键活动
进行比较	■ 确定适当的统计检验，并利用它们得出结论 ■ 应用各种各样的统计模型、流程、程序和衡量方式来比较两组或更多组数据 ■ 使用适当的检验比较分类和数值数据集的特征 ■ 应用定量方法来描述数据样本的属性

第二部分 分析生命周期最佳实践

（续）

流程	关键活动
进行比较	■ 定义并应用统计显著性、置信区间、效应量和假设检验 ■ 区分分类数据和连续数据，以及用于做出推论的各种测试策略的适当性
度量关联	■ 利用可视化方法检查不同类型数据之间的关系 ■ 区分解释变量和响应变量及其在关联测试中的作用 ■ 描述测量关联中使用的测试类型，包括参数测试和非参数测试中的测试类型 ■ 传递关联和因果关系之间的区别
进行预测	■ 确认两类预测模型 ■ 列举用于预测模型的监督和非监督算法的类型及方法 ■ 将所需要的预测问题的类型与统计、数据挖掘和机器学习中的可用方法联系起来 ■ 识别常见的分析方法，如预测模型、聚类分析、神经网络和机器学习
发现模式	■ 使用模式识别对可以解决的问题类型进行分类 ■ 描述各种分类方法 ■ 说明特征选择和特征提取之间的区别 ■ 描述分类和判别的差异

表 5-5 最佳实践领域：成果应用

流程	关键活动
解决方案评估	■ 进行数据/分析输出解释 ■ 培训和指导利益相关者 ■ 对模型进行业务验证 ■ 比较不同模型的结果 ■ 探索其他解释
实施	■ 将分析和洞察融入业务工作流程，以便看到持续的、积极的效益，并实现全组织的学习范式 ■ 为投产创建模型、可用性和系统需求 ■ 交付投产模型 ■ 支持业务流程变更

第5章 分析生命周期工具包

(续)

流程	关键活动
实施	■ 支持模型的实施 ■ 评估可操作性以及对操作流程的影响 ■ 记录并沟通所发现的内容(包括假设、限制和约束)
演示和讲故事	■ 与各类受众进行有效沟通 ■ 创建具有业务含义的数据可视化分析 ■ 交付具有研究发现的分析报告 ■ 传播分析所创造的业务价值 ■ 推广分析结果,让更多人了解与接受,不断提升

表 5-6 最佳实践领域:分析产品生命周期管理

流程	关键活动
价值管理	■ 战略协调与统一 ■ 开发和支持协同性的产品管理文化 ■ 分析的推广与传播 ■ 定期评估分析所带来的业务收益与价值
分析生命周期执行	■ 分析的优先级设置 ■ 利用项目管理原则来定义、执行和管理项目活动 ■ 制定和建立项目目标与里程碑 ■ 实施项目标准和过程 ■ 监控和分析项目成本 ■ 评估与估计项目工作范围 ■ 管理资本和费用报告
质量流程	■ 提升数据治理方式 ■ 创建并遵循质量管理计划 ■ 促进持续改进 ■ 遵循稳健的测试和质量流程 ■ 利用基于风险的验证方法 ■ 参与代码和数据产品的同行评审 ■ 记录和提升质量原则 ■ 跟踪模型质量和耐用性 ■ 重新校准和维护模型

(续)

流程	关键活动
利益相关者的参与和反馈	■ 分析变革的影响 ■ 支持培训和沟通活动 ■ 管理变革 ■ 促进管理变革和衡量决策影响的流程 ■ 促进分享和合作的文化
能力和人才发展	■ 管理资源和评估绩效 ■ 基于可用资源管理项目组合 ■ 管理人才发展 ■ 提供绩效提升辅导； ■ 管理冲突 ■ 向团队和外部利益相关者展示领导力及影响力 ■ 评估经验教训 ■ 编目数据资产并确保元数据可访问、可利用

5.6 分析的设计思维

设计思想是一种以人为中心的创新方法，它借鉴设计师的工具包，将人的需求、技术的可能性和商业成功的要求结合起来。

——Tim Brown，Ideo 首席执行官

5.6.1 什么是设计思维

第 1 章将分析定义为"一种全面的、数据驱动的解决问题的策略"。作为分析指导手册的一部分，我们有许多工具可以在应对挑战时使用。我认为**设计思维**是我们最耐用、最实用的工具之一。设计思维运用同理心和实验等元素来达成创新的解决方案。

在过去的 20 年里，我们的思维和敏捷性发生了巨大的变化。我

第 5 章 分析生命周期工具包

们已经从软件开发中的瀑布式方法转变为更敏捷、更能响应客户需求的方法。市场已经从大肆宣传产品信息的大众营销方式，转向考虑个人喜好的和个人品位的营销方式。就连我的房地产经纪人也会使用生活方式画像，并将他的广告向具备特定生活方式的人群投放。我们正从产品转向体验（Rose, 2013）。

在分析中，我们应该围绕客户的需求做出决策、交付产品和设计体验，而不是围绕我们的组织方式或我们自己认为重要或有趣的内容。设计思维使我们能够从同理心与换位思考开始设计解决方案（解决问题，创造机会）。我认为设计思维是一种跳出自身思维局限的方式，忘记我们对他人想要什么或需要什么的预设观念，而不是强迫我们从用户的角度定义问题。

在组织中，我们必须抵制诱惑，不能在没有了解问题存在的背景或解决方案将如何适应其工作的情况下，去发现、构建和部署解决方案。

5.6.2 设计思维应考虑用户旅程

如果不通盘考虑，五花八门的参与者、观点和激励措施将使解决方案无法实施。大多数贯穿组织的流程，其活动都具有需要高度协调的特点，并需要运用多学科的方法来理解和解决问题。在设计思维中，我们通过记录用户角色和用户旅程来锻炼我们的思维，帮助我们理解和体会他们的经历，这样问题定义就很清晰了，同时也确定了我们在这一过程中必须考虑什么。

5.6.3 设计思维的五个步骤

设计思维可以直接影响产品的设计（例如，分析模型、报告、发现）和如何实施（内化为工作的一部分），以及数据消费者如何体验我们的服务（分析项目分类、优先排序和状态传递）。设计思维是一种以人为本的寻找问题和解决问题的方法。正如我们将在本书后面看到的那样，**寻找问题**和**解决问题**都是分析作为解决问题策略的核心。

寻找问题

寻找问题是指通过生成假设和开放式查询，来揭示模式和关联的过程。它也是对各种可以通过数据来回答的问题的综合。

解决问题

解决问题是指通过采用科学过程（如基于假设的测试与验证），来评估某种潜在现象的应用价值和可靠性的过程。

设计思维提供了一个有五个步骤的流程（见图5-4），可以迭代使用，以支持分析产品和服务的应用：

1. 共鸣
2. 定义
3. 酝酿
4. 原型
5. 测试

有时，人们还加入最后的第六步：实施。

第 5 章 分析生命周期工具包

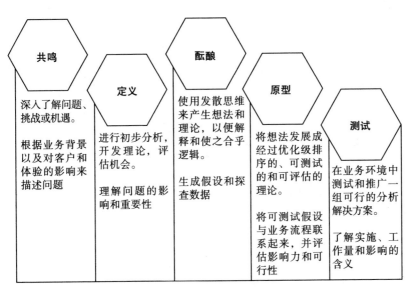

图 5-4 设计思维的五个步骤

请注意,我并不是要把设计思维中使用的五个步骤与本书前面介绍的五个最佳分析实践进行对应。相反,我认为设计思维流程是我们应该如何设计分析产品和服务的补充方法。具体来说,我认为让分析客户满意的最佳机会是采用各种方法论中的工具和技术,包括战略创新、设计思维、体验设计、**精益启动**、产品思维和**敏捷**方法,如图 5-5 所示(Ries,2011)。

在本书里,我们将把分析**最佳实践**与设计思维的不同阶段联系起来,以锚定这些概念。如图 5-6 所示,分析遵循一个迭代周期。在这里,我们扩展了传统设计思维中的五个步骤,围绕分析流程的迭代性质来展开对话。当我们浏览每个最佳实践时,我将强调该最佳实践在这个迭代模型中的位置。

第二部分 分析生命周期最佳实践

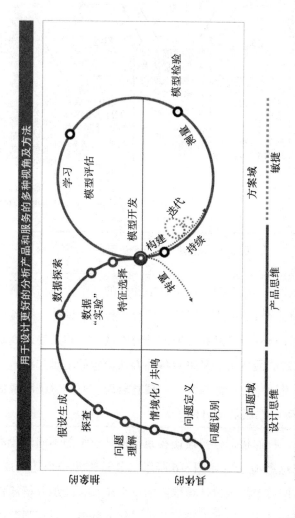

图 5-5 根据情况灵活使用各种工具包(如设计思维、产品思维和敏捷方法)可以实现更好的分析解决方案

来源:改编自 Nordstrom 的创新实验室

第 5 章　分析生命周期工具包

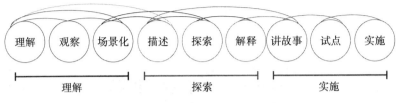

图 5-6　应用于分析的设计思维过程

5.7　本章小结

分析生命周期包含五个最佳实践领域，这些领域贯穿于分析产品的设计、开发和交付过程中。虽然并不是每个分析项目（问题、项目、产品）都会以相同的方式运用这些领域，但它们提供了一个框架，以确保分析项目能创造价值，并且项目投入能与其产出相匹配。

5.8　参考文献

Few, S. (2012). Use-based types of quantitative display. *Visual Business Intelligence Newsletter*, January/February/March 2012. Retrieved from www.perceptualedge.com/articles/visual_business_intelligence/types_of_quantitative_display.pdf.

Ries, E. (2011a). Case study: The Nordstrom Innovation Lab. Retrieved from http://www.startuplessonslearned.com/2011/10/case-study-nordstrom-innovation-lab.html.

Smith, A. (1776). *An inquiry into the nature and causes of the wealth of nations*. London: W. Strahan and T. Cadell.

What is a process? (2016). *Enterprise Process Support*. Retrieved from its.syr.edu/eps/services/process/what_is.html.

第6章 问题理解

我们实现我们所理解的需求。如果我们想共同完成一件事情，首先需要共同理解这件事情。

——Ron Jeffries

6.1 流程概述

问题理解的最佳实践是基于对业务需求的理解和优先级排序，确保可能的解决方案能够解决最初提出的问题，而不是创建新的问题。这种基于更全面、更宏观的系统视角的方式，需要我们进行规划、可行性评估、信息收集、业务案例准备和风险评估等多个活动。

我倾向于将这种最佳实践称为问题理解，而不是更宽泛的术语——**业务分析**。虽然业务分析这个职业已经有了几十年的发展历史，但它起源于软件开发而非数据分析。与软件开发生命周期相似，数据分析领域的业务分析需要特定的专业技能，例如业务规划、高级分析中使用的定性和定量方法（至少能意识到这是一种可供选择的方法）等。此外，这个最佳实践领域还依赖于一些软技能，如访谈（用于需求启发）、基于事实的问题解决方法（分析/综合）、故事叙述、知识管理、谈判、影响分析以及案例研究方法等。

第6章 问题理解

6.2 为什么要理解问题

分析的重点通常是为了充分了解组织的需求,识别那些能够帮助组织实现其目标并且具有可操作性的机遇。

擅长理解问题的组织,能够通过充分理解问题本身、问题的影响以及解决该问题带来的价值,了解重要问题和紧急问题之间的区别。他们亦能够从过去的工作中吸取经验教训,知道哪些是可行的,哪些能够在未来发挥作用。为了促使分析项目取得成功,我们需要设立一个深思熟虑的目标,以指导分析团队聚焦于正确背景下的正确事物,从而使团队成员能够以正确的方式解决正确的问题。

6.3 流程领域

在数据分析领域,对于问题理解的讨论主要集中在以下方面:
- 问题定义
- 根本原因调查
- 提出假设
- 问题设计
- 业务方案优先级设置

图6-1是对应用于业务问题调研的科学方法的流程的概述。这种方法假定我们通过有目地地检查和学习来收集知识。尽管我们可以构建证据来支持自己的理论,依然有可能永远无法百分百地确定某些事情,但在推断与证明过程中仍然可以获得知识。

为了寻找一个由数据驱动的、基于事实的问题解决方法,首先

第二部分 分析生命周期最佳实践

需要用最简单的术语准确地定义问题。通过这种方式，我们为将业务问题设计成可以用数据回答的问题奠定了坚实的基础。

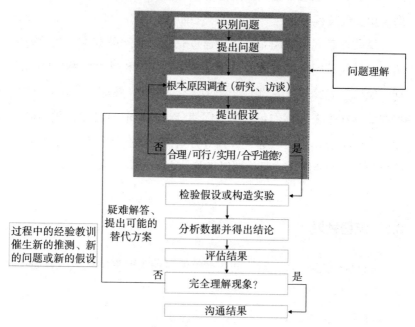

图 6-1 业务背景下理解问题的最佳实践

在为解决问题做准备的过程中，一个重要的环节是了解之前他人在此领域所做的努力和尝试（做了什么，如何做的），了解的范围不应局限于自己的公司或行业，还应该包括其他领域。通过应用诸如根本原因分析、访谈和过程回顾等方法，尝试去了解问题的潜在原因。根据对问题潜在原因的掌握，你能够进一步推测问题产生的原因，以及如何将可选择的解决方案限制在可控的数量范围内。

除了问题理解之外，还有数据探索过程（我们将其称为数据探

第6章 问题理解

查,将在第二个最佳实践领域中介绍)。这个过程将确定寻求解决方案所需的数据范围,并制定收集数据的计划。在这个过程中,你需要思考以下问题:该数据收集方案是否可行?所收集的数据能否合理地回答那些提出的业务问题?

在我们讨论这些环节时,值得注意的是它们可能是并行的,而且随着需求的进一步明确和细化,有时会需要重新执行之前的一些流程。例如,在根本原因分析环节中,可能会发现一些其他的问题。

通过回答这些问题,你将有一个定义明确、范围清晰的业务场景,在此基础上,可以进一步发展为一个业务问题。然后,你就可以开始下一步的假设检验,编制将分析结果应用到现实环境中的具有普遍适应性的业务运营计划。

> **拓展学习**
>
> 想要了解更多关于业务分析知识体系的信息,请访问 www.iiba.org/babok-guide.aspx。

6.3.1 问题定义

能正确陈述问题就解决了问题的一半。

——John Dewey

如前一章所述,你可以有一个或多个特定的分析目标,其中可能包括:

- ❑ 解决问题
- ❑ 支持论断
- ❑ 理解现象

第二部分　分析生命周期最佳实践

❑ 发现新事物

虽然可以使用许多方法来帮助定义分析问题、制定分析计划和开展业务调查，归根结底，它们都与一些基本的科学方法相关（见图6-1）。

当我们在尝试解决、理解、沟通或者探索问题时，常常忍不住一下子就进入细节，试图迅速开始深入探索问题甚至提出解决方案。请试着抵制这种诱惑，因为对一个尚未明确定义的问题来说，你不可能真正找到解决方案。之所以要先关注问题的定义，原因在于需要确保我们真正地理解并重视该问题，并对如果此问题得不到解决所造成的影响拥有一致的理解。很多时候，如果我们不能正确地定义问题，比如，问题的形式不正确或太笼统，问题就不可能得到解决。

▶提示

注意不要陷入这样的陷阱：提出错误的问题（第三类错误），或者提出不值得回答的问题（第四类错误）。

问题定义从识别问题开始。问题通常会以症状的形式出现，例如在业务中某件事情出了差错。此时，虽然有多种原因使得我们很容易匆忙采取行动，但恰恰相反，我们还是应该先从完全理解问题域、观察和情境化（指把该问题结合其业务场景来研究）问题域来着手寻找解决方法（见图6-2）。

问题域指的是使组织感到困扰的广泛领域。需求、项目或产品都是关于什么的？它们又会对组织产生怎样的影响？

第6章 问题理解

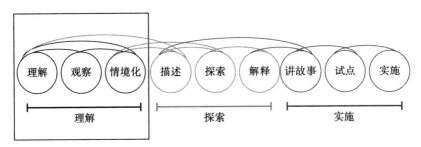

图 6-2 问题理解与设计思维中的共鸣阶段有关

具体而言,需要了解以下内容:
- 问题是什么?
- 会影响或涉及谁?
- 问题的影响或后果是什么?如果不去解决会发生什么?
- 成功的标准是什么?

6.3.1.1 问题定义实践

请阅读并思考以下案例:

一家专门生产和销售高端摩托车的公司,一直在努力推销其新推出的巡洋舰系列,然而收效甚微。事实上,它每周仅能销售一到两辆。销售主管指责市场营销部没有提供销售线索,而市场营销部则指责产品开发部没有制造出客户想要的产品。所有人都在指责销售部没有创造收入,管理层也在质疑整体战略。

出了什么问题?
- 有很多原因可能导致该问题的出现,但一个简单的事实是,企业的问题其实是**未实现预期收入**。

问题会影响谁?
- 问题可能会影响公司的每个人,包括高管、经理、销售人

第二部分　分析生命周期最佳实践

员、工程师、设计师和营销专家。此外，供应商和客户等外部利益相关者也将受到影响。

影响是什么？

❑ 显而易见的影响可能包括裁员、减少奖金、减薪或取消合同等。然而，问题的影响可能比最初的估计更严重，甚至更加深远，例如孩子失去生活支撑、父母不得不搬去和成年孩子一起生活、工厂关闭等。在不夸大的情况下，评估影响是至关重要的，并且对影响进行分类将有助于后续对业务方案的陈述（没有夸张！）。一个可靠和完整的业务方案将有助于对问题进行优先级排序，并能合理评估解决该问题所需要的投入。

成功的标准是什么？

❑ 所谓成功，短期内可以是对引起问题的原因达成一致的理解，并对试图开展的解决方案形成共识。长期来看，成功应该用经营成果来衡量。对于目光短浅的人来说，成功可能意味着解雇销售经理，但我们最好避免针对个人的指责，而是聚焦在可以衡量的、具体的成功。比如在这个例子中，成功可以定义为在解决方案实施后的六个月内每周至少销售 15 辆摩托车。确定一个具体的、可衡量的成功标准至关重要，即定义改进的目标和特定的完成日期。

拓展学习

想要了解更多关于目标设定的信息，请参阅心理学家 Edwin Locke 和 Gary Latham 关于目标设定的经典文章（Locke 和 Latham，2002）。

第 6 章 问题理解

除了回答上述问题外,还可以考虑假设、约束、事件的时间表和依赖关系等。把这些结合起来,就得到了一个完整的问题描述,这是用来总结头脑风暴和研究结果并抓住问题本质的一种方法。即,问题是什么?它会影响谁?影响是什么?解决该问题后,如何定义成功或者它会是什么样子?

6.3.1.2 总结和练习

在这个过程中,我们已经探索了必要的活动,来合理地提出一个每个人都能理解的问题。在案例研究中,Harley Davidson 经销商面临着冬季销售挑战。

> **案例研究:Harley Davidson 使用人工智能:(Power,2017)**
> 阅读该案例研究并完成下面的问题定义表。在这里稍作停顿并完成这个文档练习是很重要的。原因是:虽然你可能很好地掌握了当前的问题,但在几个月内你的记忆可能会消失。而当你向组织的领导层或合作者谈论结果时,你需要清楚地回答这些问题。

> **工具和模板 @**
> www.analyticslifecycletoolkit.com
> 从该网站下载问题陈述模板。

6.3.2 根本原因调查

每个人都有自己解释世界运行方式的理论。由于个人观点、学术背景、经验和偏见,某个人可能会重视某个领域而轻视其他领域。

正如 Daniel Kahneman(2013 年)在他的书 *Thinking, Fast and*

Slow 中所言，我们倾向于走捷径。

具有普适性的"最小努力法则"同时适用于认知层面和生理层面。该法则认为，如果有几种方案可以实现同一个目标，人们最终会倾向于采用要求最低的方案。在行为经济学中，努力被视为一种成本，技能的获得是由利益和成本的平衡驱动的。懒惰是我们的天性。

在研究一个问题的可能原因时，最好的分类方法是进行头脑风暴。绘制亲和图（"Affinity Diagram," 2017）是其最简单的一种形式，如图 6-3 所示。

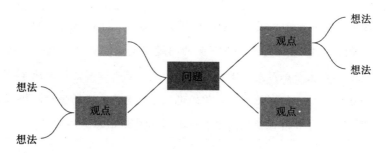

图 6-3　亲和图示例

对原因分类使用头脑风暴法，可以帮助我们研究那些容易忽略的因素。一种有助于促使我们考虑替代方案的办法是使用 Ishakawa 图，也称为鱼骨图，因为它看上去与鱼的骨架相似。表 6-1 总结了各种类型的鱼骨图。

第6章 问题理解

表 6-1 用于识别潜在原因和相互关系的可供选择的图表

图表类型	描述	示例
简单鱼骨图	鱼骨图（或因果图）的最简单形式是没有任何预定类别的原因（或关系）。这在头脑风暴中非常有用，避免限制人们的思考。首先获取想法，然后再将它们分组，并标记原因类型。	获取／分组／标记
4S鱼骨图	这种类型的图通常用在服务组织中，它将潜在原因分为四类：供应商、系统、环境和技能。	问题 ← 细节（供应商／技能／环境／系统）

第二部分 分析生命周期最佳实践

（续）

图表类型	描述	示例
8P鱼骨图	与4S鱼骨图类似，8P鱼骨图使用八个类别：政策、场所、流程、产品、人员、过程、价格和促销	8P：物理证据、人员、场所、服务 指向"服务问题"，含子原因分支
人机材鱼骨图	另一种鱼骨图的变种，它将潜在的原因分为八类：人、材料、机器、方法、衡量、环境、管理/资金和维护	8M：管理/资金、衡量（调查）、材料、机器（技术）、信息、消耗品、原材料、方法/过程、人力（生理作业/精神力量）、社会/自然（环境）、运维 指向"制造业问题"，含子原因分支和"建议""持续改善"

170

第6章 问题理解

(续)

图表类型	描述	示例
实验设计鱼骨图	这种鱼骨图能够支持对响应变量的潜在因素进行结构化的头脑风暴,从而帮助用户设计实验。可以使用此图将响应变量相关的潜在因素按照可控的、不可控的、保持不变的和可阻挡的多余因子等类别进行组织	(鱼骨图:响应变量、可控因子、不可控因子、保持不变的因子、因子)

第二部分　分析生命周期最佳实践

请记住，有很多工具可以用来帮助我们思考问题，或者协助我们创造性地解决问题。一旦对问题存在的原因有了一些推测想法，就可以在进一步探索过程中使用这些工具，例如访谈、调查和初步的数据评估。

> **拓展学习**
>
> 访问 www.analyticslifecycletoolkit.com 了解更多关于鱼骨图和其他拓展思路方法的信息。

虽然有许多方法可以帮助我们进行头脑风暴和记录想法，我还是推荐一些易于使用的、便于更新的、适合自身组织使用的方法（例如在详细程度和文化等方面更匹配的方法）。在我的咨询工作中，我们使用了思维导图和设计思维/头脑风暴软件。图 6-4 是一个使用树形图来分析潜在根本原因的示例。

总结和练习

开展根本原因分析，刚开始时可能感觉很困难，因为当我们被要求提出想法时，头脑往往会变得一片空白。这个过程的目标是打开思路，转换视角，思考我们之前还没有尝试过的事情。

在**共鸣**阶段和**定义**阶段使用设计思维工具与技巧，将有助于我们更好地理解客户和定义问题。表 6-2 展示了这些过程中一些有用的交付成果、活动和工具。

第6章 问题理解

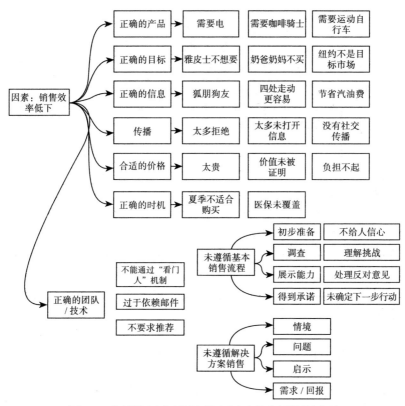

图 6-4 分析潜在原因的树形图（确定销售缓慢的原因）

表 6-2 数据分析中有助于问题理解的设计思维工具

	共鸣阶段	定义阶段
交付物	■ 角色 ■ 同理心地图 ■ 用户反馈列表 ■ 发现的问题 ■ 问题陈述	■ 设计简介 ■ 利益相关者地图 ■ 情境地图 ■ 客户旅程 ■ 机会地图

第二部分 分析生命周期最佳实践

(续)

	共鸣阶段	定义阶段
工具	■ 访谈清单 ■ 观察清单 ■ 书写工具 ■ 活动挂图和纸（或虚拟工具） ■ 照像机	■ 绘图和书写工具 ■ 便签 ■ 挂图／白板 ■ 用户反馈（来自共鸣阶段）
活动	■ 用户访谈 ■ 非正式谈话 ■ 观察 ■ 实地考察 ■ 神秘购物（指假扮顾客进行购物体验） ■ 拍照 ■ 浸入式体验	■ 研讨会 ■ 利益相关者会议 ■ 游戏风暴

共鸣阶段

在这个阶段，我们将设身处地去了解其他人、最终用户以及我们正在尝试解决的问题。

定义阶段

定义阶段是一个收敛阶段，在这个阶段，我们根据从共鸣阶段获得的洞察做出明智决定。通过向利益相关者或团队成员询问关键问题，获得对问题的清晰且明确的了解。在这个阶段，我们通过好奇心的驱动去发现问题所在，对现状提出挑战。

利用表6-2，对于前面提到的摩托车案例，首先考虑适用于此案例的潜在原因分类，然后与几位同事开展10到15分钟的头脑风

第 6 章 问题理解

暴。可以使用实时看板（RealTimeboard）软件、思维导图软件、电子表格、便签或一个简单工具（如白板），来集体讨论原因分类和每个分类下的根本原因。

需要考虑的问题

- ❑ 对于摩托车案例，哪些原因类别是有意义的？
- ❑ 在每个分类下，能否找到至少三个导致销售业绩不佳的潜在原因？

作为一个练习，针对你当前面临的问题展开头脑风暴，观察鱼骨图分类如何随着特定问题的变化而变化。

6.3.3 提出假设

> 以绝对空白的心态来处理案例，始终是一种优势。因为这样就无须形成任何理论，只需观察并从观察中得出结论。
>
> ——Adventure of the Cardboard Box（Doyle 和 Paget, 1975）

一旦定义了问题域并考虑了潜在的原因（因果关系），下一步就是围绕问题来阐述为什么，换言之，针对二者之间的关系提出你的假设。

除了头脑风暴之外，其他一些技巧还包括：

- ❑ **验证预期结果**。在这个阶段，人们常常无法获得当前状态的详细信息。此时应该做的第一件事情是弄清楚数据的特征，并通过一些技术手段进行验证。例如，有人可能会将情形描述为"惨淡的销售业绩"，但有了数据，就可以将其置于上下文语境中。例如，你可能希望展示新产品发布以来的历史销售业绩、销售类似产品的竞争对手目前的销售业绩，或者

第二部分 分析生命周期最佳实践

类似的产品在各自启动期内的销售状况。
- ❏ **访谈利益相关者并获得他们的反馈**。了解所有相关人士的观点，包括客户、潜在客户、销售、财务、市场营销、客户支持、质量提升人员等任何与此问题有利害关系的人。记录这些利益相关者的各种观点，并分析他们对预期结果是否存在可靠的共识。
- ❏ **重建不理解的工作流程**。分析中最终使用的数据，来源于工作流程，亦能够有效地总结再现这些工作流。你必须知道这些数据是如何产生的，重现数据产生流程是最好的方法。通过此方法，还可以接触数据的生产者，了解他们的动机，特别是在一些数据含义不太明确的工作环境中显得尤其重要。
- ❏ **探索外部资源**。其他一些资源可能包括在线搜索、已发表的文献、专家或用户组（本例中为摩托车俱乐部）意见等。虽然在摩托车这个案例中不一定特别合适，但很多情况下搜索类似场景常常可以帮助你打开思路。请记住：根本原因调查是一个发散性的思维过程，而不是聚焦（收敛思维）的过程。类似地，也可以去参考一些其他行业，看看在其他问题领域是否能找到相似之处。

请记住，在这个时点上，你正在构建你的假设与推测，它是发散思维的一部分，尽量使用那些能帮助你产生更多想法的技巧。在此过程中，使用便签（或实时协作工具）来陈述你的推测，即通过陈述来构建我们的观点，看看事情到底是如何运作的。

虽然我已经提到了发散性思维的概念，但更重要的是理解它在实践中的真正含义。发散性思维体现为一个情感和认知的过程，在

第 6 章 问题理解

这个过程中,不断地扩展思维以尽可能地考虑所有的可能性,而不是局限在能自然而然联想到的事物上。在分析中,我们经常发现自己在问题空间(它是什么,它有多大,影响是什么等)和解决方案空间(如何解决它)之间来回往复。这个过程必然意味着建立选择(发散思维)和做出选择(收敛思维)。与此类似,在我们试图理解问题时,经常通过系统思维的方式来理解问题的复杂性和相互之间的关联,而在定义解决方案时,我们则像企业家一样思考。图 6-5 展示了这个过程。

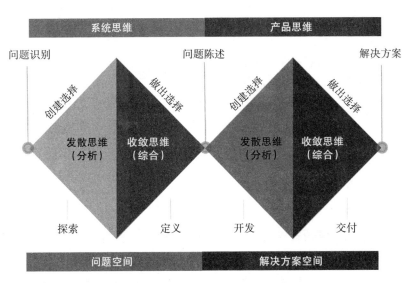

图 6-5　问题理解中的发散思维和收敛思维

我们用三步法来说明头脑风暴的过程,该方法有助于构建解决问题的思维框架。三步法具体为:

1. 提出关于潜在原因的假设。

第二部分 分析生命周期最佳实践

2. 将假设转换成一段陈述，以明确描述潜在的相关关系。
3. 如果能证实我们的推测，评估相应的风险和回报。

> **工具和模板 @**
>
> www.analyticslifecycletoolkit.com
>
> 访问该网站，获取上述三步法的模板。

下面让我们做一个练习，按照三步法的步骤来分析一个示例。

第一步：与团队合作，提出假设（见图 6-6）。

例如，"如果采取以下行动，我们相信将能吸引到更多的顾客……"

- ❏ 举办"新骑手"课程。
- ❏ 在官网推出纪念视频。
- ❏ 在 Facebook 上做更多广告。
- ❏ 对推荐人给予奖励。
- ❏ 为新客户提供折扣。
- ❏ 提供便捷的保险服务。
- ❏ 培训销售人员。
- ❏ 购买营销名单，开展对外电话营销。
- ❏ 提供备选方案的比较（电动车、运动车、二手车等）。

第二步：从假设中提取内容，生成图表（见图 6-7）。我们认为针对角色构建功能可以实现结果。当我们建立的理论通过检验时，我们接受上述假设。

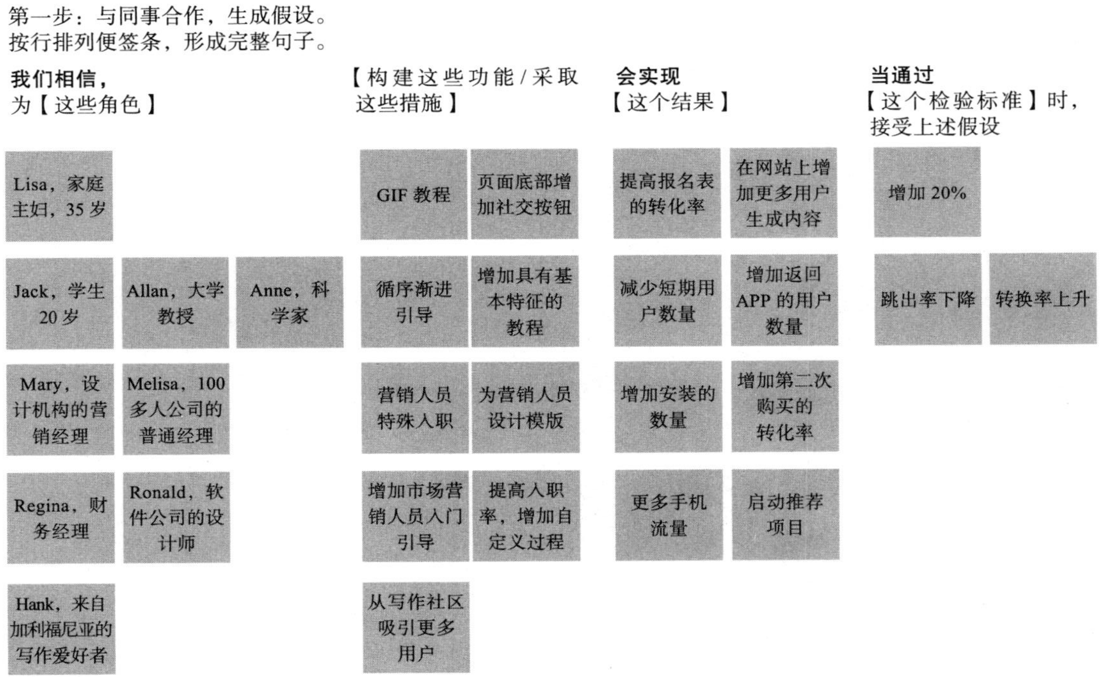

第6章 问题理解

第一步：与同事合作，生成假设，按行排列便签条，形成完整句子。

我们相信，为 [这些角色]
- Lisa, 家庭主妇, 35岁
- Jack, 学生 20岁
- Allan, 大学教授
- Anne, 科学家
- Mary, 设计机构的营销经理
- Melisa, 100多人公司的普通经理
- Ronald, 软件公司的设计师
- Regina, 财务经理
- Hank, 来自加利福尼亚州的写作爱好者

[构建这些功能/采取这些措施]
- GIF 教程
- 循序渐进的引导
- 页面底部增加社交按钮
- 增加具有基本特征的教程
- 为营销人员设计模版
- 营销人员特殊入职引导
- 增加市场营销人员入门引导
- 提高入职率，增加自定义过程
- 从写作社区吸引更多用户

会实现 [这些结果]
- 提高报名表的转化率
- 减少短期用户数量
- 增加安装的数量
- 更多手机流量
- 在网站上增加更多用户生成内容
- 增加返回 APP 的用户数量
- 增加第二次购买的转化率
- 启动推荐项目

当通过 [这个检验标准] 时，接受上述假设
- 增加 20%
- 跳出率下降
- 转换率上升

图 6-6　问题理解中头脑风暴的三步过程（确定软件特征的优先级）

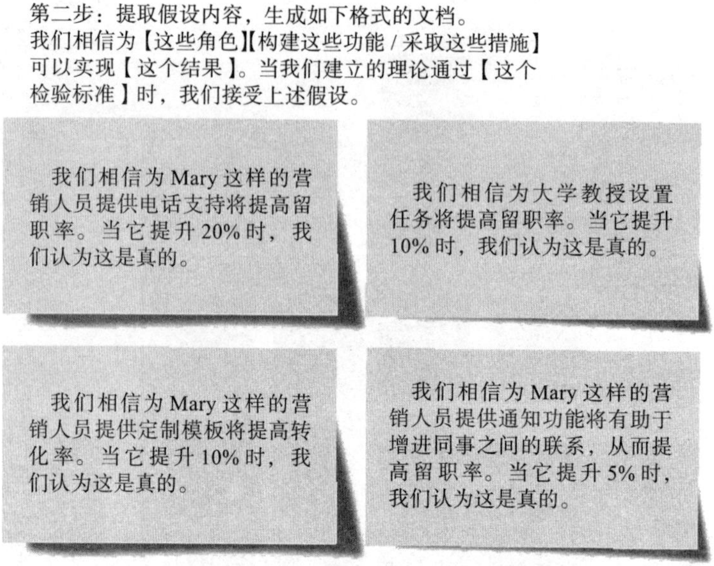

第二部分　分析生命周期最佳实践

第二步：提取假设内容，生成如下格式的文档。
我们相信为【这些角色】【构建这些功能/采取这些措施】可以实现【这个结果】。当我们建立的理论通过【这个检验标准】时，我们接受上述假设。

> 我们相信为 Mary 这样的营销人员提供电话支持将提高留职率。当它提升 20% 时，我们认为这是真的。

> 我们相信为大学教授设置任务将提高留职率。当它提升 10% 时，我们认为这是真的。

> 我们相信为 Mary 这样的营销人员提供定制模板将提高转化率。当它提升 10% 时，我们认为这是真的。

> 我们相信为 Mary 这样的营销人员提供通知功能将有助于增进同事之间的联系，从而提高留职率。当它提升 5% 时，我们认为这是真的。

图 6-7　假设描述转化为 SMART 目标

第三步：使用一组通用的标准，评估每个假设的风险和回报（见图 6-8）。本例中，我们使用一个 2×2 的矩阵来评估检验每个假设的风险和影响。替代的方案可包括成本、时间表、可能性、可行性和重要性的评估。

拓展学习

想要了解更多关于 2×2 矩阵及其如何应用于决策支持的信息，请访问 PrepLounge，那里描述了 2×2 矩阵和 BCG 矩阵（"2×2 Matrices and the BCG matrix"）。

第一步：与同事合作，生成假设。

第6章 问题理解

第三步：与团队成员一起评估风险，将第二步的每张卡片都放置到下面的矩阵中。

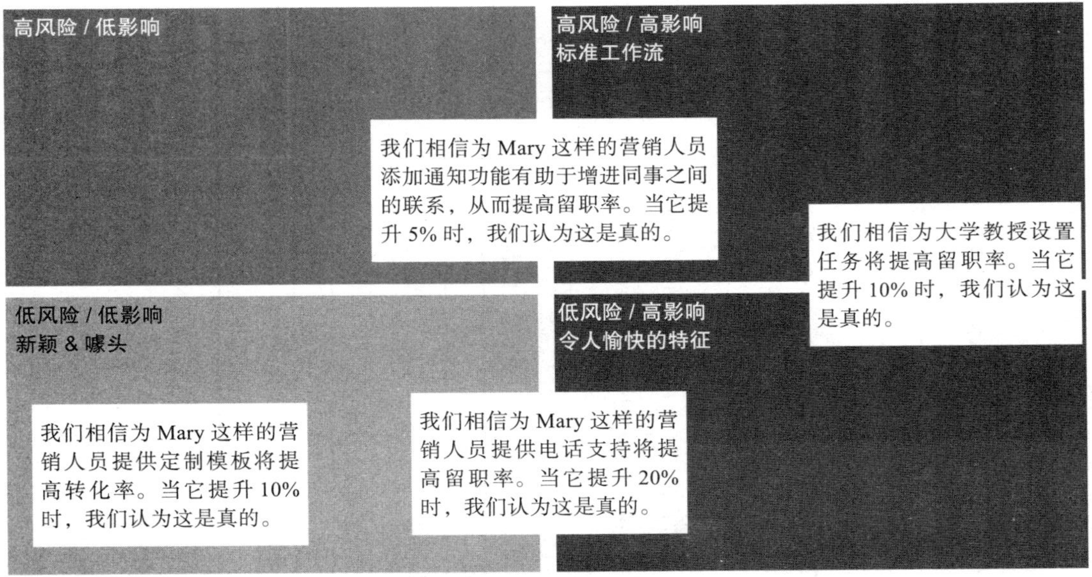

高风险/高影响
标准工作流

我们相信为 Mary 这样的营销人员添加通知功能有助于增进同事之间的联系，从而提高留职率。当它提升 5% 时，我们认为这是真的。

我们相信为大学教授设置任务将提高留职率。当它提升 10% 时，我们认为这是真的。

低风险/高影响
令人愉快的特征

我们相信为 Mary 这样的营销人员提供电话支持将提高留职率。当它提升 20% 时，我们认为这是真的。

高风险/低影响

低风险/低影响
新颖 & 噱头

我们相信为 Mary 这样的营销人员提供定制模板将提高转化率。当它提升 10% 时，我们认为这是真的。

图 6-8 影响和风险矩阵

按行排列便签条，形成完整句子。

第二步：提取假设内容，生成如下格式的文档。我们相信为【这些角色】【构建这些功能/采取这些措施】可以实现【这个结果】。当我们建立的理论通过【这个检验标准】时，我们接受上述假设。

第三步：与团队成员一起评估风险，将第二步的每张卡片都放置到下面的矩阵中。

- **总结和练习**

提出假设是一个帮助我们将想法（how）转化为原因（why）的过程。在构思假设的过程中，我们将关于因果关系的观点文字化。

针对一个自己所在组织面临的实际问题，完成表6-3中的一组假设。请记住，首先明确你的推测是什么，然后转换成上述第二步描述的图表。在下一个过程中我们将探讨问题设计。

表6-3 问题陈述表

问题……	问题是什么
影响……	会影响谁
该影响是……	影响是什么
一个成功的解决方法将会……	成功的标准是什么
假设……	成功需要满足什么条件
依赖关系……	需要哪些依赖关系
约束……	必须遵守的约束条件

6.3.4 问题设计

到目前为止，我们已经有了一个问题陈述，并且对什么因素可能对问题产生影响也有了一些明确的认识，掌握了一些描述事物运行规律的理论。借助这些准备工作，就可以把一个业务问题转化为

第6章 问题理解

一个数据分析问题。下面，我们先来理解如何才算是一个好的数据分析问题。

一个描绘问题特征的方法是使用 FINER 准则，即正在研究的这个数据分析问题是否可行（Feasible）、是否有趣（Interesting）、是否新颖（Novel）、是否合乎道德（Ethical）和是否业务相关（Relevant）。

让我们回到前面研究的案例，利用它来逐条检验这些准则：

- **可行性**意味着该问题可以被回答。无法回答的问题往往缺乏具体性，或者时机不合适，或者没有衡量的方法。举例来说，你掌握的数据中可能没有足够的证据来支持你提出问题。在前面的摩托车销售案例中，我们需要评估是否给予了足够长的时间跨度，是否有足够多的"真实"客户（即销售）帮助我们了解什么是可行的，以及我们是否一直在跟踪调查营销和销售活动、市场调研、潜在客户访谈以及相关的数据资产。即使你有足够的数据，但业务效应是否足够重要？通常我们十分重视统计学中显著性的概念，但是同样不能忽视业务中的显著性。在本案例研究中，我们可以这样来定义数据分析问题：需要为组织带来多少销售收入才能够继续保留这条新产品线？

- **趣味性**意味着调查是有价值和有回报的。比如，如果你们能解决这个问题，你和你的同事将成为英雄！正如俗语所说，如果领导层认为这很有趣，那很可能真的是。（千万记得要问这个问题！）

- **新颖性**这个词可能会产生一些误解，在此澄清一下：不同于

第二部分 分析生命周期最佳实践

在学术研究中，需要经常回答这项研究能否填补学术文献上的空白；我们从事的是应用研究，不是为了搞明白一件事情，而是为了解决某个业务问题，所以新颖性似乎是一个奇怪的标准。在我们的案例中，所谓新颖性，是指之前是否有人做过这个研究，即它对你的部门或组织来说是否新颖。如果之前有人做过这件事，你是否能和他们合作或者回顾以前的发现？

- **道德性**是问题设计中的一个重要考虑因素，无论是从花时间讨论一个问题的角度，还是从考虑是否"什么都不做"的角度。可以说，合乎道德意味着所有的研究都是在遵守了政府法规、学术研究规范等前提下进行的。此外，也意味着基于正当的理由去做正确的事情，同时，需要意识到可能产生预料之外的结果或者对数据的使用。

- **相关性**是一个"会怎么样"的问题。如果我们能找到问题的答案，它是否会影响甚至改变一些业务流程？在我们的案例中，它与员工的职业生涯和生计都有关系，因此这个项目被认为是业务"相关"的。

案例研究：大数据时代的消费者保护

2016年，美国联邦贸易委员会（Federal Trade Commission）就大数据的使用进行了一项调查研究，以决定是否需要制定大数据在分析和应用中的指导原则，以及是否应该建立相应的消费者保护措施（FTC, 2016）。正如你能想象的，这项研究的出发点在于，人们担心大数据的使用可能会对个人造成不利影响。研究人员发现，尽管大数据应用能带来诸多好处，但同时也具有不能忽略的负面影响，包括错误地剥夺机会（如：降低消费者的信贷额度）、创造/扩大已有的差距、暴露敏感信息，以及削弱消费者进行自主选择的权利和有效性等。

这份报告中有几项建议与我在前面提出的建议一致，具体包括以下问题：

1. 你的数据集的代表性如何？
2. 你的数据模型会引起偏差或偏见吗？
3. 你基于大数据的预测有多准确？
4. 你对大数据的依赖是否会引起人们对道德或公平的担忧？

6.3.4.1 回答上述问题的潜在实验设计

▶提示

实验设计（study design）是一种战术性的计划，它将概念性的假设转化为一系列测试和检验该概念的步骤。

一旦有了概念性的假设，就需要将其转化为可进行测试的操作方法。在学术研究中，通常称之为实验设计。常见的实验设计包括A/B测试、调查、定性研究（如访谈或专家判断）、现实世界的证据或观察以及实验或者试验等各种方式。

事实上，实际的衡量与评估策略将取决于数据收集的情况，因此在做实验设计时，通常会经历几轮迭代以更好地与实际数据情况相匹配。

第二部分　分析生命周期最佳实践

为了确定你的假设是否正确，强有力的实验设计是很重要的。有缺陷的设计很难得出任何结论，这些缺陷可能有以下几种形式：忽略考虑或评估关键变量，一次引入过多的干预行为，或者无法收集足够数据等。最终，你会在迭代完善实验设计的过程中找到前文提出的问题的答案。

不同的实验设计需要考虑的影响因素也不尽相同，主要取决于所讨论的问题。影响实验设计的其他因素还有：数据的可用性、案例的数量或者客户的数量和类型等。

在我们前面的案例研究中，对业务问题的理解看起来可以是这样子：

我们相信，通过检验现有客户的数据，我们可以得到独特的、理想的客户画像，从而帮助我们识别最有可能发生购买行为的客户。利用这些画像，我们可以从中获取极具针对性的营销信息，以吸引潜在买家并影响其购买行为。当销量增长500%时（如：摩托车销量从1辆/周提升到5辆/周），可以认为我们的推测是成立的，达到了预期目标。

根据我们的假设，我们可以只是简单地衡量干预前后的情况，但这样的话，我们可能不会知道销售增长是否与时机（如季节因素、经济变化、天气转暖）或其他外部因素有关。如果可能的话，建议最好有一个对照组。对照组可以包括：

- ❏ 在同一时间段内，接收传统的（无针对性的）营销信息的消费者群体
- ❏ 与我们的主要干预组（实验组）相比，在同一时间段收到不同数量和类型的营销内容的消费者群体

第6章 问题理解

- 收到个性化电话和后续跟进资料的消费者群体（与针对目标群体的有计划的干预不同）

2017年NFL（美国职业橄榄球大联盟）关于脑震荡的研究

在过去的二十年里，越来越多的证据表明肺癌与吸烟有关。如果存在大量可靠的、一致的证据表明吸烟与肺癌之间存在关联，那么大多数研究人员都会认为吸烟会导致肺癌。

- 我们怎样才能知道这两个变量都没有受到第三个尚未观察到的变量（潜在变量）的影响？
- 举例来说，如果有一种基因遗传倾向导致人们既容易患肺癌又沉溺于吸烟，但吸烟本身并不会导致肺癌？

我们可以使用以下标准来评估是否存在关联：

- 二者之间的关联关系很强。
- 关联关系是一致的。
- 高剂量引起更强的反应。
- 原因（推测的）先于结果。
- 原因（推测的）是合理的。

归根到底，无论我们如何讨论原因和结果，只有通过适当的、可重复的实验设计，才能缩小假设与现实之间的差距，排除其他解释。

2017年的一项研究（Wadman, 2017），对美国前橄榄球运动员的大脑进行了尸检。在这项研究中，检查了202名球员，87%的球员表现出慢性创伤性脑病（CTE）的临床诊断症状，CTE是一种与重复性头部创伤相关的神经退行性疾病。在样本中，前

第二部分　分析生命周期最佳实践

> NFL 球员的这一数字跃升至 99%。
>
> 　　许多人会立即认为头部受伤是导致此疾病的原因，并要求采取行动减少这类运动伤害。然而，我们无法仅仅从这一项研究中得到明确的答案。事实上，可能有一些未知的潜在变量与此相关。北卡罗来纳大学教堂山分校的一位神经心理学家，碰巧也是我的一个朋友，他对这项研究提出了质疑，认为这不是一个真正的实验：缺乏对照组。而且这项研究是在有症状的前球员身上进行的，而不是那些没有精神问题的人。就像吸烟的例子一样，我们需要进一步的研究来消除分析中的其他潜在原因。
>
> 　　在分析过程中，我们绝不能忘记这句谚语：相关关系不等价于因果关系。

　　关于实验设计的最后一点思考：我们应该强调，实验设计的选择应当与你想要达到的目标在规模上相匹配。例如，在某些情况下，仅仅观察某个结果是否发生了改变就已经足够，比如品牌认知度是在增加或减少？对这个问题，我们设置一个数据指标并加以监控即可。业务目标可能是当该指标突破某一阈值时，企业需要启动进一步的监测和调查。只有当指标降到某个需要启动流程变更的水平时，企业才需要开展进一步的工作。

　　图 6-9 总结了在各种分析问题中经常使用的实验设计模型。请注意，随着控制变量的增多，结果的置信度也会随之提高。

第 6 章 问题理解

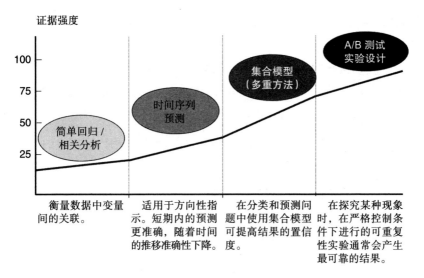

图 6-9 应用分析中可采用的实验模型

6.3.4.2 总结和练习

选一个你所面临的业务问题作为例子,思考你可以用来证明结果正确的多种方式,注意排除掉外部因素的影响,如时间、场合、环境等。

作为一个练习,请尽可能具体地描述你的推测,并提供至少三个它们可能不成立或者不正确的原因。经历这一过程可以帮助我们避免短视(当我们的思维受限时,短视现象往往会伴随产生)。当你专注于寻找证据去支持某一推测或假设,而忽略其他解释时,就会出现对假设的短视。

Regina Nuzzo(Nuzzo,2015)提出了另外三种方法来帮助避免对假设的短视:

1. **透明**。这种方法使所有数据、代码和模型都公开透明,以便其他人可以复现结果并探索其他推测（具体方法可参考第 7 章介绍的笔记法）。

2. 竞争性团队。让其他人在相同的问题上与你并行展开工作，从理论上讲，竞争会使你更加专注于分析的重要元素。

3. 盲数据分析。也许这种方法在实践中没有那么大的价值，其出发点是，让分析人员处理隐藏了关键属性的数据，这样他们就不知道当前离期望的结果到底有多近。该理论认为，如果分析人员不知道最终的结果，他们就不太可能下意识地去寻找自己要找的东西。

6.3.5　业务方案优先级设置

到流程中的这一阶段，大部分的背景研究工作已经完成。这将帮助你思考问题 / 项目的优先级，也就是说，为了完成这一项目所付出的努力应当与其可能的效益成正比。

本章通过为每个分析项目设置一些应该完成的任务，全面地介绍了如何设计问题。同时，我们有意把这一结构化的方法设计成敏捷的，这样，你在决定对任一活动来说"进入兔子洞"（爱丽丝漫游记中的典故，比喻迷幻神奇的世界）到底有多重要的同时，还能支持你的组织朝着正确的方向前进。

让我们这样来问自己："基于已有的**认知**，这个问题应该被解决吗？"

一种回答该问题的方法是：使用一个风险评估工具或项目优先级矩阵。虽然类似的评估体系五花八门，但最重要的是选择其中一套并且统一应用到所有的项目中去，以保证项目之间的优先排序具有可比性。

第 6 章 问题理解

> **工具包 @**
> www.analyticslifecycletoolkit.com
> 下载一份项目优先级矩阵,用于此处的讨论。

项目优先级矩阵(见表 6-4)可以帮助你评估解决一个问题的重要性、影响程度和可行性,该评估体系共包含五个指标。请注意,根据组织的实际情况,针对分析项目所选择的指标以及分配给每个指标的权重很有可能不同。这些指标是最常见的变更驱动因素,表中最右侧一列用于输入待评估项目在该指标下的得分,得分的取值范围为 1~3,其中 3 代表项目完全符合该指标的定义。

表 6-4 项目优先级矩阵

指标名称	指标定义	权重	得分
紧急程度	这是一个需要在未来 1 到 3 个月内解决的优先问题吗(高度紧急)?还是 6 到 12 个月(较为紧急)?	5	
潜在影响	解决这一关键问题是否可能对一个或多个特定人群产生重大影响?你有理由相信你能成功吗?	4	
资源及可行性	资源(资金、人力、专业知识)是现成的还是可能得到的?是否有外部资源可以利用?	3	
组织准备程度	你的组织是否确定该问题为关键问题?组织是否有动力和意愿对取得其成效采取行动?	2	
集成度	是否有机会在现有工作的基础上实施?项目成果可以在其他地方复用吗?能否在将来节省其他项目的时间?	1	
15~22	23~35	36~45	0
低	中	高	总分

第二部分　分析生命周期最佳实践

业务方案（business case）是问题理解中的一个子过程，目的在于通过对比，在所有的选项中做出选择（即提出的假设），进而构建业务方案。在前文中，我们已经讨论了一些可以用来帮助构建业务方案的工具，包括优先级矩阵和 2×2 矩阵。

> **业务方案**
> 业务方案是根据预期收益，为建议的项目或计划提供合理依据。

业务方案中的投入评估与审查程序，主要取决于问题描述、具体问题设计、潜在选项和优先级排序。业务方案是对问题简明扼要的描述，应该用一两句话就能表达清楚。它应该说明以下内容：

- ❏ 这个项目具体是做什么的
- ❏ 它如何影响组织的战略目标

它还可以用作一种企业驱动力评估的工具，来说明：

- ❏ 为什么这个项目值得现在去做
- ❏ 延迟或放弃这个项目的后果

虽然我们经常忍不住一开始就进入问题的细节，但应该注意的是，你首先得对问题进行提炼和综合，通过向管理层汇报从而确定项目的优先级。图 6-10 显示了两个可以用来说明优先级的工具。

> **工具包 @**
> www.analyticslifecycletoolkit.com
> 从配套网站下载这些模板。

第6章 问题理解

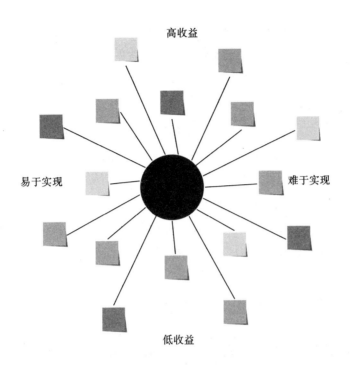

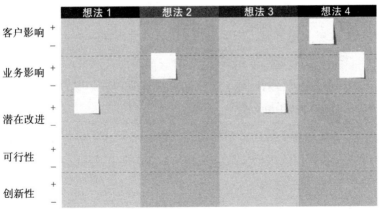

图 6-10 项目相关优先级的可视化表示

第二部分　分析生命周期最佳实践

业务背景、假设、约束、历史以及交互或依赖关系，是业务方案中应该包含的重要考虑因素。当然，你首先需要了解问题的本质所在。

尽管如此，我坚信在这个阶段要保持敏捷。你可以投入几个小时、几周甚至几个月的工作，你不想对业务方案"偷工减料"的同时，你肯定也不想翻天覆地地堆砌一大堆文档。你在建立业务方案、划定范围、列出假设条件、提供支持材料等方面所投入的时间与精力，需要与最终收益成适当的正比，这是一个基本的假设和前提。

最后，你需要回答：为什么（why）、做什么（what）、如何做（how）以及谁来做（who），这些问题对于决定项目是否值得继续推进都至关重要。鉴于需要分析的业务问题通常有很多，而分析专家却较为稀缺的现状，可以适当地调整在各个项目上的投入以确保以下几点：

- 重要的项目需要优先考虑（而不仅仅是那些"呼声最大"或者"受宠"的项目）。
- 业务上能够真正产生收益（尽管不太可能所有的分析项目都能转化为好的结果）。
- 利益相关者对问题、潜在的解决方案和进一步的探索方案的理解持有相同的观点。

建立业务方案是一个结构化的过程，它集成了决策制定、项目管理和风险管理的最佳实践。通过对以下问题的分析，从而逐步构建一个完整的业务方案：

- 核心问题
- 不解决该问题的后果

第6章 问题理解

❏ 投资于该解决方案可以带来的好处

▶**提示**

分析项目可以应用于各种请求、项目或产品。一定要根据问题的影响适当地调整需要投入的精力和资源。

总结和练习

有效的项目优先级排序,将对决策者很有帮助,因为是决策者来选择投资到你的项目而不是其他人的项目。组织每天都要面对此类权衡。考虑一个你正在进行的分析项目并完成下面的练习。请注意,这里的类别已在模板中提供,但你可以使用自己的评估标准来替换这里所给的评估标准。

工具包 @

www.analyticslifecycletoolkit.com

下载此处讨论的项目优先级矩阵模板。

6.4 本章小结

不要浪费时间去控制那些无法控制的事物,或者去解决那些无法解决的问题,或者去思考一件事情原本应该如何。相反,想想你能控制哪些资源,用你从过去的成功和失败中获得的经验与智慧,来解决你所能解决的问题。

——David Mahoney

问题理解最佳实践领域中的大多数活动,都是围绕如何为一个

第二部分　分析生命周期最佳实践

分析项目的成功打下基础。然而，要认识到，这些过程需要在数据分析的整个生命周期中加以考虑和贯穿，因为每个最佳实践都将有助于帮助你进一步调整和精练项目目标、问题、你的推测及项目价值分析。

我们已经定义了业务问题，提出了一个有待测试的假设，并梳理清楚了项目成功的标准。在过程中，我们还需要不断衡量、监控和报告分析产品是否成功地实现了预期的目标。

有时候，我们需要评估分析解决方案的绩效和价值。这部分将在以后的章节中讨论。

阻碍分析项目获得预期业务价值的因素包括：
- 能力素质（缺乏知识、技能、能力、意向）
- 数据（可用性、治理、质量）
- 技术
- 方法论和流程
- 领导力与文化

这一过程的成功与否，很大程度上取决于相关生态系统发展是否顺畅。针对解决方案评估的一些最佳实践包括：
- **目标问题定义**：确保目标问题有明确的定义，并且你知道预期的结果是什么，以及你打算如何衡量成功（可操作的衡量）。
- **人才发展**：当前的能力素质可能不足以执行愿景，数据分析需要持续的人才发展战略。
- **创新**：当缺乏或没有相似的项目经验时，往往需要技术和方法论两方面的创新。

第 6 章 问题理解

- **衡量**：在衡量结果时，定量和定性的评估都很必要；超越统计意义上的范畴，尝试寻找其在现实世界中的意义。
- **变革管理**：流程、运营或组织进行转型时必然涉及变革；期望变革并将变革管理构建到流程中。

我们将在第 11 章中更全面地探讨对实现变革的障碍，并在第 12 章中讨论人才发展战略。

拓展学习

国际商业分析研究所开发了一种全面的业务分析能力模型，该模型概述了业务分析师所需的知识、技能、能力和个人特征。

欲了解更多信息，请访问国际商务分析研究所（International Institute of Business Analysis），了解 IIBA 业务分析能力模型（IIBA Business Analysis Competency Model，2016）。

6.5 工具包总结

最佳实践领域	问题理解
目的：	这个最佳实践领域的目的是什么？ 问题理解的目的是了解我们面临的问题、挑战或机遇，并为进一步的深入调研和解决方案奠定基础
关键能力素质： 我们需要擅长什么？	知识、技能、能力和意向 ■ 业务分析　　　　■ 分析和提炼 ■ 需求搜集　　　　■ 数据取证 ■ 业务方案开发　　■ 问题调研 ■ 评判性思维　　　■ 访谈/提问 ■ 发散思维

第二部分 分析生命周期最佳实践

(续)

输入	处理过程	输出
■ 已确定问题的清单 ■ 利益相关者关系地图 ■ 相关的结构化和非结构化数据 ■ 访谈/问卷回复	■ 问题定义 ■ 根本原因调查 ■ 提出假设 ■ 问题设计 ■ 业务方案优先级设置	■ 问题描述 ■ 用户反馈 ■ 鱼骨图（根本原因） ■ 机会地图 ■ 项目优先级设置/业务方案
关键问题	关于此项最佳实践的结果，我们应该知道什么？ ■ 待分析的问题是什么？ ■ 问题有多大？ ■ 问题会影响谁？ ■ 是否值得被解决？ ■ 造成这个问题的原因可能是什么？ ■ 哪些数据有助于我们进一步了解这个问题？ ■ 我们应该怎样计划对它的调研？ ■ 我们应该继续下去吗？	

6.6 参考文献

2x2 Matrices and the BCG matrix. *BootCamp Articles*. Retrieved from www.preplounge.com/en/bootcamp.php/case-cracking-toolbox/structure-your-thoughts/2x2-matrices-and-the-bcg-matrix.

A 35-year odyssey. *American Psychologist, 57*(9), 705–717. doi:10.1037//0003-066X.57.9.705.

Affinity diagram. (2017). Retrieved from realtimeboard.com/examples/affinity-diagram/.

Doyle, A. C., & Paget, S. (1975). *The complete adventures and memoirs of Sherlock Holmes: a facsimile of the original Strand magazine stories, 1891-1893* (1st ed). New York: C. N. Potter: distributed by Crown.

IIBA Business Analysis Competency Model (2016). Retrieved from www.iiba.org/Careers/Business-Analysis-Competency-Model.aspx.

Kahneman, D. (2013). *Thinking, fast and slow*. New York: Farrar, Straus and Giroux.

第 6 章 问题理解

Locke, E. A., & Latham, G. P. (2002). Building a Practically Useful Theory of Goal Setting and Task Motivation. *American Psychologist, 57,* 705–717.

Nuzzo, R. (2015). How scientists fool themselves and how they can stop. *Nature—a Weekly Journal of Science, 526,* 182–185.

Power, B. (2017). How Harley-Davidson used artificial intelligence to increase New York sales leads by 2,930%. *Harvard Business Review.* Retrieved from Harvard Business Review website: hbr.org/2017/05/how-harley-davidson-used-predictive-analytics-to-increase-new-york-sales-leads-by-2930.

Wadman, M. (2017). Ninety-nine percent of ailing NFL player brains show hallmarks of neurodegenerative disease, autopsy finds. *Science.* Retrieved from www.sciencemag.org/news/2017/07/ninety-nine-percent-ailing-nfl-player-brains-show-hallmarks-neurodegenerative-disease.

第 7 章 数据探查

> 真正的发现之旅不在于寻找新的陆地,而在于用新的眼光去观察。
>
> ——Marcel Proust

7.1 流程概述

一个陈述清晰的问题是所有分析的基础。在前一章关于问题理解的内容里,我们解释了提出一个好问题和做出明确的问题陈述的必要性。

7.1.1 数据探索

在问题理解阶段,通常会进行初步**数据探索**用于支持数据收集,以便执行以下操作:

- 确定这个问题有多大。
- 支持你做根本原因分析和提出假设活动。
- 在项目启动前,确定业务方案的价值。

你并不总是知道一个项目是否会被批准,所以没必要每次都在问题理解阶段挖掘得太深。此外,你可能考虑过许多的假设,其中一些假设也是无法通过正式研究(例如项目或产品)的检验。所以一旦你捕获并清楚阐明了问题,生成了假设,并将你的实验设计概

第 7 章 数据探查

念化,你就可以评估哪些数据资产将对你下一步的工作最有用了。

> ▶**提示**
> 不要被假设的合理性诱惑而停止你手上的分析工作。假设生成与假设验证之间存在很大的区别。虽然你的理论可能是可行的,但你需要在宣布成功之前对它进行测试!你需要去实际了解,而不是觉得你已经了解。

值得注意的是,人们常常以不同的方法实施数据探索的过程。在某些情况下,你可能遵循一条既定的问题理解路径来帮助你提出假设,然后再进入数据探索阶段。然而,这可能需要额外的工作来正确建立你的理论。上面的这两种方法都是常见的和普遍使用的。

> **案例研究:未经测试的理论的陷阱**
> 请阅读更多关于不测试你的理论会带来潜在陷阱的文章。请参阅这篇关于"如何避免数据分析的陷阱"的文章(Bar-Joseph,2013)。

请注意,在传统假设验证和数据驱动分析(见图 7-1)中,都需要做假设验证,但验证可能发生在**数据探查**或者假设生成之后。

在第 8 章中,我们将更深入地探讨这两种方法,但请记住,这两种方法都与科学方法论相关。这些过程的关键前提假设包括以下几项:

❑ 知识是可以通过经验观察和测量(实验设计)获得的。
❑ 虽然我们永远不可能真正知道我们的理论是否一定正确,但我们确实可以证明我们的理论可能是正确的(拒绝无效假设)。

第二部分 分析生命周期最佳实践

- ❏ 虽然我们永远无法绝对确定地证明某件事，经验性的方法可以帮助我们继续完善我们认为真实的结论（接受替代假设）。
- ❏ 我们今天所知道的将来可能会被证明是错误的，我们每天都在一定程度上不确定地做出决定。

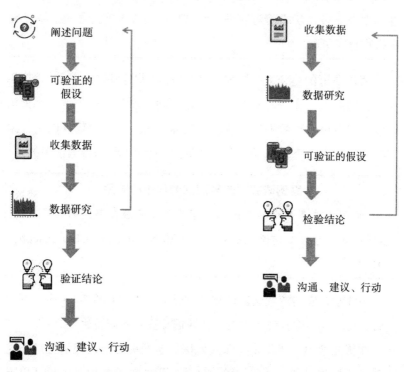

图 7-1　基于假设的分析对比数据驱动的分析

如果我们等待着100%的数据，那我们将失去在战场上的优势，因为敌人已经在继续前进，而我们却失去了敏捷性。如果我们在数据太少的情况下做出决定，结果也可能是灾难性的。因此，我通常

第 7 章 数据探查

寻求约 70% 的必要数据以做出决定。通过对问题聚焦，我们可以更快地收集到正确的数据。

——Colin Powell 将军在一次会议上回答一个关于在做出决定之前需要多少数据的问题（Ellens，2016）

7.1.2 为什么要做数据探查

只有那些有时间深入思考，并且充分全面地探索和分析数据的分析师才能持续取得成功。

——Stephen Few,《感知边缘杂志》(Few, 2015)

我们通过数据探查来理解数据，把我们的理论应用在数据现实中来诠释这个世界。如 Stephen Few 所提到的那样，本质上，我们以数据分析生命周期的严谨性为指导，结合我们的感知、直觉和经验来使用数据。

下一章我们将讨论假设验证，但在我们能够使用数据科学（包括统计、数学、计算机科学等）的工具，并确定我们发现的有效性和重要性之前，首先需要收集数据、探索数据、确定数据之间的相关性，并且发现数据的应用模式。

7.2 数据探查过程

我们对数据探查和理解的讨论集中于以下关键过程：
- 数据识别和优先级排序
- 数据收集和准备
- 数据剖析及数据刻画

❑ 可视化探索

为了支持数据驱动的、基于事实的通过数据分析解决问题的方法,我们需要用最简单的术语准确地定义业务问题。通过这种方式,我们可以将待解决的问题描述为可以用数据回答的问题。

一旦理解了这个业务问题,我们会通过数据探查来更充分地探索以前在最佳实践中概括出来的理论。这就是我们认真开始数据探索的地方,把我们努力理解的问题及过程与我们所看到的业务流程产生的数据的实际情况联系起来(见图7-2)。

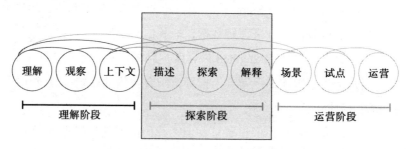

图7-2 数据探查聚焦在描述、探索和解释

7.2.1 数据识别和优先级排序

数据科学家经常陷入的一个陷阱是,他们认为他们需要某些特定的数据,经常花很多时间去搜寻这些特定的数据,并把它们转化成可以使用的形式,结果却发现这些数据价值并不大。

▶提示

在数据探索和数据理解过程中,我们需要权衡可以得到的数据和希望得到的数据之间的差异。

第7章 数据探查

为了避免这个陷阱，要问问自己，"如果我有这些数据，我能做什么？"事实上，我经常建议大家模拟生成他们认为需要的数据，然后测试这些数据的效用。随机生成或手工制作这样的数据表，可以很大程度上帮助你看到你真正需要的是什么数据。

> **拓展学习**
>
> 要学习10种在SAS中模拟数据的技巧，请参阅Rick Wicklin的文章"用SAS模拟数据的十个技巧"（Wicklin, 2015）。

在此过程中，首先必须明确哪些数据对解决问题有帮助。其次，需要确认数据是否真实地反映了业务的实际情况（追溯到业务操作流程）。这是非常必要的，因为这样可以确保你认为已经发生的事情与实际发生的事情和你通过数据看到的东西是一致的。最后，关键的是要去验证数据的准确性，以防止结论出现可解释性、可信以及信任度方面的问题。

在拥有成熟数据管道的组织中，这一点不那么重要，因为关于数据来源、假设等数据治理问题应当在数据质量过程中已经得到解决，能够支持数据探查过程。

但是，你怎么知道你需要哪些数据呢？

数据的选择最终取决于在数据分析中采用什么分析方法。但是在这个阶段，你只是通过数据探索来理解这些数据而已。这个阶段的目标是了解感兴趣的变量（它们的分布）及其与其他变量之间的联系（关系）。

在决定需要什么数据时，一种有用的方法是观察业务活动中的流程。看看业务人员是如何工作的，他们使用的是什么软件或系统，

第二部分　分析生命周期最佳实践

模仿他们的工作。你可能会在问题理解阶段就做了一些类似事情，如果还没有这么做，那这是另一个了解业务人员如何工作和了解这些工作中留下的数字化足迹的最佳机会。在这个过程中，可以提很多问题，仔细观察，测试一下关于人们认为要发生的事情和最终数据中反映的结果是否一致的假设。

> **工具包**
>
> 在工具和模板中提供了例子，参照例子去捕获业务过程中的各个步骤和数字足迹。

有时，你可能无法得到数据来测试你的理论，因为这些数据要么没有获取途径，要么因私有权而无法获得。所以需要做出决定，是修正原有的假设还是通过你自己的方式来收集数据。你也可以决定通过其他方式去收集数据：

- ❏ 对文件或其他电子化数据进行事后编码，以获取目前还没有以正确形式存储的信息。
- ❏ 使用机器学习算法对数据进行分类，避免数据过多而无法处理。
- ❏ 对叙述、录音、非结构化的注释/字段或其他文本数据进行文本挖掘，提取出有意义的摘要信息，以便在分析中使用。
- ❏ 进行调查、焦点小组讨论或访谈，并使用对数据探索有用的结构化分类法对数据进行编码。

请记住，这个阶段要做的是努力去理解数据，而不是测试你的理论，所以这个阶段没有唯一正确的答案。这个阶段的目标是减少未知的事情，包括"已知的未知"和"未知的未知"（也就是通常

第 7 章 数 据 探 查

所说的"无意识的无知")。这一概念归功于戈登国际培训的 Noel Burch（Adams）。

最后，如果有些事情是不可能获知的，那也不表明放弃所有工作，可以考虑蒙特卡罗模拟分析或其他类型的决策分析。使用这些技术，可以在不需要原始数据的情况下进行场景的探索。你可以使用已知的概率、发生率、流行率等来模拟可能的结果，然后使用决策分析工具计算结果。

> **拓展学习**
>
> 没有良好数据源时可以使用哪些潜在的技巧？一份不错的关于这些技术的总结，可以参阅"决定如何决定"（Courtney, Lovallo, & Clarke, 2013）。

图 7-3 展示了一个我建立的用于支持卫生政策决策的马尔可夫微观模拟。

总结和练习

总之，数据识别和优先级排序过程对于确保不把时间浪费在搜寻可能没有用的数据上是至关重要的。在下面的练习中，请你考虑你现在正在进行的分析工作，并回答与分析的数据源相关的几个问题。

▶ **活动　练习**

基于你的业务问题陈述，请回答以下问题：
- ❏ 你觉得需要什么数据？
- ❏ 这些数据对这一现象的探索有何帮助？
- ❏ 要起作用，必须有哪些前提假设是正确的？

第二部分 分析生命周期最佳实践

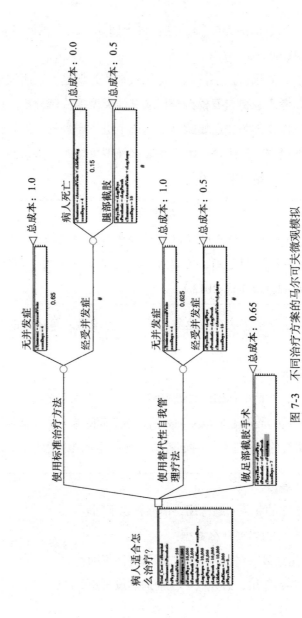

图 7-3 不同治疗方案的马尔可夫微观模拟

第 7 章 数据探查

- 以 1 ~ 10 分为度量范围，获取这些数据有多重要？
- 获取这些数据的可行性有多大？

7.2.2 数据收集和准备

获取数据意味着把对测试系统的设计（实验设计）付诸实际行动。如在前面的章节中所介绍的，你可以采用诸如定性和定量方法、研究（例如通过实验）、抽样或者观察研究等方式（数据可以是为了实现其他目标已经收集到的数据，例如为运营流程收集的数据）。

在大多数的组织机构中，数据将从持久性的数据存储中获取，这些数据存储存在的目的就是为了决策支持和分析。拥有一个成熟的数据管道可以显著加快数据分析生命周期，因为你不需要在数据准备上花很多时间（图 7-4）。

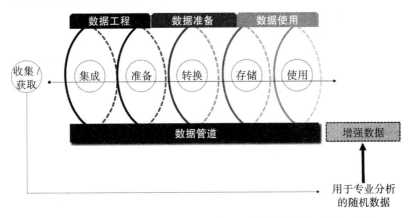

图 7-4 在分析中，我们经常利用传统数据管道外的数据来增强分析

存储在企业数据仓库、数据集市或数据湖的数据通常是我们关注的焦点，但也要意识到，数据收集可以包含多种方式，例如通过

第二部分　分析生命周期最佳实践

视觉观察、访谈、测试、调查等方式收集数据。在这个阶段考虑哪些新数据可以融合进来也是非常重要的。

对某个特定问题有用的数据，很可能不在你现有的数据存储中，或者不是你期望的结构。在这种情况下，你需要准备数据并且把数据按照适合这个特定问题需要的结构进行转化。成功的组织机构通常部署了分析沙盒环境以达到这个目的。**沙盒**（见图 7-5）是一个可以针对某个特定项目或产品来获取、转换和存储数据的地方，该环境资源可以满足数据科学家所需的不断增长的计算密集型环境需求。

在此过程中，可以使用数据管理工具提取、转换和准备用于分析的数据。这些通常被称为**数据集成**工具，这些工具根据所集成的数据来源不同而有所不同。为了做好数据准备，可以使用从 SQL 到更复杂的数据管理工具或文本分类解决方案。如果数据集较小，也有桌面级的可视化工具包可以使用，但数据管理能力较为有限。

帮助你规划数据转换策略的一个有用的工具称为**从源到目标的映射**。虽然大多数现代数据集成解决方案都通过元数据映射支持这个过程，但我在这里提供了一个电子表格工具，可以用来指导你的数据转换逻辑。注意，对于更复杂的数据转换工作，你可能需要一个完整的数据转换方案。这些工作通常会由数据管道的管理人员负责完成，而不是由数据分析师来做。

工具包

从源到目标的映射表格可以用来帮助指导你，决定在从多个数据来源提取数据时必须做什么样的转换。

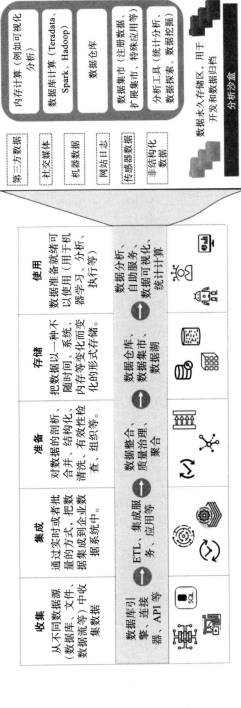

图 7-5 分析沙盒

第二部分 分析生命周期最佳实践

希望你会发现你需要的大多数数据都存储在企业的数据存储库中，并且以支持数据探索的形式存在。除了做数据收集和数据转换这些操作之外，你还需要尽自己的职责来确保数据的隐私和安全保护。

7.2.2.1 为数据探索构造数据

一个常见的问题是，"我应该如何为数据探索和数据分析构建数据结构？"

不幸的是，没有一个完美的答案。这取决于几个因素，包括你使用什么工具进行数据探索，你想通过数据解决什么问题，以及你想通过数据做出什么推论。

最常见的情况是，你需要尽可能多的数据细节和尽可能细粒度的数据，因为数据汇总比数据分解容易得多。某些数据探索工具可能要求你预先对数据进行汇总或以不同的方式构造数据。类似地，可能需要对数据进行抽样，这取决于基础数据的大小和规模。

有几种潜在的数据结构，每种结构都有各自的优缺点，这取决于可以在这种类型的数据结构上开展的分析类型。为分析而构造数据的过程被称为数据建模，对于那些想成为数据科学家或数据分析师的人来说，数据建模能力是一个关键的竞争优势。从我的咨询工作经验来说，我发现很多人没有为数据建模做好充分的准备。

此时，你可能需要认真思考如何构造数据。存储在细长的表格中的数据可能适用于存贮时间序列数据或事件数据，例如网站日志数据或者患者的实验检验数据，而其他类型的数据则可能存储在宽表中。思考你准备要解决的业务问题，以及你是否想要探寻以下问题的答案：

第7章 数据探查

- 不同组之间的差异
- 变量之间的关联
- 对未来事件的预测
- 单个样本的分布
- 时间序列等

7.2.2.2 总结和练习

针对你的业务问题和确定的数据源，使用本节中提供的工具模板制定你的数据转换策略。虽然这可能看起来很乏味，但在开始编写代码之前能够理解需要做的数据转换，会给你带来回报。

7.2.3 数据剖析和特征描述

数据探查最佳实践的一个方面是真正地探索数据。在数据探索、数据解析和数据解释过程中所做的那些决定代表了真正的分析艺术。**数据剖析**或许是数据分析艺术中最有趣的部分——与数据共舞！

首先，我们必须有一个行动计划。无论对于新上手的分析师还是经验丰富的数据科学家，在开始探索数据时，手头有一组业务问题是非常有帮助的。你应该记得，我们在数据识别和优先级排序过程中也是这么做的。现在到了再把这些业务问题拿出来讨论，并用它们来提醒自己为什么首先想到用数据解决问题的时候了，因为，正是数据探查为你提供了准确解决问题的广阔空间。

数据探索和数据理解的方法常用于做以下工作：

- 概括数据（格调）。
- 挖掘模式。
- 发展可以解决问题的推测或者理论。

第二部分　分析生命周期最佳实践

同样地，数据探索（或探索性数据分析）同样适合解决以下问题：

- 描述单个变量（中心性、分散性、分布形状、离群值）。
- 验证数据（是否存在误差或其他问题）。
- 验证假设（用于统计分析）。
- 进行法理分析（揭示数据之间的关联）。

在上述过程中，我们讨论了描述性统计作为工具对我们理解数据的作用。

▶提示

数据比较，数据关联和数据差异可以通过可视化方法进行观察，但仅凭描述性统计不能对我们结论的确定性提供有用信息。

7.2.3.1 剖析数据

在探索新数据集时，我喜欢做的一件事情就是了解数据的"个性"，有时也被称为数据集的**文化**或**格调**。它是什么样子的？是高大瘦长的，还是矮矮胖胖的？同样地，当我们谈论一个数据集时，我们可能会说这个数据集是"惯用左脑的"（即数值很大的数据居多，许多都是精确到小数点右边很多位的小数）。这样的数据可能更具逻辑性、分析性和客观性。然而，我们也可能会碰到一个"惯用右脑"的数据集，它可能含有非结构化数据，如分类值[⊖]、大段的描述文字或调查问卷的开放式回答等。就像我们常说的"惯用右脑的"人那样，我们认为"惯用右脑的"数据集更凭直觉，也更思

⊖ 原文为 categorical value，这是统计学里关于定性数据的一种分类，它没有先后顺序，如人的性别是没有先后顺序的。

第7章 数据探查

辨、更主观。在以前的分析过程中，我们通常不考虑非结构化数据，但随着处理非结构化数据的工具越来越普及，我们看到越来越多的人对这种类型的数据感兴趣。

> ▶ **提示**
> 在深入挖掘数据的细节之前，理解数据的结构有助于我们熟悉数据。

评估数据集"个性"的另一部分涉及评估数据的质量。我们通过两个视角查看**数据质量**：

- ❏ **技术质量**。数据未通过有效值的基本检测或含有缺失值。具体来说，我们需要探索：
  - **无效的数据**。是否存在错误的数值或数值字段溢出？
  - **缺失的数据**。是否缺少内容或缺少有效的内容？
- ❏ **业务质量**。通常更重要也更难评估，从业务的视角确定数据质量需要考虑以下几个方面：
  - **相关性**。数据是否有业务含义或是否是业务相关的？
  - **准确性**。准确的信息还是手误或因为懒惰（复制）导致的错误的信息？
  - **一致性**。是否有不同的业务规则应用在同类数据上？
  - **时效性**。是否可以在有效的时间范围内使用？
  - **可比性**。是否可以比较不同来源的数据的价值？
  - **完整性**。是否完整描述了全部事情？

剖析数据，也是在评估数据在解决业务问题方面的效用。要做到这一点，你需要了解数据中包含的内容。数据剖析还涉及评估数据的业务质量和技术质量。具体来说，我们需要探索：

- 缺失值（空值）
- 重复数据
- 模式检测（例如带连字符的十位数电话号码模式）
- 无效或超出范围的值（单变量离群值，比如一名118岁的中学生）
- 多变量离群值（使用聚类分析和距离检测等技术）

由于数据质量方面的数据剖析超出了本书的范围，如果你想参考其他相关的资料，可以参阅由 SAS 出版的 Svolba 的 *Data Quality for Analytics*（Svolba，2012）一书。

7.2.3.2 数据质量练习

数据质量的问题在我们身边比比皆是，但真正理解数据质量在分析中的重要性有时是很困难的。在本练习中，你可以对本文提供的样本数据（参见工具包）进行一些数据质量分析，然后总结你从中发现了什么。就数据质量而言，你可以探索的事项包括：

- **准确性**。你能否确定数据集中的数据是正确的？是否存在异常的或无意义的值？比如"怀孕的男性"或不在预期范围内的值。
- **数据差错**。你是否发现有手误写错的数据，或者多种格式表示的同一个数据，或者缺失值和默认值？
- **完整性**。你能否确定所有相关的数据都被记录下来了？是否还有其他数据对你要表达的完整事情是有用的？
- **唯一性**。是否有重复值？
- **时效性**。时间的度量是否具有挑战性或有明显的时间间

第7章 数据探查

隔？例如，从实验结果看来好像时间和事件的发生没有什么关系。

- 一致性。你是否发现有些数据在某种程度上没有意义？比如一个怀孕的男性。

工具包 @

www.analyticslifecycletoolkit.com

访问此网站，获取此处提及的数据质量练习的链接。

让我们再回想一下，这个练习中最具挑战的是什么？是寻找可以帮助你轻松执行分析过程的工具吗？也许你最大的挑战在于理解数据来自哪里或者数据中每个字段的含义。

每个分析师必须具备的能力之一是熟知创建这些数据的业务流程。不了解业务背景和业务流程，绝大多数情况下都几乎不可能解决业务质量问题。

7.2.3.3 描述数据特征——探索单个变量

一旦你了解了数据集的"个性"，就该开始了解数据中的内容了。为了了解数据中的内容，我们首先从一次探索一个变量开始，然后再探索变量之间的关系。

当一次探索一个变量时，实质上就是在"描述数据特征"，也就是了解变量的值是如何分布的并且评估其在解决问题时的价值和整体效用。对于那些稍微一提统计分布就感觉头痛的人来说，是的，我们就是在讨论统计分布。但不要害怕，这绝不是一个关于概率分布的无聊课程！

▶ 提示

变量的分布意味着：
- ❏ 变量可以取什么值
- ❏ 变量取这些值的频率是什么

描述性统计中经常用分布来了解被检查变量的类型：了解变量的类别是属于分类型（categorical）还是数量型（quantitative）（见图7-6）。变量的类型是决定稍后使用哪些测试来确定关系、关联或差异是否显著的因素之一。从现在起，你可以把变量的分布想象成变量的长相。注意：文中用的术语是"变量"，但是你也可以使用列、属性或特征之类的术语。

在进行比较、讨论差异或关联，以及推断这些差异时，你必须相信这种差异或关系具有某种意义，你会经常看到这种意义被称为统计显著性。变量的类型直接关系到应该选择使用描述性还是推理性的统计方法。

确定变量的分布没有最好的方法，这就是数据探索艺术的奥妙所在。对于分类型变量来说，其统计摘要信息是比较有限的，因此分类型变量可以选择的统计分析方法最少。分类型数据通常是字符值，但也可以用数字来表示。例如，你可将性别编码为0、1、2等。但是，对它们进行数字编码，并不意味着你可以将分类型数据当作数值型变量的数据那样处理。例如，对这些分类型变量数据计算出来的平均值是没有意义的。

有两种类型的分类型变量：

1. 标称型（nominal）。类别之间没有自然顺序，例如性别、眼

第7章 数据探查

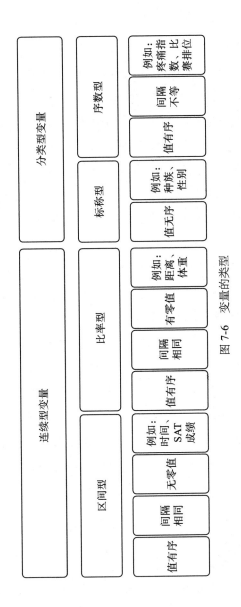

图 7-6 变量的类型

第二部分 分析生命周期最佳实践

睛颜色、政党或种族。

2. *序数型*（ordinal）。类别中存在自然顺序，但是值之间的距离是无法确定的。例如，排名（低、中、高），字母等级（A 至 F），或在比赛中的名次（第一、第二、第三）等。

在检查分类型变量的分布时，如果需要标称型变量或序数型变量分布的量化摘要信息，可以使用频率分布。需要注意的是，序数型变量可以存储为数字但不能用于传统的数学或统计摘要。不过，你却可以计算序数值数据的中位数和百分位数，但对标称型变量则不行。

如果要直观地总结分类型变量的分布，可以使用条形图、饼图或象形图。

有两种类型的连续型变量（或称为数量型变量，因为它是有具体数值且可以量化的）：

❑ 区间型（interval）。变量值有顺序并且单位之间的距离相同，但没有零值。例如，SAT 得分或每小时英里（1 英里 =1609.344 米）数（MPH），100MPH 和 90 MPH 之间的差异与 70MPH 和 60 MPH 之间的差异是相同的。

❑ 比率型（ratio）。比率具有区间变量的所有性质，也有明确的"0.0"的定义。例如，表示高度、重量或温度的变量。

与分类型变量不同，有更多的方法来描述连续型变量的分布。例如，可使用以下的统计摘要方法：

❑ 频率分布

❑ 中位数和百分位数

❑ 均值、标准差、均值的标准误差

但是，区间型数据的比率或变异系数是无法计算的。

第 7 章 数据探查

有许多类型的图表可供直观地总结连续型变量分布，比如箱线图、直方图、茎叶图和散点图等。

在图 7-7 所示的思维导图中，展示了根据分析意图来使用的各种分析类型。

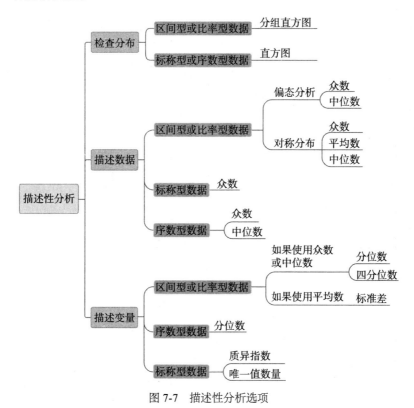

图 7-7　描述性分析选项

还有一点，在检查单个数值型变量时，应该考虑其分布的特征，如图 7-8 所示。

表 7-1 总结了图 7-8 中术语的含义。

表 7-1 数值型变量分布检验中的重要指标

术语	定义	举例
分布形状	指分布的对称性 / 偏斜性以及峰（众数）的数量。分布的中心通常用来表示一个典型的值	正态分布 $f(e)$，$u=\frac{a}{k}$；对数正态分布 $f(e)$，$u=|m+q|e^{\frac{j^2}{2}}\sqrt{e^{j^2}-1}$；均匀分布 $f(e)$，$u=\frac{a}{\sqrt{3}}$；三角分布 $f(e)$，$u=\frac{a}{\sqrt{6}}$；U型分布 $f(e)$，$u=\frac{a}{\sqrt{2}}$；二次分布 $f(e)$，$u=\frac{a}{\sqrt{5}}$ a 常规分布 μ，σ b 位置；分散性
分散性	分布范围最常见的三种数值度量方法包括： ■ 数据范围是变量的直观度量，就是变量最大值和最小值之间的距离。 ■ 四分位间距衡量的是，在变量的分布图中，能够覆盖中间 50% 数据的间距。 ■ 标准差表示的是一个数据点和平均值之间的平均距离（或者说典型距离）。从直方图，你可以估计最小观测值与最大观测值，因此可以估计分布范围	

第 7 章 数据探查

(续)

术语	定义	举例
位置	位置的度量也允许我们比较来自不同分布的值。 ■ 百分位数：第 P 个百分位可以解释为数据中约有 $P\%$ 的数据低于 P 百分位，$(100-P)\%$ 的数据中约高于 P 百分位。 ■ 五数据根法：五个数字（最小、中位数、Q3、最大）可以快速描述分布的中心和分布范围。 ■ 标准数（Z分数）：标准数可以展示单个样本在哪个方向上偏离均值多少标准差	a：众数、中位数、平均数（左偏分布）；b：众数、中位数、平均数（对称分布）；c：众数、中位数、平均数（右偏分布）
异常值	异常值是指落在整体模式之外的观察值	众数、中位数、平均数、异常值

223

数值型变量的分布

对于一个数值型变量，我们需要考虑下图所列的分布的特征：

图 7-8　数值型变量的分布

7.2.3.4　描述数据特征——一次描述多个变量

当遇到分析问题时，我们通常考虑的远不止一个变量。在探索性数据分析中，我们经常提到变量在关系中的角色。例如，如果我想了解心脏病的发病率是否因性别而异，那性别就是**解释变量**而心脏病是**响应变量**。

▶**提示**

当我们试图理解两个变量之间的关系时，一般将它们分类为：

❏ 响应变量：也称作结果变量或因变量

❏ 解释变量：用于解释、预测或影响响应的变量（也叫自变量、预测变量或协变量）。

如上所述，变量的类型影响着应该采用哪种方法探索变量之间的关系。根据响应变量是分类型变量还是连续型变量，以及解释变量是分类型变量还是连续型变量，共可创建四种基本类型的比较模式。

第 7 章 数据探查

四种基本类型中的每一种都将确定只能使用哪些方法来分析变量间的关系。

- ❏ C → C（解释变量是分类型变量，响应变量是分类型变量）
  - 问题举例：将两个分类型变量的数据汇总成 2×2 的汇总表。
- ❏ C → Q（解释变量是分类型变量，响应变量是连续型变量）
  - 问题举例：把一个连续型变量的分布分成两组或多组进行比较。
- ❏ Q → C（解释变量是连续型变量，响应变量是分类型变量）
  - 问题举例：比较一个连续型变量在一个分类型变量上的分布。
- ❏ Q → Q（解释变量是连续型变量，响应变量是连续型变量）
  - 问题举例：比较两个连续型变量的分布。

我们将在第 8 章进一步探讨这个概念。

▶ **提示**

当探索两个变量之间关系的时候，第一步也是最关键的一步，是确定这个问题的数据结构属于上面四种基本类型中的哪一种。

在数据探查过程中，刻画两个变量的关系是数据探索过程中的重要一环，因为这有助于理解和体会数据项之间可能发生的交互行为。在这个过程中，你探索的是变量间的关系。根据响应（依赖）变量是分类型的还是连续型的，还可以进一步使用统计检验来确定变量之间关系的强度。当评估一个分类型的解释变量（自变量）和一个分类型的响应变量（因变量）之间的关联时，可以使用卡方检

验或费舍尔检验方法。当评估两个连续型变量之间的关系时，可以使用相关性分析或回归分析。

7.2.3.5 探索数据练习

刚开始时，探索数据的过程可能具有挑战性。但是，分享有益的数据探索成功经验，是一种屡试不爽的有效方法。本练习基于 Rahul Bhargava 在医疗数据上的工作成果，这是麻省理工学院媒体实验室城市媒体中心的项目（Finding a Story in Data, n.d.）。

请考虑以下的案例类型，你可以参考它们来指导你的数据探索过程：

- ❏ **相互影响的故事**：当你在探寻事物间的联系时，你可能会发现一些有趣的模式，例如在什么条件下这些事物是真实的。
- ❏ **可以比较的故事**：基于事物间的不同点或相似点，从数据中找到一些有趣的模式。
- ❏ **可以改变的故事**：发现一些随时间改变的有趣的变化。
- ❏ **个人相关的故事**：让与人相关的数据建立起和个人之间的关联。
- ❏ **事实型的故事**：找出一件关于数据的有趣事情，例如极端值数据。

使用如下工具包，选择其中的一个数据集，试试能否从中找出你要的故事。如果你找不出，可以参考指南中给出的建议。

工具包 @

www.analyticslifecycletoolkit.com

下载"寻找数据故事"参考指南和练习。

第 7 章 数据探查

7.2.4 可视化探索

数据探查最佳实践领域中的大部分活动都会用到可视化工具,这些工具可以形象化展示单个变量的分布,探索两个或多个变量之间的关系。我不想把可视化探索从数据剖析和刻画中剥离出来作为一个单独的过程,因为可视化贯穿整个数据特征描述过程。然而,为避免被批评,我还是在本节中将可视化探索列为一个单独的过程,并提醒读者注意这样一个事实,即可视化工具对我们开展数据探查非常有帮助。

■可视化数据发现

可视化数据发现,就是通过交互式的、高度敏捷的可视化工具辅助数据特征描述的过程。我们使用可视化数据发现工具来探索数据而不是解释数据。

尤其重要的是,**可视化数据发现**(也称为可视化分析)是数据分析生命周期中的关键工具集。可视化方法可用于下面的操作:

- ❑ 开展对未知数据的可视化数据发现。
- ❑ 识别数据中的关系。
- ❑ 创建有助于表现数据内容和数据洞察的可视化展现。

第 9 章包含对数据可视化在支持故事讲述和结果解释方面的深入讨论。

7.3 记录分析日志

现在花些时间在分析笔记中记下你的观察结果。如果还没开始记笔记，现在开始也为时未晚。把所发生的事情记录下来是科学界长久以来的传统，就像早期探险家和太空旅行者记录日志一样，我们也需要记录自己的分析日志。

日志的样例可参考如下内容：

- 儿童行为问卷：比如 en.wikipedia.org/wiki/Rutter_（nautical）
- 船长日志：比如 apiratesportal.com/2012/10/14/the-captains-log/
- 工程设计日志：比如 www.sciencebuddies.org/science-fair-projects/engineering-design-process/engineering-design-notebook
- 学习组合日志：比如 eportfolioreview.wordpress.com/eportfolio-list/
- 发明者日志：比如 en.wikipedia.org/wiki/Inventor%27s_notebook
- 实验室日志：比如 en.wikipedia.org/wiki/Lab_notebook

在分析领域，甚至有一些工具可以在探索数据时辅助记录分析过程，比如 Jupyter 笔记本（"Jupyter Home Page,"）和 JMP 杂志（Derby，2013）。

把数据分析的经验和体会记录下来，有如下好处：

- 建立一个数据分析工作的动态文件夹，有助于你回顾学到了什么或者完成了什么。
- 证明你的分析流程是稳健的。
- 表明你勤勤恳恳地完成了你自己的工作（也能防止对研究不

第7章 数据探查

当行为的指控)。
- 在需要的时候,帮助他人理解(并可能遵循)你的分析过程。

▶**提示**

分析日志要同时记录你实际做的分析过程和你脑子的思考活动。

为记录分析过程,应该考虑在日志中记录的事件类型包括:
- 数据获取和转换
  - 数据来源
  - 数据定义
  - 数据处理和转换步骤
  - 业务规则和计算过程
- 过程
  - 做了哪些事情
  - 什么时候做的(包括申请数据和接收数据的时间点)
  - 为什么做这些事情
  - 方法
  - 定量方法或算法
  - 统计分析
  - 假设
- 无形资产
  - 其他人提供的反馈或指导
  - 对结果的观察(预期的结果和意外的结果)
  - 解释和结论
  - 后续步骤

7.4 本章小结

数据探查的最佳实践领域涉及广泛，包括许多有助于识别数据、确定数据优先级、获取和转换数据以及了解数据内容的过程。本章用一种新颖的方式介绍了这些过程，而不是对之前统计或可视化方面已有知识的重复。学习统计理论通常令人生畏。为了避免这些关于统计学的讨论变得过于复杂而使你想要逃避，让我们先总结一下到目前为止学到了哪些内容：

- ❑ 描述一个数据集特征有助于了解其"个性"，以及这些数据对解决问题是否有用。
- ❑ 变量的类型决定了描述数据特征的方法。例如，你无法计算一个分类型变量的均值和标准差。
- ❑ 分类型变量的分布可以使用饼图或条形图进行可视化展现，也可以和分类型变量出现的频率、百分比等数值度量指标展示在一起。
- ❑ 对于一个连续型变量的分布，可以描述数据的整体模式（形状、中心、分布）和任何偏离模式的特征（离群值）。
- ❑ 离群值是落在数据分布整体模式之外的数据点，需要进一步研究之后才能继续进行分析。
- ❑ 在描述数据分布的形状时，也需要考虑分布的对称性/倾斜度和峰态（modality，即分布中峰值的数量）。

通过对数据特征的描述，可以评估这些数据是否适用于解决某个问题或理解某种现象。数据探查最佳实践中的活动通常包括：

- ❑ 检查数据以了解我们有哪些数据以及这些数据怎么组织的。

第7章 数据探查

- ❏ 评估当前的数据质量并识别可能存在的问题。
- ❏ 确定这些数据对解决问题的整体效用。
- ❏ 评估能和现有数据结合并对解决问题有用的其他数据。

此时，你可以问问你自己如下几个问题：

- ❏ 我学到了什么？
- ❏ 这一章的内容是否帮助我比之前更好地理解了这一流程？
- ❏ 关于"是什么造成了、影响了或者导致了我的问题"的理论（或者推测）是否更清晰了？

工具包 @

www.analyticslifecycletoolkit.com

通过以上网站访问用于记录分析日志的文章、最佳实践和示例模板。

7.5 工具包总结

最佳实践领域：	数据探查
目的：	这个最佳实践领域的目的是什么？
	数据探查的目的是通过数据更全面地了解问题发生的情况和探索潜在的理论（或推测）
关键能力：	知识、技能、能力和意向
我们需要擅长什么？	■ 数据发现　　　　■ 理论生成 ■ 可视化探索　　　■ 离群值检测 ■ 数据操作和管理　■ 数据汇总 ■ 评估平衡点　　　■ 批判性思维 ■ 分析学方法

(续)

输入	流程	输出
■ 访问企业级数据 ■ 第三方数据源 ■ 问题理解的输入（例如，问题的陈述）	■ 数据识别和优先级排序 ■ 数据收集和准备 ■ 数据剖析和刻画 ■ 可视化探索	■ 数据资产优先级列表 ■ 数据评估 ■ 初步分析（包括概要介绍） ■ 分析日志
关键问题：	通过这种最佳实践，我们应该知道什么？ ■ 根据我们对问题的理解，哪些数据最有助于支持问题的解决？ ■ 我们对数据能够支持我们的解决方案有多少信心？ ■ 我们如何发现一个潜在的解决方案？ ■ 我们打算如何检测我们的理论？ ■ 哪些分析方法会有用？	

7.6 参考文献

Adams, L. (2015). Learning a new skill is easier said than done. Retrieved from www.gordontraining.com/free-workplace-articles/learning-a-new-skill-is-easier-said-than-done/#.

Bar-Joseph, U. (2013). Big data = big trouble: How to avoid 5 data analysis pitfalls. *Search Engine Watch*. Retrieved from searchenginewatch.com/sew/how-to/2289574/big-data-big-trouble-how-to-avoid-5-data-analysis-pitfalls.

Courtney, H., Lovallo, D., & Clarke, C. (2013). Deciding how to decide. *Harvard Business Review* (November).

Derby, N. (2013). The JMP Journal: an analyst's best friend. Retrieved from www.mwsug.org/proceedings/2013/JM/MWSUG-2013-JM03.pdf.

Ellens, R. (2016). Data and decision making. Retrieved from www.gpstrategies.com/blog/data-decision-making.

Few, S. (2015). Data sensemaking requires time and attention. Retrieved from www.perceptualedge.com/blog/?p=2052.

Finding a story in data (n.d.). Retrieved from https://datatherapy.org/activities/activity-finding-a-story-in-data/.

第 7 章 数据探查

Jupyter Home Page. Retrieved from jupyter.org.
Svolba, G. (2012). *Data quality for analytics using SAS*. Cary, NC: SAS Institute.
Wicklin, R. (2015). Ten tips for simulating data with SAS. Paper presented at the SAS Global Forum, Dallas, TX. Retrieved from support.sas.com/resources/papers/proceedings15/SAS1387-2015.pdf.

第 8 章 分析模型开发

我们可以最恰当地说，分析引擎编织代数模式，就像提花机编织花朵和树叶一样。

——英国数学家 Ada Lovelace ⊖（1815-1852）

8.1 流程概述

描述分析模型发展的目的不是要重塑整个定量科学（包括统计方法、机器学习算法、人工智能、文本分析、运筹学或其他数学研究）。毫无疑问，分析方法的变化将越来越快，这使得在任何时点几乎都不可能对分析方法进行全面的回顾和审查。此外，描述每种分析方法的书没有几百本也有几十本。所以，本章将重点放在分析中使用的代表性**最佳实践**，以及分析模型开发的人员和过程方面。

⊖ Ada Lovelace，英国著名诗人拜伦之女，数学家，也是世界上第一个编写电脑程序的人，被称为世界上第一个程序员。1834 年，Ada 的朋友、英国数学家查尔斯·巴贝其发明了最早期的计算机雏形——分析机，Ada 则致力于为该分析机编写算法，并于 1842 年公布了世界上第一套算法。Ada 的算法被认为是最早的计算机程序和软件。第四代计算机语言 Ada 就是为了纪念 Ada 而命名。Ada 上面的这句话，是指当时为分析机编写程序（她称为代数模式 algebraical pattern），就像给当时基于打孔操作的提花机编织花纹程序一样。后世也常用 Ada 的这句话，把提花机比作为现代计算机的前身。——译者注

第 8 章 分析模型开发

我们的目标是为如何考虑这些技术提供一个框架，从而方便更多的数据倡导者容易得到和理解这些技术，并使之深入浅出、浅显易懂，以便其他人可以更充分地参与分析模型的开发、测试和使用。

通常，人们对分析方法的处理往往侧重于具体招数的战术层面，以及对机器学习方法的大肆炒作，这会导致混乱和本末倒置。例如，最近有一个客户来找我帮助解决一个"预测建模"问题。经过讨论，我发现这根本不是一个预测问题，而是如何理解一种现象的需求，以便我们能够理解或至少清楚需要研究的方向。也就是说，他们想了解是什么导致了这个问题，这其实是一个**数据探查**的问题。

我们很容易把**分析**的方法与问题的类型搞混淆。因此，以清晰简洁的方式陈述问题至关重要，这样大家就可以对所处理的问题有一个共识，并对问题进行相应的分类。

技术供应商和作者们通常使用图形描述一个组织的**分析成熟度**。虽然这个图形会有些变化，但本质上是相同的，即分析成熟度由如下功能组成：

- ❑ 所使用的分析类型——描述分析、诊断分析、辩证分析、预测分析、规范性分析和认知分析
- ❑ 时间焦点——过去、现在或未来
- ❑ 所使用的技术——报表、查询、预警、统计分析、预测（forecasting）、预告（prediction）、优化
- ❑ 竞争优势（或价值）和智能水平

▶提示

使用特定的分析方法不应作为分析成熟度的衡量标准。相反，

第二部分　分析生命周期最佳实践

分析成熟度应该以组织解决复杂问题的速度和将分析结果集成到日常流程中的能力来衡量。

这些过于简单的模型似乎意味着，只有那些计划将分析用于战略目标的复杂组织才能实现目标，首先通过如自助生成分析报表构建低端功能，并将技术（如机器学习）与时间视角（事后与事前）放在一起考虑。事实上，在对此问题的一种描述中，作者将数据治理和最终用户采用的概念作为分析成熟度的"基础"。这对即使是最复杂的组织来说都是不切实际和具有挑战性的。

我个人认为这种描述部分原因是出于营销目的，它过度简化了分析环境，这种处理会导致管理层的困惑。我见过一些组织，它们从未完全采用商业智能，也从未部署好自助服务功能，但却在开发解决现实问题的机器学习**算法**方面做得非常棒。

本书提出了一个分析成熟度的视图，考虑了五个成熟度的维度，如图 8-1 所示。我们既需要努力发展五个维度的综合能力，也需要在每个维度上尽可能地构建能力。

1. *战略协同*——分析与组织战略协调一致的程度。

2. *信息管理*——数据治理以及如何在整个组织内管理组织的知识成果。

3. *高级分析*——分析洞察力的创造、社会化和运营流程化。

4. *数据隐私和安全*——控制数据及其衍生情报的访问和传播的技术。

5. *数据管理*——围绕数据战略的实施路线图，包括数据存储和对数据质量的期望。

第 8 章 分析模型开发

图 8-1 分析成熟度向量

我们需要努力提高在各方面的分析能力。分析能力的成熟依赖于强大的数据基础和充满好奇心与创新的文化。表 8-1 概述了在分析成熟度的五个向量中存在缺陷的一些表征。

表 8-1 实现分析成熟度的主要问题

类别	常见问题
战略协同	■ 没有资源来满足业务的分析需求 ■ 我们的文化无法促进分享 ■ 变革管理经常被忽视或资源不足 ■ 领导层不理解分析的价值 ■ "有"和"无"的情况：一些部门得到所有的关注/资源，而其他部门则得不到充分的资源支持 ■ 分析人员没有正式的人才培养机制 ■ 需要一个良好的流程来管理和衡量决策及其对战略的影响

· 237 ·

第二部分　分析生命周期最佳实践

（续）

类别	常见问题
数据管理	■ 数据因获取渠道不同而不一致 ■ 当能获得数据时，数据已经没用了 ■ 可能有数据，但无法获取 ■ 将新数据源添加到企业数据仓库（EDW）的时间过长 ■ 没有患者/客户/成员的整体视图，有的只是基于内部系统的数据孤岛 ■ 数据管理过度依赖 Excel ■ 无法了解新数据源何时会被集成到 EDW 中
信息管理	■ 不知道有哪些数据 ■ 怎样确定这些数据是准确的 ■ 没有一套标准的术语/业务规则/数据元素定义。报告应该使用哪个定义 ■ 找不到负责确保此数据准确/完整/正确的人员 ■ 个人根据需要执行临时数据质量工作，并手动修复已识别的数据质量问题；数据问题是基于其对特定业务任务的可用性识别的 ■ 花费太多时间做"平凡"的任务，而不是有意义的分析 ■ 对自己的分析结果缺乏信心：如果要求两个人进行相同的分析，可能会得到两个不同的答案
高级分析	■ 内部没有这方面的技能 ■ 没有能确定模型是否有效的流程 ■ 没有确保从团队所做的工作中学习的流程 ■ 没有确保采取行动并衡量成果的问责制 ■ 有很多仪表盘，但无法实际衡量行动的影响 ■ 虽然有固定的仪表盘和报表，但要开发和分享新的可视化洞察并不容易
数据隐私和安全	■ 不断地在 U 盘、网络目录、笔记本电脑等介质上发现"散落"的受保护数据 ■ 因为政策太过严格，不能在内部共享数据 ■ 没有标准/一致的方法来清洗、匿名化、反识别数据（如去除身份证 ID 这样的识别信息） ■ 包含私人信息的数据集未加密 ■ 没有衡量或监测内部和外部分析流程风险的机制

第 8 章 分析模型开发

8.1.1 分析模型定义

讨论**分析模型开发**的含义是很有用的。在本章中,这意味着通过检查多种方式收集的用以揭示现实世界关系、模式和趋势的信息,将现实世界的现象转化为数学关系。

模型能够帮助我们解释一个系统,研究系统中不同组件的影响,并对系统行为做出预测("Definition: Analytical Modeling" 2017)。

例如,如果想了解学生为考试花费的学习时间和分数之间的关系,我们可以使用简单的回归分析。在图 8-2 所示的图中,一个简单的线性模型"拟合"了数据。

该模型帮助我们将观察到的样本数据转换为数学公式,用于描述学习时间和分数之间的关系,并可用于分数预测。

在图 8-2 中,通过观测值的直线是回归线。从本质上讲,这条线代表了最优拟合,如果知道一个学生花了多少时间学习,那么就可以用推导出来的数学公式来预测分数。

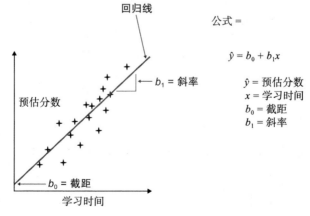

图 8-2 基于学习时间预测分数的回归模型

使用回归模型中的数学关系，可以帮助我们根据学生准备考试的时间长短来预测考试分数（见图 8-3）。

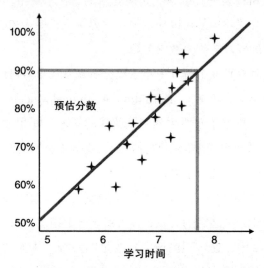

图 8-3　绘制回归线有助于可视化两个变量之间的关系

利用回归分析散点图，可以预测学习时间在 7 到 8 小时之间的一个学生应该得到 90% 的分数。需要注意的是，回归只是各种建模方法中的一种，各种建模方法都有一个共同的目标：指定一个数学关系，根据自变量的值来确定因变量的值。

8.1.2　模型开发

决定如何最好地通过模型来描述关系的过程称为**模型开发**。最常用（和被引用）的模型开发方法是跨行业标准数据挖掘过程，通常缩写成 CRISP-DM（见图 8-4）（"Cross Industry Standard Process for Data Mining," n.d.）。

第 8 章 分析模型开发

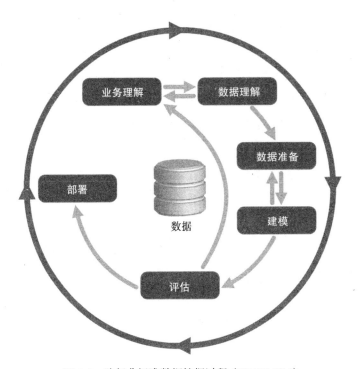

图 8-4 跨行业标准数据挖掘过程（CRISP-DM）

当然，还有分析模型开发过程、建模方法论和建模框架等多种变体，包括：

- IBM 的数据挖掘／预测分析解决方案统一方法论（ASUM-DM）(Haffar, 2015)
- 微软的团队数据科学流程（TDSP）("Using the Team Data Science Process with Azure Machine Learning" n.d.)
- SAS SEMMA 建模方法（抽样、探索、修改、建模和评估）("SEMMA," n.d.)

- KDD 过程（Fayyad，Piatetsky-Shapiro，Smyth，& Uthurusamy，1996）

Ana Azevedo 和 M.F. Santos 在一篇论文（Azevedo & Santos, n.d.）中比较了几种方法，除 IBM 和微软的方法最近有所更新外，上述其他的建模方法在机器学习以及敏捷开发方法出现之前就已经存在了。

虽然没有关于模型开发过程的绝对规定，但有必要考虑两个有效但相互竞争的模型开发过程方法，并选择最适合组织文化的模型开发方法。

分析学的两种文化首次是在 2001 年由 Leo Breiman 撰写的一篇题为"统计建模：两种文化"（Breiman，2001）的开创性论文中提出的，在文章中他这么描述两种统计建模文化：

1. 数据建模文化假定数据是由给定的随机数据模型生成的，它们寻求理解"黑盒内部"的关系。

2. 算法建模文化使用算法模型，并将数据产生机制视为未知，因此认为盒子内部的关系复杂且不可知。

图 8-5 说明了这两种观点的主张。

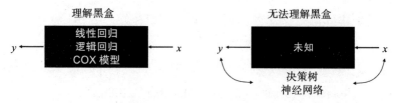

图 8-5　两种统计建模文化的比较：数据建模文化与算法建模文化

Breiman 估计，在当时 98% 的统计学家拥护数据建模文化，而

第 8 章 分析模型开发

传统统计学界仅有少部分人采用和赞同算法建模文化，这些人也许就是我们今天认为的数据科学家。Breiman 更喜欢后者，他认为统计学家过于依赖数据建模（采用正式的和演绎的方法），而机器学习技术正在通过帮助建模人员不再依赖模型的预测精度而取得进展。分歧主要体现在**统计**建模方法强调推理过程，而**机器学习**建模方法强调预测本身。

> **拓展学习**
>
> 在 Brendan O'Connor 的博客（O'Connor，2009）中，有更多关于统计建模与机器学习建模方面的讨论。

经过 15 年的时间，我们仍然看到在今天的组织中依旧存在着建模文化的冲突。最近，我听到一位高级主管对统计建模方法表示失望，她认为不需要统计学家来为她开发预测模型，只想找一个不需要清洗数据或验证所有假设就能建模解决她的问题的人——一个"数据科学家"。

Galit Shmueli 在描述解释性建模和预测性建模之间的区别时，对这两种文化的刻画有点不同（Shmueli，2010）。她特别指出，在许多学科（如经济学、心理学）中使用的统计模型被用来解释因果关系，因此天然具有预测能力。这与生物信息学和自然语言处理等领域不同，这些领域的重点放在经验预测上，而对因果关系解释的关注较少。

我们经常可以看到，这两种方法在实践中都有应用价值，前者用于假设驱动型分析，后者用于发现驱动型分析。

8.1.2.1 假设驱动型分析

假设驱动型分析（hypothesis-driven analytics）广泛应用在客观

第二部分　分析生命周期最佳实践

研究成果受到监管并经常受到审查的环境中（例如临床试验、医疗保健研究）。这些组织按照设定的标准来反映其目标、宗旨和利益。假设驱动型分析方法侧重于解决预先提出的具体问题，所以常常因缺乏好奇心或创造性而受到批评。

> ▶提示
>
> 　　假设驱动型分析使用假设来指导应用演绎推理方法的分析和测试。

　　以药物试验为例。在这些研究中，因为针对某种药物疗效或安全性所提出的问题的意图不同，干预水平或用药剂量也不同。研究人员通过严格的入选和排除标准招募受试者，并在高度控制（可能是人为的）条件下进行测试来获取数据。该实验旨在排除可能影响结果的条件，如并发症、多药疗法和年龄等因素，以明确效果是由干预造成的。这种方法让研究人员专注于特定答案并放弃其余答案。

　　在业务环境中，假设驱动型分析的缺点是如果不先探索数据（无论是否使用高级分析工具），我们常常不知道问题所在，或者如何解决问题。此外，数据点很少像传统统计学家所希望的那样精确构造。

8.1.2.2　发现驱动型分析

　　发现驱动型（或数据驱动型）**分析**（Discovery-driven Analytics）是一种探索性的方法，鼓励发现新事物而不仅仅是确认存在的事实。我在前一章的数据探查的讨论中提到过这点。在试图理解世界的过程中，我们使用传统的统计和数据可视化方法进行探索，这有助于我们理解数据中隐藏的内容。探索性分析可以帮助我们以未经规划

第 8 章 分析模型开发

的不同方式来理解问题，得到出人意料的结果。

▶提示

- ❏ 假设驱动型分析从一个命题（理论）开始，然后试图验证命题的真实性。
- ❏ 发现驱动型分析旨在发现数据之间的模式、关联和关系，以揭示以前未知的事实。

8.1.3 利用多种方法进行检验

探索性分析和假设驱动分析都会遇到挑战。在探索性分析中，我们基于对数据进行一系列实验来寻找潜在的关系（或关联、预测值，等等）。这些实验可以采取可视化分析、统计检验或数据挖掘的形式进行。人们通常称这种分析方式为"捕鱼探险"，分析活动往往能有收获，尤其是在应用了数据挖掘或机器学习等自动化发现方法后。不幸的是，这种分析方法得到的结果也可能是错误的（我们称之为第一类错误）。

20 多年前，Peter Coy 在 1997 年的 *Business Week* 上发表了一篇题为"挖掘数据的人本来想挖到金子，但也有可能挖出的是愚人金（黄铁矿）"的评论文章（Coy, 1997）。文章描述了一个数据挖掘出错的案例，以及该种出错的数据挖掘模式偶然会发生的事实。在描述数据挖掘的陷阱时，Coy 引用了 David J. Leinweber 博士的一个例子。Leinweber "通过仔细研究一张联合国光盘发现，从历史上看，衡量标准普尔 500 指数的最佳预测指标是孟加拉国的黄油产量。"Coy 认为，我们要吸取的教训是"恰好符合历史数据的公式不一定具有任

第二部分 分析生命周期最佳实践

何预测价值。"另见 1998 年 3 月 *Money* 杂志的文章"股市与孟加拉国黄油生产有什么关系?"

我们可以使用以下多重比较控制的方法[⊖]，来防范探索性分析中的潜在缺陷：

- 预期错误发现率（False Discovery Rate，FDR）
- 族误差率（family-wise error rate）
- 错误覆盖率（False Coverage Rate，FCR）
- 实验误差率（experiment-wise error rate）
- 闭合检验（closed testing procedures）
- Bonferroni 校正（Bonferroni corrections）

拓展学习

要了解更多关于多重比较问题的信息，请参阅文章"多重比较问题"（"Multiple Comparisons Problem," n.d.）

我认为，我们应该始终采用适当的假设驱动方法来进行探索性

⊖ 这些方法都是统计学中关于多重假设检查的方法，下面概要补充其含义。
  false discovery rate（FDR）：用于多重假设检验，假设一共有 N 个假设检验，其中有 M 个是显著的，$Q = M/N$，那么 FDR 被定义为 Q 的期望。
  family-wise error rate：至少一个第一类错误的概率。第一类错误就是 false positive（假阳性）。
  experiment-wise error rate：同上。
  false coverage rate: false coverage 指的是置信区间没有包含 true parameter，所以 false coverage rate 就是看 false coverage 的比例。
  closed testing procedures：多重假设检验的一类方法，主要控制 family-wise error rate 的。
  Bonferroni corrections：如果显著性水平是 alpha，Bonferroni correction 将拒绝原假设，如果 p 值 <=alpha/m，m 是假设检验的个数。——译者注

第 8 章 分析模型开发

的数据分析。也就是说,在探索分析之后,测试在不同情况下该现象的普遍性和健壮性之间的关系。事实上,许多方法如 CRISP-DM 和 TDSP 都明确要求测试或执行"实验"的过程。

虽然探索性分析可以提出一种潜在关系或关联,来帮助我们提出潜在的假设(假设生成分析),但我们需要使用预先定义预期关系的假设驱动实验来后续跟进。

▶**提示**

当你在数据中发现有趣的东西时,不要停止分析。在不同的条件下测试你新形成的理论与推测。

如第 1 章所示,在观察和理解数据中的内容时,归纳推理非常有用,但这必须遵循演绎推理方法,以确保我们不是只看到我们想要看的,或者观察到一组特殊或独特的情形。通过假设驱动型分析,可用来支持对一个关系的验证及其通用性。

当然,假设驱动型分析也并非十全十美。事实上,Karl Popper (Popper 和 Miller, 1983)主张区分确证和证伪。他认为,"确证需要通过获取证据来证实某个假设是正确的",而证伪则是试图通过实验测试来证实某个假设是错误的。

在实验中,应该考虑使用负检验,以免陷入只确证自己所相信的事物这类陷阱,而不去真正理解一个现象到底在什么条件下是真实的。研究人员发现,由于验证性偏差[⊖](confirmation bias),人们往往不愿放弃自己的初始假设(Cowley & Byrne,2005)。

⊖ 验证性偏差,也称为确认性偏差,是一种心理学现象。——译者注

> **拓展学习**
>
> 当产生的数字是你的假设的一个例子时,就是正检验。当产生的数字不符合你的假设时,就是负检验。在 Explorable ("Confirmation bias...and the Wason Rule discovery test," n.d.)浏览更多信息

8.1.4 为什么要这样做

在分析中使用统计、数据挖掘、机器学习、运筹学、时间序列分析、文本分析、语音和图像识别等高级方法的原因,是为了弄清一些问题。除了猜测、直觉和推测,我们希望以更确切的术语,以更大的信心,了解可能存在的关联、因果关系、真正的差别,以确信我们可以利用这些方法的分析结果来理解、预防、改变、预测或优化一些事情。

▶ 提示

注意不要混淆因果解释和经验预测。

传统的统计方法可以告诉你,你推论为真的结果或因变量是否真的发生了变化。使用显著性一词表明,各因素之间的联系可能会影响你的评估结果,并且可能表明你的工作有效或无效的原因。但要小心,不要仅仅依靠 p 值作为证据。

你在向老板或主要利益相关方表明某件事很重要或说明你已经发现并正在解决阻碍成功的因素时,分析结果可以提供可靠的证据。然而,任何数量的 p 值操纵(Charpentier, 2015)、JARKing(Nuzzo,

2015）或 HARKing（Kerr，1998），都无法说服其他人相信没有业务相关性的理论的价值。

▶ **提示**

解决问题的目标不仅仅是识别问题，还包括支持行为改变。

分析方法不仅仅是"证明"重要性，还可以包括挖掘新事物、检测数据中原本未知的信息或者自动处理那些成本过高或耗时的内容。

8.2 建模过程

在 CRISP-DM 模型中，建模的第一步是"选择建模技术"。然而，由于可供选择的分析模型太多，选择分析模型这项任务可能会令人望而生畏。

我对这样一个事实很失望：大多数人用分析方法而不是服务目的来描述分析过程。例如，在机器学习中，大多数人基于监督水平或人工验证来描述方法。统计学具有悠久的启发式传统，根据各种因素决定使用哪种技术，例如数据类型、问题类型以及数据分布质量等。一些流程图、决策树、书籍、网站和指南总结了这些统计选项，但是通常无法扩大选项以囊括高级分析技术。

我们通过常见分析类型的四种**最佳实践**来解决问题。这四种过程包括：

❑ 进行比较

❑ 度量关联

- 做出预测
- 检测模式

分析用于促进人类的认知、直觉、判断和感知，并在数据中找到意义。下面的过程描述确定了这四个领域中的每一个都涉及什么。从根本上说，问题陈述应当告知要考虑哪个过程。并非每个问题都是预测性建模问题或是机器学习问题，所以，不要沉迷于技术而应将关注点放在如何更好地理解和解决问题上。

▶提示

帮助理解、解释和制定行动计划的最简单方法通常就是最佳解决方案。

8.3 进行比较

分析中最常见的是进行比较和评估差异。我们遇到的业务问题中经常要对各种事物进行比较，比如我们经常在人员、组织、地点、产品、方法和时间之间进行比较。例如，我们可能想比较：

- *人员*——不同销售代表在特定年份的业绩与配额比较。
- *组织*——不同医疗系统中常见手术的成本或银行最大客户的信用评级（以确定信用风险）。
- *地点*——两个城市或区域之间的生活成本。
- *产品*——不同药物用于治疗特定疾病的有效性。
- *方法*——针对特定患者群体的不同健康政策，或者不同版本的广告或网页布局（此类比较称为 A/B 测试）（"Google

第8章 分析模型开发

AdWords,"2017）。

- 时间——金融投资组合随时间对比基准的表现（这也是时间序列分析的一部分）。

我们将先审查对单变量进行比较的过程。在下一节中，我们将讨论两个或多个变量之间的关联衡量。

用于比较的分析模型

我们通常使用常见的统计评估工具，包括 F 检验、T 检验和回归分析进行比较，通过查看平均值、方差、比例和斜率来评估差异，然后通过对样本数据的观察推断总体。统计推断是指我们根据样本中测量的内容推断出一些关于总体的信息。

当目标变量是分类变量时，它实际上是推断总体比例的；当目标变量是**数量变量**时，它实际上是推断总体平均值的。

▶ **提示**

统计推断因变量的类型而异：

- 总体比例（当目标变量是分类变量时）
- 总体平均值（当目标变量是数量变量时）

对于单变量，可以通过以下方式对单一的分类变量或数量变量进行推断：

- 点估计（point estimation）
- 置信区间（confidence interval）
- 假设检验（hypothesis testing）

点估计

点估计基本上是对特定未知数（或参数）的最佳猜测。这种对

第二部分 分析生命周期最佳实践

未知参数的估计是根据样本数据进行的,并且可以推断出对总体意味着什么。例如,作为风险管理流程的一部分,银行需要估计最坏情况下预期的损失金额。这种估计是金融投资组合在给定的时间段内以给定的概率遭受的预期最严重损失(在风险管理中,这称为风险价值或 VaR)。

在这种情况下,风险管理官只是运行一个点估计模型。例如,一家公司估计在 10 天内其风险价值为 1 亿美元,置信区间为 95%,这意味着在未来 10 天内,损失超过 1 亿美元的概率为二十分之一(5%)。

点估计还包括比例或平均值,例如估计在一个总体中某种疾病的患病率或新宝马车制造过程中发现的偏差。典型的报告可能如下所示:

- 根据样本结果,我们估计美国成年人中患 2 型糖尿病的比例 p 为 0.093。
- 从样本来看,车的驾驶员侧的车顶内衬的平均间隙宽度为 0.01 mm。

区间估计

点估计通常在一个范围或者区间内时更有用,我们将这称为置信区间。在**区间估计**中,我们使用一个可能包含该参数的真值的区间来估计一个未知参数,同时声明我们的置信水平,该区间确实包含了参数的真值。

区间表示统计值的范围。例如,你可能认为数据集的平均值介于 10 和 100 之间。这与上面说的点估计不同,点估计是一个精确的值,比如 46。

第 8 章 分析模型开发

一个医疗保健的区间估计的例子可以参见 Framingham 心脏研究("Framingham Heart Study," 2017)。

在一个研究的队列中,1219 名参与者接受了高血压治疗,2313 名未接受治疗。如果治疗是"成功",则 $x = 1219$,$n = 2313+1219=3532$。

点估计是总体中高血压治疗比例将是 34.5%。95% 的置信区间为(0.329,0.361)。那么,我们有 95% 的信心来确定接受抗高血压药物的人的真实比例在 32.9% 至 36.1% 之间。

假设检验

在进行比较时,真正了解这些差异是否是重要的或显著的通常很有用。这里不进行详细说明,但要注意,某事物"具有统计意义",并不意味着它在现实世界中是重要的或有效的。

拓展学习

要进一步了解统计显著性的概念,请参阅网址 measuringu.com/statistically-significant/ 中的"统计的意义是什么"。

假设检验有助于我们了解某些事情的发生是否是偶然的。假设检验从一个关于总体(原假设)的假设开始,我们检查从样本中获得的数据是否提供了推翻这个假设的证据。

前文提到,我们可以通过假设检验来检验比例或平均值之间的差异。有关进一步的解释,请参见以下示例。

假设检验:比例

最近的一项研究表明,美国大约 28% 的患者是糖尿病前期患者。我们怀疑在医院里这个比例实际上更高。为了证实这一点,我

第二部分　分析生命周期最佳实践

们随机抽取了 400 名患者，发现其中 125 名是糖尿病前期患者。

陈述两项假设：

❏ 假设 1：糖尿病前期患者的比例是 0.28。

❏ 假设 2：糖尿病前期患者的比例不是 0.28。

假设 1 基本上是说，"我们医院没有什么特别的，糖尿病前期患者的比例和全国的比例没有什么不同。"这一说法受到了人口健康部门负责人的质疑，他怀疑糖尿病前期患者在医院所占的比例更高。

拓展学习

观看 JMP 软件提供的关于比例的假设检验和置信区间的视频（JMP，2014a）。

假设检验：置信区间

成年人的正常静息心率在每分钟 60 至 100 次之间。一家研究运动能力的公司在其能力研究实验室进行了一项研究，发现范围在 49 到 65 之间。市场总监认为，这证明了我们可以有把握地认为她的节目显示出较低的静息心率。

陈述两项假设。

❏ 假设 1：在 95% 的置信区间内，我们相信我们患者的静息心率与每分钟 60 到 100 次的人群区间没有什么不同。

❏ 假设 2：在 95% 的置信区间内，我们相信我们患者的静息心率明显低于每分钟 60 到 100 次的人群区间。

假设 1 基本上是说，"我们不能假设我们的患者结果与总体中的不同。"这一说法受到了营销主管的质疑，她想说我们的患者心率比平均水平低得多。

第8章 分析模型开发

假设检验:均值

根据英国的一项研究(R和RR,2015年),20世纪70年代和80年代被诊断为2型糖尿病(T2DM)的人的BMI(体重指数)中位数仅为28 kg/m^2。在最近一份T2DM患者的报告中,我们发现BMI中位数为29.5。我们想确定这是否是显著差异。

陈述两项假设:

- ❑ 假设1:我们患者的平均BMI与比较研究的28 kg/m^{2}没有区别。
- ❑ 假设2:我们患者的平均BMI与比较研究的28 kg/m^{2}有区别。

需要注意的是,在这个例子中,我们忽略了方向性:我们只关注了双尾测试中是否存在差异而忽略了单尾测试,也就是"本研究中患者的平均BMI大于比较研究的28 kg/m^2。"

假设1基本上是说,"别担心,我们患者与比较研究的BMI没有区别。"这一说法受到质疑,即我们的患者确实有更大的BMI。

拓展学习

要了解有关均值假设测试的更多信息,请观看JMP软件关于使用单样本t检验和置信区间的视频(JMP,2014b)。

如图8-6所示,可以使用许多方法进行比较。在给定比较类型,考虑哪个统计测试可能适当时,图8-6(来自Stats with Cats Blog (kufs,2010))所示的决策树不失是一种有用的工具。

本书并非旨在取代专门的统计学书籍,我们在这里只是提供一个适用于比较过程的概述。在本章末尾,我们将为那些有兴趣了解

第二部分 分析生命周期最佳实践

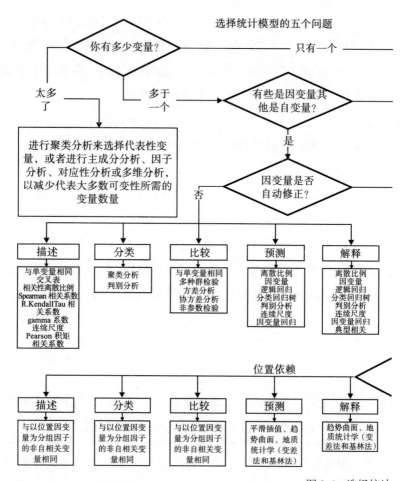

图 8-6 选择统计

来源：*Stats with Cats*

第8章 分析模型开发

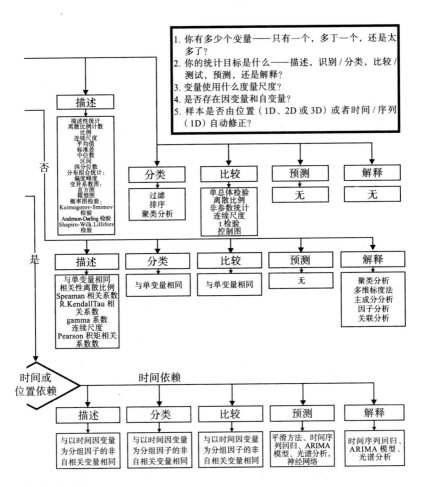

模型的五个问题

第二部分 分析生命周期最佳实践

更多关于统计、假设检验和做出推论的人提供更多信息。

比较重要的是,我们在这里总结了对一个假设进行评估的完整过程(见图 8-7)。

从一个关于总体(原假设)的假设开始,我们检查从样本中获得的数据是否提供了推翻这个假设的证据。

陈述假设
- 假设 1(原假设):两者没有不同。
- 假设 2(备择假设):对假设提出质疑。

收集相关数据
- 选择样本并收集数据。
- 描述数据类型和角色。
- 验证假设。

鉴定证据
- 问"如果原假设是对的话,我们有多大可能会观察到我们获得的数据那样的数据?"

总结
- "数据提供了足够的证据来推翻原假设和接受备择假设";或者
- "数据没有提供足够的证据来推翻原假设"。

图 8-7 用于评估假设的步骤

假设检验不同于上一章中的假设生成,我们不寻找潜在的原因,而是检验我们的理论是否正确,或者至少是仅凭偶然性其发生的概率很低。

步骤 1:陈述假设

首先给定假设,这与之前谈到的要解决的问题有关,用原假设

第 8 章 分析模型开发

(在上述例子中即两者没有不同)和备择假设(是原假设的对立面)来定义。

步骤 2:收集相关数据

根据你的研究设计,你可能需要收集数据、数据抽样或创建适合你的研究目标的数据。已在第 7 章中详细讨论过数据收集和准备,在此不再重复。一般而言,这一步骤包括:

- 选择样本并收集数据
- 描述数据类型和角色
- 验证假设

步骤 3:鉴定证据

这就是统计测试的关键所在,就好比你问"如果原假设是对的话,我们有多大可能会观察到像我们获得的数据那样的数据?"使用在比较平均值时观察假设检验的例子,需要从比较检验中评估证据。你有两个选择:

假设 1:患者的平均 BMI 与比较研究的 28 kg/m^2 没有区别。

假设 2:患者的平均 BMI 与比较研究的 28 kg/m^2 有区别。

要评估这些差异,可以使用统计检验。在这个例子中,你在检验两个总体均值之间的差异,并使用双样本 Z 测试来确定两个总体均值是否相等。

步骤 4:总结

在假设检验的最后一步,要对你的发现进行总结:"数据是否提供了足够的证据来拒绝原假设,接受备择假设?"或者"数据没有提供足够的证据拒绝原假设。"

理解你在这里提出的问题是很重要的。注意这些潜在的选项:当你评估此假设的有效性时,你认为下列哪一个是对问题的正确解释?

1. 在我们的患者中,BMI 中位数等于 29.5 的可能性有多大?

2. 真正的总体中位数为 28 的可能性有多大?

3. 真正的总体中位数大于 28 的可能性有多大?

4. 如果真正的总体平均值为 28,那么在我们的患者中,BMI 中位数高达 29.5 的可能性有多大?

如果你选择了第 4 项,回答正确!在假设检验中,如果原假设是真的,为了提供评估证据,你需要找出获得的数据类似观察到的数据的可能性。请注意,你只能对人群进行推断,但是你的原假设是一个来自医疗系统的患者的样本,因此,这个推论只能是关于医疗系统的患者群体的。

8.4 度量关联

正如上一节所指出的,假设检验可以用于对单个变量(如平均 BMI)进行比较。当讨论两个或多个变量之间的关系时,你是根据一个样本中观察到的变量之间的关系来推断总体中的两个变量之间的关系。

在统计上,度量关联用于识别彼此相关或关联的变量。如果是数值型变量,会经常使用相关性分析或回归分析。如果是分类型变量,则可以使用其他度量关联的方法,如卡方分布。

▶提示

独立或相关并不意味着因果关系;它只是提示到一种关系的存在,但不能推断这种关系的形式(例如,因果关系)。

第 8 章 分析模型开发

将数据中的关系可视化非常有用。例如,为了比较和对照数值型数据的分布,可以使用散点图,如图 8-8 所示。

类似地,你可以生成关联矩阵热图,如下所示(见图 8-9)。关联矩阵热图用颜色梯度来表示关联的方向和强度。类似地,散点图矩阵(见图 8-10)可以在一个视图中显示多个变量之间的关系。

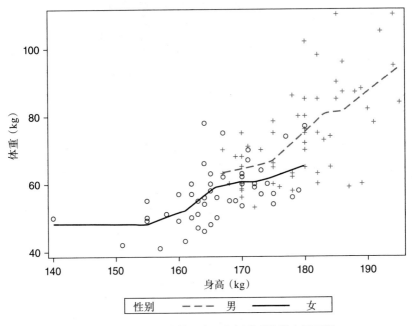

图 8-8 表示两个数值型变量之间关系的散点图示例

▶提示

在衡量一个关联时,把它作为一个可以评估的问题,例如:"总体中的变量 X 和 Y 之间是否存在关系?"

第二部分　分析生命周期最佳实践

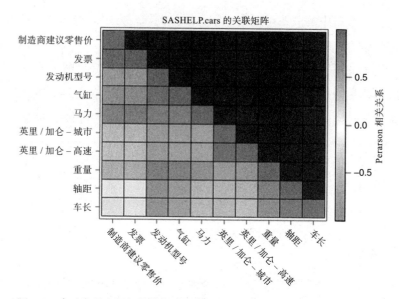

图8-9　表示变量之间相关性强度的关联矩阵热图示例（Hemedinger, 2013）

正如我们在第7章中所看到的，当提出问题时，请考虑变量的作用：

❑ 响应变量——结果变量或因变量。

❑ 解释变量——又称解释、预测或影响结果的变量（自变量、预测变量或协变量）。

自变量称为X，因变量称为Y。

如上所述，假设检验的形式如下：

❑ H0：X和Y没有关系。

❑ Ha：X和Y之间有关系。

或者，为了指明关系的方向，你可以使用单尾显著性检验。上述假设检验的书写方式表明我们不知道（或不关心）方向性，因此

第 8 章 分析模型开发

使用了双尾检验。

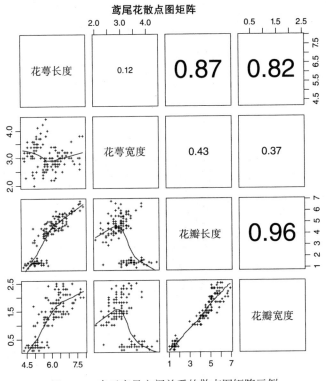

图 8-10 表示变量之间关系的散点图矩阵示例

> **拓展学习**
>
> 请阅读加州大学洛杉矶分校数字研究和教育研究所（UCLA's Institute for Digital Research and Education）的单尾和双尾检验（"What are the differences between onc-tailed and two-tailed tests？，"n.d.）

第二部分　分析生命周期最佳实践

8.4.1　相关性统计检验

要检验两个变量之间的相关性，可使用图 8-11 中的 2×2 矩阵来确定问题的类型。在图 8-11 中，分类型变量是代表类别的（不论它们是否可以被编码为数字，例如 1 表示是，0 表示否）。这里的数值型变量是那些可以被视为数字（例如连续型）的变量。我们用字母 C 表示分类型变量，用字母 Q 表示数值型变量。

关系类型探索

原则：当遇到一个涉及两个变量之间关系的研究问题时，第一步也是最重要的一步，是确定你所研究问题类型属于右边四种问题类型中的哪一种。

		响应变量（因变量）	
		分类型	数值型
解释变量（自变量）	分类型	C→C	C→Q
	数值型	Q→C	Q→Q

图 8-11　2×2 矩阵有助于确定所研究问题属于哪种类型

度量关联性的第一步是确定哪个是因变量哪个是自变量。接下来，对于每个变量，要确定其变量类型。最后，要使用图 8-12 表格中列示的方法，确定选取的假设检验的类型。请注意，表格中的假设检验通常适用于检验两种类型的关联：

❑ 分类型变量到分类型变量

❑ 数值型变量到数值型变量

有四种最常见的关联检验类型：

1. Pearson 相关系数（用 r 或 rho 表示）：用于在区间/比率测度

第 8 章 分析模型开发

上度量两个变量之间的关联关系,例如身高和体重的关系。

差异和关联检验方法汇总

		响应变量(因变量)	
		分类型	数值型
解释变量(自变量)	分类型	卡方检验[①] Fisher's 精确检验[①] McNemar 检验[②]	两独立样本 t 检验[②] Wilcoxon-Mann-Whitney 秩和检验[②] 单因素方差分析[②] Kruskal Wallis 检验[②] 配对 t 检验[②] Wilcoxon 符号秩检验[②] 重复单因素方差分析[②] Friedman 检验[②] 两因素/n 因素方差分析[②]
	数值型	简单逻辑回归 多元逻辑回归 判别分析	相关性[①] 非参数相关性[①]

① 关联性
② 两组之间的不同

图 8-12 2×2 矩阵总结了常用的差异和关联关系统计检验方法

2. Spearman 秩相关系数(用 Spearman rho 表示):用于序号或等级测度上度量的两个变量之间的单调(恒定方向)关联的强度,例如,心理学上所用的李克特量表(Likert-scale)或其他的等级排序表。

3. 卡方检验(列联表):用于测量相关性的显著性而不是强度;它被用来检验分类变量之间的相关性。

4. 相对风险和优势比:这一比率用于分类变量的数据,通过考虑两组事件发生概率来衡量两者之间关联的强度。

除了本书提及的统计学方法外,大多数统计软件都提供多种统计检验方法,供你检验变量之间的关联。其中包括:

- kendall（tau）
- 偏相关
- Lambda（λ）
- Somer's D
- Cramer's V
- 条件伽马（γ）

8.4.2 其他相关性检验

上面所描述的是最常用的统计检验方法，此外也有许多其他的分析方法：

- 线性回归和多元回归：利用相关系数绘制一条描述 X 和 Y 线性关系的线。多元回归与简单的线性回归原理相同，只是多元回归有两个或两个以上独立的 X 变量来预测 Y。我们将在下一节预测分析中更详细讨论回归分析。
- 判别分析：类似多元回归，只是因变量由分类变量（分组变量）组成，而非连续的值；自变量是一个或多个连续的或二分类变量。
- 因子分析：用于分析大量相关变量的场合，例如，你可以用一些不可观测的因子来创造出能解释关系的"因子"。当变量之间具有中度到高度的相关性时，它是一种对数据进行聚类分组的方法。

还有一些先进的可视化和关联性分析方法论，例如多维尺度分析（D. 和 Arabie, 1997; Kruskal & Wish, 1978）、路径分析（Loehlin 1992）、关联规则学习、亲和力分析、高维分析（Strehl 和 Ghosh,

第8章 分析模型开发

2003）和分类检索技术（Waller 和 Meekl，1998）。

8.5 进行预测

预测是指开发分析模型，在给定一些变量值的基础上，该模型可以预测（例如，预报、猜测或估计）另一个变量的值。最常见的情况是，预测模型被用于根据其他因素来预测给定的值。

就像 Galit Shmueli 发表在 *Statistical Science* 上的文章"解释还是预测？"中假设的那样，解释和预测是不同的（Shmueli，2010）。

预测分析的例子包括：

- 预测高风险和高成本患者（Bates，Saria，Ohno-Machado，Shah，& Escobar，2014）
- 预测拉丁美洲的内乱（Ramakrishnan）
- 确定哪些客户可能会流失（用于流失挽留模型）（Neslin，Gupta，Kamakura，Lu，& Mason，2006）
- 预测移动游戏用户可能响应哪些广告（Ramark，2015）
- 预测试验对象中老年痴呆症的发生（Cirigliano，2013）

预测既可使用传统的统计方法，也可使用更先进的分析方法（包括数据挖掘、预测、多元模型和机器学习）。传统统计中，预测模型中使用了许多检验，如图 8-13 中的 2×2 矩阵所示。

随着数据挖掘技术的发展，我们看到包括决策树、神经网络和集成模型在内的其他方法的引入，这些方法帮助我们利用多个模型的结果来提高预测能力。同样，朴素贝叶斯网络和贝叶斯网络都可以用来支持预测任务。

第二部分　分析生命周期最佳实践

用于预测分析的统计检验方法汇总

解释变量（自变量）		响应变量（因变量）	
		分类型	数值型
	分类型	重复测量 逻辑回归 因子逻辑回归	有序逻辑回归
	数值型	简单逻辑回归 多元逻辑回归 判别分析	简单线性回归 多元回归

图 8-13　用于预测分析的常用统计检验方法的 2×2 矩阵

集成建模是指运行两个或多个相关但不同的分析模型，然后将结果合成为一个分数或分布，以提高预测分析和数据挖掘应用的准确性的方法。

——searchbusinessanalytics.techtarget.com/definition/Ensemble-modeling。

案例研究

spaghetti 散点图：所有模型的创建过程并不是一成不变的

2017 年秋编写本书时，有三次飓风袭击了美国。在日常生活中最常见的预测形式之一是天气预报，在这种情况下，特别是预测飓风的轨迹。轨迹通常显示为一系列线条，被称为 spaghetti 散点图。

一个令我兴奋的事情是，这种形式提供了一个用日常的例子解释集成模型概念的机会。也就是说，我鼓励使用多个模型来理解各种模型的特性和权重如何影响风险评分。这通常比单点估计更可取。

第8章 分析模型开发

> 使用这些方法的挑战是不受约束（而且往往是未经训练）的使用。重要的是要认识到并非所有的模型创建过程都是一样的，有些人建议永远不要使用 spaghetti 散点图，因为它们将概念过于简单化，过分强调了模型之间的权重相等的假设。
>
> 要了解更多关于 spaghetti 散点图的缺点，请参阅 Aars Technica。（Berger，2017年）

在从统计、数据挖掘再到机器学习的过程中，可以找到更多的方法来帮助从已知数据中预测未知的值。一般来说，机器学习包括两个预测模型的子类：

❑ 回归

❑ 模式分类

正如本章前面所提到的，回归模型是基于对变量之间的关系（关联）的分析，关系被用来说明一种有助于预测一个连续变量的趋势。在机器学习中，使用了下列有监督的方法进行回归分析：

❑ 树（随机森林，GBM）

❑ 线性/GLMS

❑ 线性平滑（LOESS）

❑ 集成

❑ 神经网络

与回归模型相反，模式分类模型的重点是将离散类标签分配给特定的观察值作为预测结果。在上面的例子中：学生成绩中的一个模式分类可以是预测学生的考试等级，也可以是学生最终是否毕业。

支持模式分类预测的有监督机器学习技术包括：

- 支持向量机
- 判别分析
- 朴素贝叶斯
- 最近邻（基于实例）

8.5.1 检测模式

模式检测或模式识别代表了一类广泛的分析问题。模式识别几乎等同于机器学习，它是一门从数据中推断或识别隐含对象、类型或关系的科学（"Rochester Institute of Technology Computer Science," 2017）。换句话说，它是一种识别隐藏信息或异常行为的活动。在机器学习中，把模式识别看作是给对象分配标签（Kuncheva，2004）。

模式检测的例子可能很简单，例如一个人的身份确认（图像识别）、基于图片确认事件（事件识别）、分析口语内容（语音识别）或分析文本中的语言（语言检测）。在数据发现过程中，当我们通过视觉或统计分析技术得到一个超乎我们想象的结论时，我们一定会非常兴奋。

在 SamSavage 的书 *The Flaw of Averages*（Savage，2009）中描述了一个很好的例子，书中列举的原始数据看似几乎没有信息价值（可忽略不计的相关性），但若用图形方式描述，结果大不一样（见图 8-14）。

当组织处理越来越多的数据时，就有必要考虑如何利用计算机辅助方法来发现隐藏在组织的大量数据中的模式。传统的技术往往依赖于诸如探索性数据分析和传统统计分析/模型构建之类的笨方法，但随着计算能力的提高，更多地访问分析平台可以获取越来越

第 8 章 分析模型开发

多的数据以支持分析。随着计算机变得更快,能够处理的数据更多,现在似乎应该求助于人工智能(例如,机器学习)来支持在数据中发现模式。

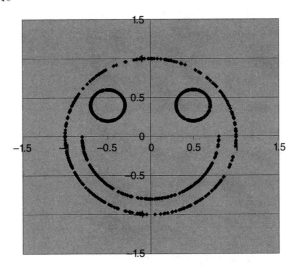

图 8-14 散点图揭示数据中的模式

来源:Sam Savage,*The Flaw of Averages*

为了检测数据中的模式,我们可以利用可视化数据发现技术,或利用统计、概率论、计算几何、机器学习、信号处理以及其他计算机算法方面的自动化方法。一般来说,有两种常用的模式识别方法:

❑ 分类法

❑ 判别法

8.5.1.1 分类模型

分类模型用于识别聚在一起的事物。分类模型的构建过程包括两部分,一是选择构建模型的变量(即特征工程),以及构建分类模型本身(模型选择)。如图8-15所示,分类法可以用来支持假设或数据驱动的分析,包括监督学习和无监督学习的方法。

1. 特征工程

在实际应用中,**特征选择**是识别相关特征子集(解释变量、预测因子)用于模型构建的过程。在传统的建模方法中,研究人员(统计学家)会检查数据,以确定哪些变量在预测结果的能力上是有趣和新颖的。通过使用特征选择技术,可以更快地建立模型,降低模型过度拟合的可能性。

拓展学习

对于"我到底需要多少数据?"的回答是一个基于所选方法所需的各种可能属性的函数。要了解这个问题的更多信息,请看这篇文章(Deshpande, 2015)。

另一方面,**提取特征变量**是从一组变量出发,用以支持衍生新的变量,否则就需要手工衍生了。例如,你可能会发现,将年龄和性别结合在一起的新变量与未转换的变量(参见降维)相比,有助于更好地理解数据。

▶提示

特征选择用于确定初始特征或变量的子集。特征变量提取支持通过转换原始变量来创建特征。

2. 特征选择

有一些特征,我们可以把它当作工具,用于将对象分配给一个或多个预定义的组或类别,识别这样的一些特征十分重要。然而,

第 8 章 分析模型开发

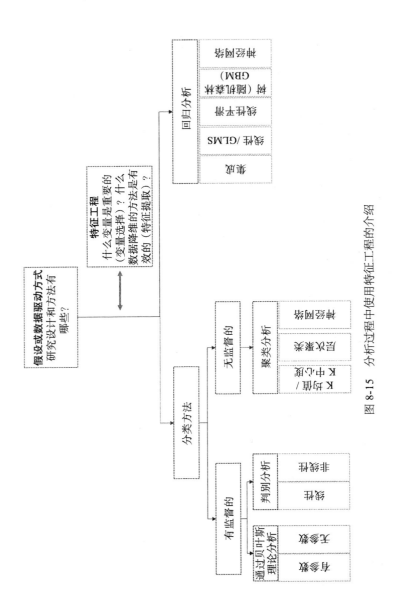

图 8-15 分析过程中使用特征工程的介绍

真正的价值在于解决现实世界问题。分类问题的常见例子包括：
- 将垃圾邮件分类（将标题或内容归类为垃圾邮件）（Guzella & Caminhad，2009）
- 识别恶性细胞（在应用保健环境或生物医学研究中）（Leggett et al.，2016）
- 语言识别（确定给定文本的语言或意义）（"Language Identification，" 2017）
- 异常检测（K.Das，2009）（另见多元离群值）
- 文件分类（Sebastiani，2002）

分类技术可用于描述一种现象，如对用于定义组级的特征进行分类，或用于预测、诊断和模式识别。通常，分类技术遵循三种方法：统计、机器学习和神经网络。分类方法的一些例子包括：
- 朴素贝叶斯分类器
- 人工神经网络分类器
- 支持向量机/集成分类器
- k 近邻
- knn 分类器
- 决策树/分类树
- 聚类分析（如统计聚类分析、K 均值分析、规范聚类 GMM）
- 分类回归树（CART）

8.5.1.2 判别模型

判别分析是用来找出特征（属性或变量）的组合，以区分两类或两类以上的对象或事件。判别分析是一种特殊的分类分析，它不是找出相同的一类，而是找出不同的一类。

判别分析的例子包括：

- 面部识别——确定图像是否为已知的人（Geitgey，2016）
- 企业偿债能力——区分已进入破产的公司（Tam 和 Kiang，1992）
- 事件、地标、标识检测——确定寻找复活节彩蛋与其他类型儿童活动的区别（M. Das 和 Loui，2014）

有些分析模型可以用于线性或非线性数据的判断分析。例如：

- 线性判别分析（LDA）
- 奇异值分解
- 广义判别分析（GDA）
- 主成分分析（PCA）
- 基于图内核的主成分分析
- 因子分析
- 判别对应分析
- 多元判别分析（MDA）

8.5.1.3 其他分类模型

值得注意的是，虽然最常见的分类模型包括上述类型（分类和判别），也可以使用其他类型的模型，例如逻辑回归模型（预测对象在某个特定类别的概率）或回归算法（用于预测实值标签）。同样，也可以使用无监督的文本挖掘方法进行分类（Kalyanarangan，2017）。

8.5.2 模式检测过程

图 8-16 总结了通过数据分析确定模式是否存在的一般过程。

第二部分　分析生命周期最佳实践

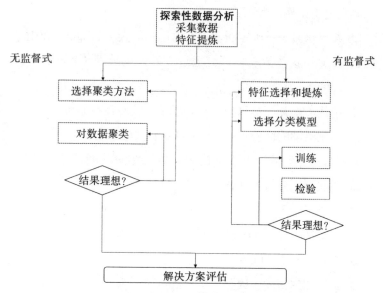

图 8-16　用于有监督和无监督模型开发的模式检测流程

如图 8-16 所示，来源于 Ludmila I. Kuncheva 的"结合模式分类方法和算法"（Kuncheva，2004），有几种方法可用于模式识别。一般过程包括以下步骤（除前几章所述活动外）：

1. 问题的分类——再次强调，牢记业务问题，确保分析方法最适用于当前所研究的问题类型，这点非常重要。

2. 数据收集——简单地获取和构造与所考虑的分析类型相关的数据。

3. 数据探索——使用数据探索评估数据的准确性、完整性和反映目标的过程。在这一步中开始考虑哪些变量适合作为建模的候选变量。

4. 特征工程——为适用于分析的特征子集进行特征工程与特征

降维,以获得感兴趣的变量。

5. *模式分类或聚类*——使用无监督的方法,应用各种模型作为探索性数据分析过程的一部分。或者,使用监督分类作为对数据进行预处理的一种方法。

6. *评估和解释*——使用已经了解到的数据、模型和所获得的结果,将所学的知识应用到业务问题上。这通常涉及将经过训练的分类器应用于独立的测试数据集。

8.6 本章小结

分析模型开发是与数据"分析"有关的**最佳实践**领域,用于提炼表示真实世界的有意义的数学模式。

许多过程模型对数据科学家来说能够触及我们所说的"建模"的含义,但往往无法帮助我们"选择建模技术"。事实上,CRISP-DM 方法在早期的指南里仅有一段描述(Chapman et al.,2000),在后续版本中才略有扩展(IBM,2011)。

与其将模型开发看作是用于选择和构建模型的普通步骤,我们更关注基于每个分析问题类型的四种主要开发过程。这些过程包括进行比较、度量关联、做出预测和检测模式。

这些过程中,最重要的是记住要解决的问题,以免偏离预期结果。在进行模型开发过程时,请记住以下几个简单的想法:

- ❑ 容易解释的最简单的模型,往往是最好的模型。
- ❑ 即使技术是复杂的,一定要仔细考虑你的问题和将受到你的分析影响的工作流。

- 复杂且不易理解的技巧（阅读：在这里插入魔法）通常会引起更多的问题。最好的做法是比较各种方法，在预测能力和可解释性之间做出平衡。
- 注意不要过拟合模型；使用真实的数据并将其推广应用到其他样本可以帮助测试模型的可靠性。
- 在处理数据时，总是有不确定的数据。与那些在第一线产生数据的人建立关系，以确保它真实地反映业务的实际情况。

▶提示

在做分析时，要把分析目标记下来，时刻放在眼前。

最后，请使用设计思维的技术来想象，采用了你的分析结果事情会变得怎样。你的分析对企业有帮助的吗？分析结果容易理解吗？分析结果是否可以应用？

8.7 问题总结和练习

分析模型开发技术在不断发展，在分析工作中时刻考虑对数据的需求、使用多少数据以及需要处理哪些数据是很有用的。

表 8-2 总结了四种常见的问题类型，以及一些数据抽样问题。通过回顾这些问题，可以帮助指导你的模型开发。

第 8 章 分析模型开发

表 8-2 模型开发的最佳过程领域、常见问题和常用方法

最佳实践	代表性业务问题	方法举例
比较	■ 男性和女性在体重指数方面有差异吗？ ■ 两个网页中的哪个网页上的点击率更高有区别吗？	■ T 检验 ■ 方差分析 / 协方差分析 ■ McNemar 检验 ■ Wilcoxon-Mann-Whitney 检验 ■ Kruskal Wallis（KW）检验 ■ Wilcoxon 符号秩检验 ■ Friedman 检验 ■ 两因素 /n 因素方差分析
测量关联	■ 吸烟和肥胖之间有关系吗？ ■ 网站逗留时间与购买行为之间是否存在关联？ ■ 锻炼和抑郁之间是否有关系？ ■ 人们最常一起购买的物品之间是否存在关联？	■ 卡方 ■ 简单线性回归 ■ 相对风险和赔率 ■ Pearson's（R）积矩相关系数 ■ Spearman（rho）秩相关性 ■ Fisher's 精确检验 ■ 先验关联规则
预测	■ 从病人花在运动上的时间和其他心理社会因素中，我们能多好地预测他的 BMI？ ■ 哪一个手写样本更像犯罪嫌疑人的？ ■ 哪份文件是用法语写的？ ■ 给定邮编，预测的房屋价格中位数是多少？ ■ 预测一个人房贷违约的概率是多少？	■ 多元线性回归 ■ 逻辑回归 ■ 决策树（随机森林，GMB） ■ 线性平滑（LOESS） ■ 集成 ■ 时间序列分析 ■ 神经网络分析 ■ 线性判别分析 ■ 支持向量机 ■ 判别分析 ■ 朴素贝叶斯 ■ 最近邻（基于实例） ■ 密度测量

第二部分 分析生命周期最佳实践

(续)

最佳实践	代表性业务问题	方法举例
探查模式	■ 在决定客户类型时什么类别是有用的？ ■ 哪些图像最能表明肺已患病？	■ 聚类分析（比如，统计聚类分析、K均值、GMM谱聚类） ■ 决策树集合（随机森林） ■ Fisher's 线性判别分析（LDA） ■ 朴素贝叶斯分类器 ■ 人工网络分类器 ■ 支持向量机/集成分类器 ■ k 最近邻 ■ knn 分类器 ■ 分类和回归树（CART）

工具包 @

www.analyticslifecycletoolkit.com

利用 www.analyticslifecycletoolkit.com 网址中的模型开发项目，完成本章的练习。这个例子中，你会遇到一个业务问题，需要根据该问题和给定的数据类型，决定采用何种分析方法。

8.8 工具包总结

最佳实践领域	分析模型开发	
目的	这个最佳实践领域的目的是什么？ 　　设计并构建一个数学模型，能够帮助解释一个系统，学习它的组成部分，并能够预测和优化一些现象	
关键技能	知识、专业、能力和意向	
我们需要擅长哪些方面？	■ 分析思维 ■ 统计分析知识 ■ 假设检验 ■ 效果评估和比较	■ 数学模型 ■ 可视化分析 ■ 熟练的技能 ■ 分析方法 ■ 数据处理

(续)

输入	过程	输出
企业数据 其他需要的数据 数据探查的输出 问题陈述	■ 比较 ■ 度量关联性 ■ 预测 ■ 探查模式	■ 更新分析日志 ■ 分析模型 ■ 模型比较结果
主要问题	通过这些最佳实践，我们应该学到什么？ ■ 模型若能真实反映现实世界，什么假设必须是真的？ ■ 这个模型有什么引申含义？ ■ 如何将其转换为操作模型？ ■ 我们没有考虑哪些偏见或盲点？ ■ 什么假设会使该模型失败？ ■ 考虑了哪些替代解释？	

8.9 参考文献

AdWords A/B Testing with Experiments Posted June 23rd, 2017 by Kirti & filed under AdWords Experiments. Retrieved from http://www.karooya.com/blog/adwords-ab-testing/.

Affinity Analysis. Retrieved from en.wikipedia.org/wiki/Affinity_analysis.

Association Rule Learning. Retrieved from https://en.wikipedia.org/wiki/Association_rule_learning.

Azevedo, A., & Santos, M. F. *KDD, SEMMA and CRISP-DM: a parallel overview.* Bitstream. Retrieved from recipp.ipp.pt/bitstream/10400.22/136/3/KDD-CRISP-SEMMA.pdf.

Bates, D. W., Saria, S., Ohno-Machado, L., Shah, A., & Escobar, G. (2014). Big data in health care: using analytics to identify and manage high-risk and high-cost patients. *Health Affairs, 33*(7), 1123–1131. doi:10.1377/hlthaff.2014.0041.

Berger, E. (2017). Please, please stop sharing spaghetti plots of hurricane models. Retrieved from arstechnica.com/science/2017/09/please-please-stop-sharing-spaghetti-plots-of-hurricane-models/.

Breiman, L. (2001). Statistical modeling: The two cultures. *Statistical Science, 16*(3), 199–231.

第二部分　分析生命周期最佳实践

Carroll, J. D., & Arabie, P. (1997). *Multidimension scaling.* San Diego: Academic Press.

Chapman, P., Clinton, J., Kerber, R., Khabaza, T., Reinartz, T., Shearer, C., & Wirth, R. (2000). CRISP-DM 1.0: Step-by-step data mining guide. Retrieved from www.the-modeling-agency.com/crisp-dm.pdf.

Charpentier, A. (2015). P-Hacking, or cheating on a P-value. Retrieved from freakonometrics.hypotheses.org/19817.

Cirigliano, J. (2013). It's only logical. *DDN News.* Retrieved from www.ddn-news.com/index.php?newsarticle=7135.

Confirmation bias...and the Wason rule discovery test. Retrieved from explorable.com/confirmation-bias.

Cowley, M., & Byrne, R. M. J. (2005). When falsification is the only path to truth. Paper presented at the Cognitive Science Society 27th Annual Conference, Mahweh, NJ. www.psych.unito.it/csc/cogsci05/frame/poster/2/f299-cowley.pdf.

Coy, P. (1997). He who mines data may strike fool's gold. *BusinessWeek.*

Cross Industry Standard Process for Data Mining. Retrieved from en.wikipedia.org/wiki/Cross_Industry_Standard_Process_for_Data_Mining.

Das, K. (2009). Detecting patterns of anomalies. Carnegie Mellon University, Pittsburgh, PA. Retrieved from reports-archive.adm.cs.cmu.edu/anon/ml2009/CMU-ML-09-101.pdf (ML-09-101).

Das, Madirakshi; Loui, Alexander C. Detecting recurring events in consumer image collections 2014 Patent version # 458634662 B2 Patent classification: 382/225, 707/737, 382/305 Application #:US 12/862,806 International Patent classificaiton: G06K9/62 URL: http://www.google.com.pg/patents/US8634662.

Definition: Analytical Modeling. (2017). *OpenEI.* Retrieved from openei.org/wiki/Definition:Analytical_Modeling.

Deshpande, B. (2015). 4 rules of thumb for machine learning on big data. Retrieved from www.simafore.com/blog/3-key-considerations-for-machine-learning-on-big-data.

Fayyad, U. M., Piatetsky-Shapiro, G., Smyth, P., & Uthurusamy, R. (1996). Advances in knowledge discovery and data mining. In: Framingham Heart Study. (2017). Retrieved from www.framinghamheartstudy.org/.

Geitgey, A. (2016). Machine learning is fun! Part 4: Modern face recognition with deep learning. Retrieved from medium.com/@ageitgey/machine-learning-is-fun-part-4-modern-face-recognition-with-deep-learning-c3cffc121d78.

第8章 分析模型开发

Guzella, T. S., & Caminhas, W. M. (2009). A review of machine learning approaches to spam filtering. *Expert Systems with Applications, 36*(7), 10206–10222. doi: dx.doi.org/10.1016/j.eswa.2009.02.037.

Haffar, J. (2015). Have you seen ASUM-DM? Retrieved from developer.ibm.com/predictiveanalytics/2015/10/16/have-you-seen-asum-dm/.

Hemedinger, C. (2013). How to build a correlations matrix heat map with SAS. Retrieved from blogs.sas.com/content/sasdummy/2013/06/12/correlations-matrix-heatmap-with-sas/.

IBM. (2011). *IBM SPSS Modeler CRISP-DM Guide*. Retrieved from inseaddataanalytics.github.io/INSEADAnalytics/CRISP_DM.pdf.

JMP (Producer). (2014a). Hypothesis tests and CIs for proportions. Retrieved from www.youtube.com/watch?v=esnKgkClV1U&feature=youtu.be.

JMP (Producer). (2014b). One sample t-test and confidence intervals. Retrieved from www.youtube.com/watch?v=UoUeyFph5vI&feature=youtu.be.

Kalyanarangan, V. (2017). Text clustering: Get quick insights from unstructured data 1. Retrieved from machinelearningblogs.com/2017/01/26/text-clustering-get-quick-insights-from-unstructured-data/.

Kerr, N. L. (1998). HARKing: Hypothesizing after the results are known. *Personality and Social Psychology Review*.

Kruskal, J. B., & Wish, M. (1978). *Multidimensional scaling*. Beverly Hills, CA: Sage Publications.

Kufs, C. (2010). Statistical selection techniques. *Stats with cats blog*. Retrieved from statswithcats.files.wordpress.com/2010/08/selection-methods-8-21-2010.png.

Kuncheva, L. I. (2004). *Combining pattern classifiers: methods and algorithms*. Hoboken, N.J.: Wiley-Interscience.

Language Identification. (2017). Retrieved from en.wikipedia.org/wiki/Language_identification.

Leggett, S. E., Sim, J. Y., Rubins, J. E., Neronha, Z. J., Williams, E. K., & Wong, I. Y. (2016). Morphological single cell profiling of the epithelial–mesenchymal transition. *Integrative Biology 11*.

Loehlin, J. C. (1992). *Latent variable models: an introduction to factor, path, and structural analysis* (2nd ed.). Hillsdale, NJ: Lawrence Erlbaum Associates.

Multiple Comparisons Problem. Wikipedia. Retrieved from en.wikipedia.org/wiki/Multiple_comparisons_problem.

Neslin, S. A., Gupta, S., Kamakura, W., Lu, J., & Mason, C. H. (2006). Defection detection: Measuring and understanding the predictive accuracy of customer churn models. *Journal of Marketing Research, 43*(2), 204–211.

Nuzzo, R. (2015). How scientists fool themselves—and how they can stop. *Nature, 526*, 182–185.

O'Connor, B. (2009). Statistics vs. machine learning, fight! Retrieved from brenocon.com/blog/2008/12/statistics-vs-machine-learning-fight/.

Popper, K., & Miller, D. (1983). A proof of the impossibility of inductive probability. *Nature, 302*, 687–688.

Ramakrishnan, N. *'Beating the News' with EMBERS: Forecasting civil unrest using open source indicators.* Virginia Tech. Retrieved from people.cs.vt.edu/naren/papers/kddindg1572-ramakrishnan.pdf.

Ramark, M. (2015). Three ways predictive analytics will change mobile games—Part 1. Retrieved from dev-gamerefinery.pantheonsite.io/3-ways-predictive-analytics-will-change-mobile-games-part-i/.

Rochester Institute of Technology Computer Science. (2017). Retrieved from www.cs.rit.edu/.

Savage, S. L. (2009). *The flaw of averages: Why we underestimate risk in the face of uncertainty.* Hoboken, NJ: John Wiley & Sons.

Sebastiani, F. (2002). Machine learning in automated text categorization. *ACM Computing Surveys, 34*(1), 1–47.

SEMMA. Retrieved from en.wikipedia.org/wiki/SEMMA.

Shmueli, G. (2010). To explain or to predict? *Statistical Science, 25*(3), 289–310. doi:10.1214/10-STS330.

Strehl, A., & Ghosh, J. (2003). Relationship-based clustering and visualization for high-dimensional data mining. *Journal on Computing, 15*(2), 208–230.

Tam, K. Y., & Kiang, M. Y. (1992). Managerial applications of neural networks: The case of bank failure predictions. *Management Science, 38*(7), 926–947.

Taylor, R., & Holman, R. R. (2015). Normal weight individuals who develop Type 2 diabetes: The personal fat threshold. *US National Library of Medicine.* Retrieved from www.ncbi.nlm.nih.gov/pubmed/25515001.

Using the team data science process with azure machine learning. Retrieved from azure.microsoft.com/en-us/documentation/learning-paths/data-science-process/.

Waller, N. G., & Meekl, P. E. (1998). *Multivariatetaxometric procedures: Distinguishing types from continua.* Thousand Oaks, CA: Sage.

What are the differences between one-tailed and two-tailed tests? Retrieved from stats.idre.ucla.edu/other/mult-pkg/faq/general/faq-what-are-the-differences-between-one-tailed-and-two-tailed-tests/.

第 9 章 成果应用

数字后面隐含着重要的故事，但取决于你如何赋予它们一个清晰和令人信服的表达。

——Stephen Few，作家及可视化大师

9.1 流程概述

成果应用（results activation）的概念听起来远不如**讲故事**或者**到处讲授分析学**那么令人兴奋，但重要的是要明确这样一个概念：无论分析出来的结果多么有趣，都不能仅仅通过结果本身来解决问题。分析生命周期过程中充满各种**影响成功应用的障碍**，但最糟糕的莫过于：发现了一个有趣的分析结果，却没有最终目标或者付诸行动的计划。

▶提示

一个有趣的发现，却没有相应的行动措施，将敲响分析的丧钟。

稍后，我将针对一些组织在从分析原型到分析产品转化过程中遇到的障碍进行讨论。但就目前而言，对这一成果应用最佳实践领域的讨论，将描述如何把分析结果从"原型"转移到测试，再到最终投产的流程。

第二部分 分析生命周期最佳实践

将分析生命周期与设计思维联系起来,成果应用可以被视为"测试和实施"的阶段(见图9-1)。

测试分析结果时,首先在与此问题相关的人员中进行社交化推广,让大家了解和熟悉。分析结果的利益相关者包括那些将数学模型转换为日常工作流程的人,以及那些在问题理解阶段激发出问题的人。分析模型通常包括自动生成的报警,用于做出决策的业务规则,或者指导操作流程的工作指令。一个分析模型可能用来指导呼叫中心的交互,或者让疾病管理中心在后台工作,为那些需要主动干预的高风险患者设置优先级。

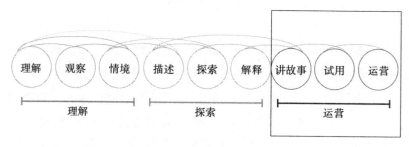

图9-1 设计思维环境下的成果应用

9.1.1 为什么要研究成果应用环节

与其他形式的组织变革一样,在管理分析结果及其在整个业务中的影响时,需要强有力的、主动的领导能力。你不能假设人们会自然而然地接受你的分析结果,尤其是当你的分析结果违背直觉,或者要求人们改变他们日常行为的时候。

第9章 成果应用

> ▶提示
>
> 当我们谈论组织的变革时,我们真正谈论的是一种新思维模式的创建,这种思维模式有助于个人在组织文化中的技术和流程背景下进行个人转型。

我们常说,只有当人们开始以不同的方式开展工作,并从当前状态向未来状态转变时,未来状态才有可能实现。变革管理不是强迫变革,而是帮助人们为变革做好准备(意识),了解变革的逻辑和影响(知识),帮助他们使用能够发展其技能的工具(接纳),同时锚定这些技能并融入其日常工作和行为(承诺)。

针对问题理解最佳实践的讨论集中在讨论变革的必要性上。也就是说,它包括建立业务问题描述和与此相关的一系列疑问,以帮助建立对该业务问题的共识。在成果应用过程中,需要提醒每个人回想起这个分析成果所涉及的业务问题,以及为什么说解决这个业务问题很重要。这样做,是为了找到实现未来理想状态的集合点,并为实现变革铺平道路。

在数据探查最佳实践领域,我们分析了影响分析生命周期的根本原因,并试图弄清可能影响问题的各种因素。这是理解和解释某些特性的一条基本途径,这些特性在描述数据中存在的关系时非常重要。

开发分析模型的最佳实践领域,是对模型的反复磨炼与调整,这个领域最能体现各个解决或规避问题的要素(或特征)之间的关系。

做好成果应用最佳实践领域的各项工作,其目的是:

第二部分 分析生命周期最佳实践

- 提醒每个人要达到某个未来状态的目标（解决最初提出的问题）
- 验证对数据的解释及其相互依赖关系
- 评估建议的解决方案
- 评估解决方案的可行性
- 确定解决方案对人员、流程和系统的影响

但也许最重要的是，这个最佳实践领域通过有效并且富有洞察力的方式来讲述"故事"，从而有助于在组织内形成一致的认识和统一的行动。我发现大多数高层管理人员往往缺乏数学与分析技能，他们不理解算法的原理或者工作机制，或者这些数据到底在表达什么意思。这样，就得依靠我们来运用我们的技能，将分析的洞察与那些能够借助于这些知识来追求变革的人连接起来。

正如 Cigna 的前分析主管 John Pyhtila（现在是 Partners Health System 的首席分析官）所说：在通过分析结果讲述如何才能推动组织变革的故事方面，我们还需要进一步提升能力。"讲述一个前后一致、整体和准确的业务分析故事，需要具备一些特定的技能。我们得有那些天性具备咨询能力的合适人才，他们能够理解潜在的问题，通过与分析 COE（卓越中心）的共同合作，来构建针对业务问题的分析与响应。"（Woodie，2015，Seven Powerful Analytic Lessons from the CAO Summit）。

9.1.2 成果应用过程涉及的领域

在成果应用的最佳实践领域，针对**成果解释**（result interpretation）、**项目评估**（program evaluation）和**将分析付诸行动**（actioning

analytics）的讨论，主要集中在以下关键流程上：
- 解决方案评估
- 实施
- 演示和讲故事

需要注意的是，虽然这里的讨论以"解决方案评估"和"实施"先开始，但"讲述分析成果应用将带来变革的故事"有可能会交错穿插到每个阶段中。本章将更详细地介绍这些内容。

9.2 解决方案评估

在第6章的一个称为"业务方案优先级设置"的流程中，介绍了一个用于设置业务问题优先级的流程领域。在此处，解决方案评估是关于该解决方案是否真正满足之前在分析生命周期中所做承诺的一个检查点。也就是说，该解决方案是否解决了当初提出的问题，分析结果是否提供了清晰的行动路径？

在这个过程中要问的问题是：
- 所建议的解决方案是否可行？
- 对业务有何影响？
- 需要哪些数据和技术？
- 它是否满足需求，或者说，是否解决了潜在问题？

分析模型的开发过程包括以下步骤：

1. 模型回顾和验证

2. 对结果的评价

3. 影响评估

第二部分 分析生命周期最佳实践

9.2.1 步骤1：模型回顾和验证

作为分析模型开发工作的一部分，数据科学家将使用最适合该分析类型的技术来验证模型。例如，在一个预测模型中，通过将训练数据与测试和验证数据分离，从而避免过度拟合模型（Elitedatascience，2017，Overfitting in Machine Learning）。模型开发过程必须在内部进行验证，但由于样本大小和其他限制因素的影响，这一点有时并不总是符合实际情况。

通过精心设计的研究方案，你能够自信地宣称模型的测试设计能够表明你所开发的模型很好地表达了其背后的业务流程。许多指标可用于展现模型的整体性能，包括代表判别能力（接受者操作特征（ROC）曲线下的面积，ROC的英文全称为Receiver Operating Characteristic，ROC曲线也称为感受性曲线）的一致性统计量（或称为c）、重分类改善指标（Net Reclassification Improvement，NRI）和重分类表（reclassification table）、综合判别改善指数（Integrated Discrimination Improvement，IDI），以及用于校准、拟合统计和错误率的拟合优度统计（goodness-of-fit statistics）。如需进一步了解相关内容，可以参见参考文献（Steyerberg et al., 2010；J. Ibrahim, chen, & sinha, 2001；Microsoft, 2017；Kiranmai & Pamodaram, 2014）。

最佳做法是对所使用的方法、所做的假设，甚至参与的代码审查或者向朋友/同行的演示等进行彻底的回顾与检查，以确保没有出错或忽视可能的影响。在这一阶段，任何一个不经意的失误，都可能削弱对模型构建过程和分析数据产品的信心。

第9章 成果应用

> ▶提示
>
> 通过展示你分析过程的鲁棒性（健壮性），你会对分析结果产生更强的信心。

9.2.2 步骤2：对结果的评价

除了模型本身的验证之外，还需要考虑在业务环境中是否存在以前没有考虑过的重要问题。如果在之前的问题理解活动中，你已经与利益相关者进行了充分的接触和沟通，那么你通常都能避免这种错误。此步骤是有目的性地评价结果的一个重要提示。

作为评估过程的一部分，重要的是在业务背景下去看结果，这个业务背景需要与模型上线运营的环境一致。例如，你可能根据几周或几个月前提取的数据开发出了模型，通过使用当前数据以及对业务当前状态的深入了解，你可以基于运行模型所得到的结果，看看问题是否仍然存在，以及模型是否还能解决该问题。模型开发通常发生在正常业务环境之外，并且在该时间段内获得可能有助于流程改善的新信息。现在是应用这些新信息并考虑一下那些使用过或者考虑过的其他结果、干预或评估是否合适的时候了。

对结果的解释是成果应用最佳实践中一个关键组成部分。非常重要的是要运用批判性思维技能，以确保从数据中所发现的内容，以及由此推导出的数学模型，能够有效地解决问题陈述中所描述的问题。

在此步骤中最重要的指标之一，是模型结果是否准确，是否可推广。

第二部分 分析生命周期最佳实践

> ▶ **提示**
>
> 此步骤的目标，是全面详细地评价分析结果及其与业务的相关性。

9.2.3 步骤3：影响评估

一旦完成了对结果的评价，就必须开始评价模型的影响以及模型对现实世界意味着什么。**影响评估**（impact assessment）试图揭示如果成果得到应用，将在一系列领域产生的潜在影响。这些影响包括：

- 流程影响——包括工作流程或业务流程变更、运营绩效的影响、考核和管理系统的变化。
- 技术影响——包括工具、技术、软件、系统、基础设施或数据方面的影响。
- 组织影响——如果应用分析成果，组织需要哪方面的能力。
- 人员影响——包括对分析师文化、技能/专业知识、角色和责任、工作量和激励措施的影响。

在问题理解、数据探查和分析模型开发过程中，你应该已经对这些影响进行了通盘考虑，并将其作为解决方案的一部分，采取主动措施处理好这些影响。无论如何，在成果应用阶段需要进行详细的沟通，并对提出的解决方案进行准确的评估。在此阶段，讨论的主题应包括，变革的驱动因素（与所有的利益相关者再次确认，明确提醒他们），如果应用分析成果将使人们如何受到影响，以及成功应用分析成果实施变革需要什么条件。

第 9 章 成果应用

> ▶ **提示**
>
> 确保分析可以付诸行动的关键,是准确评估变革的影响、广度、深度和紧迫程度,以及付诸行动后可能带来的影响。

进展到流程中的这一步,考虑一下其他的选项与解释将很有用。如果所涉及的更多的解决方案需要长期的努力和投入,那么了解各种可能的选项将有助于组织建立"速赢(quick wins)"途径。对于行为、过程和技术等方面的变革,我们先找到那些相对容易实施的点,并通过它们快速建立变革的动力和势头。

在此阶段结束时,应就分析模型结果的使用形成一致的决策意见。

> **工具包 @**
>
> www.analyticslifecycletoolkit.com
>
> 下载一份可以引导你完成评估问题的问卷参考样本。

9.3 分析成果应用的实施

成果应用的实施定义了如何将分析模型转化为实践。一般而言,这包括如何实施解决方案,以及随之而来的对工作指令、政策和流程的更新,以及一个监控模型性能的计划等的相关决定。

分析咨询公司 Corios Group 的首席执行官 Robin Way,在一份关于**模型部署**(model deployment)的红皮书(Way, 2017)中,提出了以下的关键发现:

第二部分 分析生命周期最佳实践

关键发现

1. 由于应用不充分、不全面,许多公司没有完全实现其分析模型资产可能的经济潜力,很大一部分原因来自未能正确部署它们。

2. 业务部门需要一种通用的语言来理解和实施分析模型,以便在 IT 和面向客户领域与用户共享模型。

为了减小与规避无法充分实现分析应用价值的风险,组织在推动分析模型应用时应遵循以下关键步骤:

1. 制定部署计划
2. 明确关键指标的定义
3. 开展项目评估

9.3.1 步骤1:制定部署计划

本步骤考虑如何对分析模型成果应用方案进行评估,并确定最适合的部署策略。也就是说,制定从分析实验室到现实世界的各项活动方案与实施计划。

在前面的分析成果影响评估中,为了设计对组织最有利的成果应用方案,应当考虑成果应用相关的所有影响因素。我经常看到一些组织围绕着技术来制定成果应用计划,却忽略了分析解决方案所涉及的人员和流程。成功实施分析解决方案所需的能力,需要在战略和战术之间保持一致,包括人们将如何工作以及如何激励他们。

需要仔细计划的领域,包括上面那些被描述为"影响"的各项内容。我在从事咨询工作的经历中,发现推动分析成果应用的一个有用策略是进行试点,通过试点可以弥合已知和未知事物之间的差

第9章 成果应用

距。也就是说,通过试点,帮助我们把认为自己知道的东西转化为现实。

在分析成果应用运营和投产期间应考虑的各项活动包括:

- **试点策略**——如何在交付时推广和验证模型,并真正理解和领会对业务产生的影响。
- **技术转移**——将使用测试数据(和测试结构)从分析沙箱中建立的分析模型迁移到生产系统。这个过程包括了解生产系统如何执行代码,以及是否需要将模型代码重写为可投产的软件包(例如,Java、C 或 PMML)。
- **业务流程**——在业务中使用分析成果模型时,有哪些地方需要更新。考虑那些需要进行调整、开发和记录的流程,同时,探索为了支持该模型上线后的实际运行,需要建立与培养模型运行业务人员哪些个人技能。
- **能力开发**——实验室中开发的能力,在实际业务环境中不会自动具备。为了开发这些能力需要做些事情,围绕这些事情制定计划是至关重要的。可能的例子包括,如何使构建模型时所需要的数据输入过程变得自动化和流程化,如何在运营系统中更好地设置预警机制,等等。
- **性能测试**——虽然大多数软件项目都会考虑进行性能测试,但分析项目在实际业务系统应用中却常常遗漏掉这一关键步骤。分析项目的性能测试其实很重要,通过这一环节,可了解分析模型在真实业务环境(生产硬件、完整数据源)下的运行情况到底如何。

第二部分 分析生命周期最佳实践

工具包 @

www.analyticslifecycletoolkit.com

下载一份部署项目计划的示例。

9.3.2 步骤2：关键指标的定义

除了为分析模型的成功部署而制定计划之外，此时还得拿起搁置在旁的业务方案文档，抹去灰尘，制定衡量整个项目绩效的考核策略。请记住，根据大小、范围和复杂度的不同，数据分析项目也会有多种不同的风格和特点。(注意，在第5章中将这些称为需求、项目和产品。)

让分析项目考核策略发挥作用，对于你了解项目的整体战略成功与否是必不可少的一个组成部分。它不仅有助于进一步完善最初的业务方案，在为组织创造价值这一长期的定位方面，它也将有助于巩固分析在组织中的角色与作用。

建立分析项目考核策略时需要小心应对，因为指标会驱动人们的行为。为了评价一个分析模型的表现，以下是一些有用的指标：

- ❏ **在非自主系统中做出的决策数量**——人类的判断通常会通过模型的建议得到增强。该指标着眼于评估人们放弃模型的判断而自行决策的频繁程度。

- ❏ **错误率**——判断模型"猜对"的准确程度。对分类模型的评价，其评价指标可以考虑使用正确分类百分比（即平常所说的准确率）、混淆矩阵、特异度和灵敏度、提升指数（lift）、增益（gain）、ROC（Receiver Operating Characteristic，受试

第9章 成果应用

者工作特性)、AUC(指 ROC 曲线下的面积),等等。对于估算模型的评价,可以使用 R^2、平均误差、均方误差(Mean Squared Error,MSE)、中位数误差(median error)、平均绝对误差和中位数绝对误差等指标。对模型的任何评估,都应专门基于适合进行该项测试的内容。

❑ **业务价值**——这也许是最关键的衡量指标,它决定了模型是否可以基于其结果,通过提升、减少或消除某些事情,帮助创造业务价值。例如,该模型是否减少了欺诈活动的数量?是否提升了患者满意度?是否创造了新的业务机会或者消除了浪费现象?

❑ **速度和敏捷性**——分析功能的一些长期可持续性评价指标,是评估开发和实施新模型的速度。相关指标可以考虑模型衰减的时间,或者在一个分析模型被重新优化或替换之前,确定它的有效生命周期。

9.3.3 步骤3:项目评估

除了用于评估模型性能的战术性指标之外,其他一些措施也非常有用,如开展经验教训总结,对分析计划进行总体评估等。虽然在模型开发之前、期间和之后都及时获取与保留相关知识是至关重要的,但对团队开发的每个分析数据产品都进行相应的性能评估也同样重要。

在开展分析项目回顾与检查期间,我们要问以下问题:

❑ 项目有哪些亮点?

❑ 项目实施中遇到了哪些问题?

- 项目机会 / 改进的领域是什么？
- 我们从项目实施中学到了什么？
- 项目实施中哪里发现了陷阱、缺陷或误导性方法？
- 在类似情况下选择技巧与手段时，有哪些最佳实践或者提示可以使用？

作为一个最佳实践，请在分析成果落地应用过程中记得更新你的项目笔记本，并收集来自分析团队内外所有利益相关方的意见。

> **工具包 @**
> www.analyticslifecycletoolkit.com
> 下载一份用于经验教训总结的问卷样板。

9.4 演示和讲故事

> 故事可以推动、动员和激励人们去改变和采取行动。
>
> ——Ideo，讲故事的力量

在一个数据驱动型组织内的所有可利用的资源中，来自高层的关注可能是最稀缺的资源。大多数高管很少有数据分析的背景，他们有关分析和变更管理的新信息与知识，更有可能是从 *New York Times* 或 *Harvard Business Review* 杂志上获得，而非来自专门的学术期刊。因此，分析结果的**演示**策略，必须从说教的方式转变为围绕业务问题来讲述一个引人入胜的故事，并且使用可视化的技巧，以便在听众脑海中建立起对应的图像。

第9章 成果应用

> ▶ 提示
>
> 现实情况是,如果没有能力传达信息,数据就没有意义。

为此,那些善于讲出好故事的人,才了解人们是如何学习、思考和使用信息的。无论是编写一个开设新诊所的业务方案,演示研究发现,还是评估业务成效,你都是在按照更好地传达你想表达信息的方式,来精心打磨一个故事。

可悲的事实是,虽然有很多关于讲述故事的课程、视频和研讨会,以及关于有效演讲的无数资源,但还是很少有人能够从容应对这种真正的挑战,即利用数据来讲述一个令人信服的故事。我把它比作学习如何让自己变得有趣。我想要变得有趣,为此,我可以去学习幽默的艺术,我可以去上课,我甚至可以去参加脱口秀喜剧的研讨会。用数据讲述故事的艺术也是如此,你必须通过努力才能培养与开发自己这方面的能力,这需要练习、指导和反馈。

……技能的培养与形成,需要一个有规律的环境和充分的练习机会,以及关于思维和动作是否正确的快速并且明确的反馈。

——Daniel Kahneman,*Thinking, Fast and Slow*,2013。

9.4.1 通过数据讲故事的资源

下面是我非常喜欢的一些书籍和资料,按照我对讲述故事的理解进行了分类。稍后,我将推荐一些用数据讲述故事的最佳实践。

动机(Motivation)、**感知**(Perception)、**偏见**(Biases)、**思考**(Thinking)和**学习**(Learning)类

❑ Daniel Kahneman(和 Amos Tversky)

- *Thinking, Fast and Slow* (Kahneman, 2013)
- *Judgment Under Uncertainty: Heuristics and Biases* (Amos Tversky & Kahneman, 1974), (Kahneman, Slovic, & Tversky, 1982)
- *Choices, Values, and Frames* (A. Tversky & Kahneman, 1981) (Kahneman, Tversky, & J. Gregory Dees Memorial Collection., 2000)

❑ John Rauser
- *How Humans See Data* (Rauser, 2016)
- *Statistics Without the Agonizing Pain* (Rauser, 2014)
- *Investigating Anomalies* (Rauser, 2012)
- *Look at Your Data* (Rauser, 2011)

❑ William S. Cleveland 和 Robert McGill
- *The Elements of Graphing Data* (W. S. Cleveland, 1985)
- *Graphical Perception and Graphical Methods for Analyzing Scientific Data* (W. Cleveland & McGill, 1985)

可视化技巧大全类
- *Periodic Table of Visualization Methods* (literacy.org)
- *The Data Visualization Catalogue* ("Data visualization catalogue," n.d.)
- *Duke University Data Visualization Lab—Data Viz Types* (Zoss, 2017)
- *A Tour Through the Visualization Zoo* (Heer, Bostock, & Ogievetsky, n.d.)

第9章 成果应用

演讲最佳实践类

❑ Nancy Duarte
- *slide:ology: The Art and Science of Creating Great Presentations* (Duarte, 2008)
- *Resonate: Present Visual Stories that Transform Audiences* (Duarte, 2010)
- *HBR Guide to Persuasive Presentations* (HBR Guide Series) (Harvard Business Review Guides) (Duarte, 2012)
- *Illuminate: Ignite Change Through Speeches, Stories, Ceremonies, and Symbols* (Duarte & Sanchez, 2016)

❑ Dave McKinsey
- *Strategic Storytelling: How to Create Persuasive Business Presentations* (McKinsey, 2014)

❑ Garr Reynolds
- *Presentation Zen: Simple Ideas on Presentation Design and Delivery* (Reynolds, 2011)

数据可视化技巧与注意事项类

❑ Scott Berinato
- *Good Charts: The HBR Guide to Making Smarter, More Persuasive Data Visualizations* (Berinato, 2016)

❑ Alberto Cairo
- *The Functional Art: An Introduction to Information Graphics and Visualization* (Cairo, 2012)
- *The Truthful Art: Data, Charts, and Maps for Communication*

第二部分 分析生命周期最佳实践

(Cairo, 2016)
- ❏ Stephen Few
  - *Signal: Understanding What Matters in a World of Noise* (Few, 2015)
  - *Information Dashboard Design: Displaying Data for At-a-glance Monitoring* (1st ed.) (Few, 2006)
  - *Now You See It: Simple Visualization Techniques for Quantitative Analysis* (Few, 2009)
  - *Show Me the Numbers: Designing Tables and Graphs to Enlighten* (2nd ed.) (Few, 2012)
- ❏ Andy Kirk
  - *Data Visualisation: A Handbook for Data Driven Design* (Kirk, 2016)
- ❏ Edward Tufte
  - *The Visual Display of Quantitative Information* (Tufte, 2001)
  - *Envisioning Information* (Tufte, 1990)
  - *Beautiful Evidence* (Tufte, 2006)
  - *Visual Explanations: Images and Quantities, Evidence and Narrative* (Tufte, 1997)
- ❏ Colin Ware
  - *Visual Thinking for Design* (Ware, 2008)
  - *Information Visualization, Perception for Design* (Ware, 2004)
- ❏ Nathan Yau

- *Data Points: Visualization That Means Something* (Yau, 2013)

讲故事类

❑ Giorgia Lupi
- *Dear Data* (Lupi, Posavec, & Popova, 2016)

❑ Cole Nussbaumer Knaflic
- *Storytelling with Data: A Data Visualization Guide for Business Professionals* (Knaflic, n.d.)

❑ Videos/Courses
- Khan Academy—*Pixar's Perspective on Storytelling* (Academy, 2017)
- TED Talk—*Clues to a Great Story* (Stanton, 2012)
- Ideo University—*Storytelling for Influence* ("Storytelling for Influence," 2017)

9.4.2 用数据讲故事的最佳实践

建立一个共享、一致的联盟，其大部分工作内容都是讲述故事，而在讲故事工具包中，其中一个就是数据可视化。正如 John Rauser（Rauser，2016）所说，"创建一件可视化作品的行为，从本质上来说是一种相互沟通与交流的行为。"

可视化的目标，是让新的想法在其他人的头脑中出现。

——John Rauser, How Humans See Data

至于最佳实践，以下步骤可以帮助你培养成功讲述故事的能力。请注意，其中许多都是过去这些年来，从我学生的反馈、我参加过的课程，以及许多我见过、阅读过或者学习过的专家的意见中提炼出来的。我的用数据讲述故事的最佳实践包括以下内容。

9.4.2.1 了解你的听众

从实际意义上讲,了解你的听众无非是为了引起共鸣。你的听众关心什么?这个问题很可能会因为听众的不同而发生改变。考虑一下这些专业人士可能拥有的不同视角:高管、律师、工程师、数据极客、操作人员、医生或统计学家。首先,也是最为重要的一点是:通过数据讲述故事的关键部分,是用同理心来理解那些负责响应和实施你的建议的人。具体来说,同理心是通过寻求理解别人和换位思考的角度来理解:

- ❏ 他们的动机是什么?
- ❏ 他们有什么偏见?
- ❏ 他们关心什么?
- ❏ 如何激励他们?
- ❏ 是什么促使他们采取行动(或不行动?)
- ❏ 他们会支持你的成功(或失败)吗?
- ❏ 是什么让他们晚上睡不着觉?
- ❏ 他们对数据的了解程度如何?
- ❏ 他们的风险容忍度/厌恶度如何?

了解受众的立场,将有助于你提前设计好正确的信息⊖。想要了解更多关于同理心和共鸣的内容,请进一步学习**设计思维**(Dam 和 Siang,2017),同理心和共鸣是设计思维过程的核心,将对组织重新思考如何开发产品(Elmansy)和提供服务的整体战略(Sutton 和 Hoyt,2016)产生影响。

⊖ 此处指提前设计好需要传递给听众什么样的信息与观点。——译者注

第9章 成果应用

同理心是以人为中心的设计过程的核心。共情模式是你在设计工作挑战的背景下，为理解他人而做出的努力。你通过自己的努力，去理解他们做事的方式和原因，他们的生理和情感需求，他们如何看待这个世界，以及什么对他们有意义。

——Hasso Plattnew, Stanford Institute of Design

在分析工作中，我们设身处地地去观察、参与和倾听。我们去观察业务流程是如何运转的，去了解数据是如何创建、传输和转换的。我们去学习和了解数据在决策中的作用，领会所使用的流程。我们通过讨论、访谈和非正式对话，让用户参与进来。同理心的关键，是去理解那些对我们的分析产品有贡献、进行验证和进行使用的人。此外，正如你将在第11章中看到的，我们使用这些相同的流程来设计如何提供分析服务。

▶ 提示

了解你的听众的一个关键，是知道他们今天在哪里[⊖]。

9.4.2.2 设计你的故事蓝图

一旦你理解了你的受众对你所要表达信息的立场，那么围绕这些信息来设计你的故事就显得非常重要。例如，你是打算向高层汇报你的项目进展状态，介绍对他们决策流程有参考作用的重要数据，还是希望激发进一步的行动？

举例来说，如果每个人都对接下来应该做什么统一了认识，那么从他们当前所处的位置，到你希望他们到达的位置（影响变化）的转变是很小的，你讲的故事需要能反映这个目标。在这种情况下，

⊖ 指知道他们目前处于什么状态。——译者注

第二部分 分析生命周期最佳实践

你可能只需要聚焦于一个简洁而快速的情况总结或者更新,而不是准备一个试图说服别人的长篇大论。这被称为方法-发现-影响框架(Approach-Findings-Implications Framework),用于下文所述的信息丰富的演讲。

▶提示

理解故事的目标是至关重要的,因为故事通常都是关于改变一个人的理解、感知或观点的。

正如 Dave McKinsey 在其著作 *Strategic Storytelling: How to Create Persuasive Business Presentations*(McKinsey,2014)中所指出的,如果需要听众做很广泛的转变,那么你可能需要使用情境-机会-解决方案框架,他解释说这是情境-并发-解决方案框架(Situation-Complication-Resolution Framework, SCR)的细微变化。

可以使用几种不同的设计模式来构建你演示文稿的框架:

❑ 金字塔原则(Pyramid Principle)或情景-并发-疑问-回答(Situation-Complication-Question-Answer, SCQA)——Barbara Minto 将 19 世纪德国剧作家 Gustav Freytag 在戏剧故事中使用的方法演变为这里的 SCQA 方法,作为业务沟通中建立介绍框架的一种方式。参见第 2 章中 Barbara Minto 的方法,对于大多数问题的解决方案工作,她提倡采用归纳逻辑,强调考虑互相排斥且完全穷尽(Mutually Exclusive and Collectively Exhaustive, MECE)的主意集合的重要性(Minto,1996;Hare,2007)。

❑ 情境-并发-解决方案框架(Situation-Complication-Resolution

第9章 成果应用

  Framework, SCR）——SCR 广泛应用于管理咨询（如麦肯锡），该方法植根于假设检验、归纳逻辑和演绎逻辑等科学方法。在战略性质的讲述故事演讲中，经常使用这个方法。一开始，一般都用易于理解的方式来描述当前状况，然后分析当前状况为什么存在问题，从而得出解决方案或建议的解决方案组合（Hansen，2017）。

- 情境 – 机会 – 解决方案框架（Situation-Opportunity-Resolution Framework, SOR 或 S.Co.R.E. 方法）——当你希望决策者采取行动以获取一系列利益时，该方法非常有用。它是在 SCR 方法上的细微变种（Abela，2011）。

- 情境、背景、评估、建议（Situation, Background, Assessment, Recommendation, SBAR）——SBAR 原本是一种广泛应用于医疗保健行业绩效提升项目的技术。它非常适合在分析项目中使用，它提供了一种结构化的方式来演示分析项目，将项目的沟通标准化，使参与者很容易对要沟通的内容与结构有共同的预期。该技术包括一个对问题的概要说明、相关的背景信息、对各选项的分析和考虑，以及建议采取的行动（Permanente，n.d.）。

- 试点 – 结果 – 推广框架（Pilot-Results-Scale Framework）——这是 SCR 的另一个变种，其中试点（或小规模尝试）是情境（Situation），试点的结果是并发（Complication），而推广的建议就对应着建议方案（Recommendation）（Smith & Harrison，2009）。

- Matt Abrahams 的"什么？那又怎么样？现在怎么办？

第二部分 分析生命周期最佳实践

（What? So What? Now What?）"——这是 SCR 模型的通用化版本。当使用这个结构时，从你的中心主张开始，然后解释它的意义，最后以行动方案作为结束（Abrahams，n.d.）。

- 重要事情放在前面（Bottom-Line-Up-Front, BLUF）——在美国军方广泛使用。所谓 BLUF 方法，是指把你的结论和建议放在演讲报告的一开始，而不是放到结尾的地方，这样便于更快速决策（"BLUF"，2017）。

- 新闻业的倒金字塔——用于新闻行业内撰写新闻稿的方式，所谓倒金字塔结构，是指新闻的叙述应该按照从最有趣/最重要，到最不有趣/最不重要的顺序（例如，头条新闻放在最前面）。这种结构也可以应用到演讲报告中，但并不像其他模式那样常用"(Inverted Pyramid (Journalism)，"2017 年)。

在我的咨询工作中，我设计了这样一个框架结构，用于讲述数据故事的重要环节：

- 内容
  - 为什么（why）：我们为什么要做这个演讲，听众为什么要关心？
  - 是什么（what）：要表达的关键信息是什么？
  - 如何做（how）：我们将如何讲述这个故事？
  - 如果这样的话，结果会怎样（what If）？如果这能引起共鸣，成功会是什么样子？

- 听众
  - 谁：参与讨论的个人或小组中，关键对象是谁？
  - 学习和决策的风格：在培训和设置做决策的范围之间需要

第9章 成果应用

什么平衡？对每个决策者及其关键影响者有什么不同？
- ❏ 故事
  - 结构：故事的框架是什么？
  - 角色：谁或什么事情是故事的关键角色？哪些因素能让听众对角色产生共鸣？
  - 紧迫感：为什么听众现在应该做出有关支持变革/建议措施的选择？
  - 交付计划：给听众讲故事时涉及的人、地点和事件，依次出现的顺序是什么？每个讲述的环节之后，通过什么来衔接并进展到下一环节？
- ❏ 讲述
  - 设计：视觉内容的相关格式是什么？听众是否有文化的、组织的或者个人的预期？
  - 测试：对听众而言，他们所需要的理解和背景信息的目标水准和详细程度是什么？谁应该参与对这个故事的测试？让听众中的关键人员参与测试，是否会有帮助？

在图9-2中，我使用一个实时看板（RealTimeBoard）的模板说明了上述方法。

工具包 @

www.analyticslifecycletoolkit.com
获取讲故事计划的模板。

以这种方式来构建故事，可以帮助我们抓住故事的本质和讲述故事的背景。它反映了故事的蓝图。

第二部分　分析生命周期最佳实践

	为什么	是什么	如何做	为什么如果
动机	为什么我们为什么要做这个演进以及观众为什么要关心？总结我们所学到的潜在解释方法/建议	关键信息是什么？组织协调 关键能力 职能角色、工作、角色、能力	我们将如何讲述这个故事？要考虑的战略选择 细化目标	为什么如果这引起共鸣，成功会是什么样的？成功标准
受众	谁是本次讨论中涉及及关键个人或群体？	Qlik 公司团队（合作伙伴、销售、营销、技术）Qlik 合作伙伴（仅限医疗保健？）Qlik 客户（并不多）		
	学习和决策风格 什么是教育和设定决策的范围之间需要的平衡？对于决策者及其关键影响者	提供讨论的背景：•监管、支付模式、消费主义和大数据对医疗保健的影响•学习健康组织•我们认为医疗保健在民主化分析中的整体角色是有不同？		
结构	什么是故事的框架？谈话（包括参与、投票）45 分钟，同答时间为 10 分种	品质 谁或什么是关键品质？哪些因素会让听众对角色产生共鸣？不适用		交付计划 为听众讲述你的故事的人，地点和下一步事件的顺序是什么？在每一个骤中，"要求"是什么意思？格蕾格若发表演讲取决麦克尼卡的谈话
设计	视觉内容的理解和背景信息的测试？是否有助于主要听众？	基于共识/政治环境与领域海地即时到来自众的口碑减响应领导要求的紧迫感战略方向的不确定性（卫生服务、医院、临床、医生、企业）		
试验	观众需要的理解和背景信息的测试？参与故事的测试？是否有助于主要听众？	精神病专科医生数据意识与技术素养		

图 9-2　制定一个讲述数据故事的计划

第9章 成果应用

9.4.2.3 影响和改变听众

虽然并不存在一个唯一正确的方法,来把你的蓝图转换为具体的交付机制,但我从 Joe Ross 的书 *Ideas on Stage* 中,学到一种被称为"听众转换矩阵"的技巧,对通过数据讲述故事很有帮助。

在此过程中,你把需要表达的关键信息,以及你希望听众在听完你演讲后他们能够知道、相信、感受和做的事情描述出来。这基于三个时间段完成:在你到达时(演讲开始之前),听众知道(相信、感觉和做)什么事情,以及你希望他们在你演讲结束后知道(相信、感觉和做)什么事情。听众已经知道的和你希望他们知道的之间的缺口,为你演讲的内容提供了策略和指导。图9-3是为使用演示而开发的受众转换矩阵的示例。

图9-3是一个听众转换矩阵的示例,它是使用实时看板(RealTimeBoard)来为一场演讲而开发的。

> **工具包 @**
> www.analyticslifecycletoolkit.com
> 获取从步骤1到步骤3中展示的模板。

9.4.2.4 讲述你的故事

在计划阶段之后,你必须讲述你的故事。在这里,无数有关有效演示、讲故事和视觉设计原则的视频、书籍、文章和其他资源都可以发挥其作用了。本章前面提到的最佳实践资源,可以很好地为你提供你所需要的建议和参考。

你用什么方法来讲述你的故事,这点很重要。为了帮你入门,

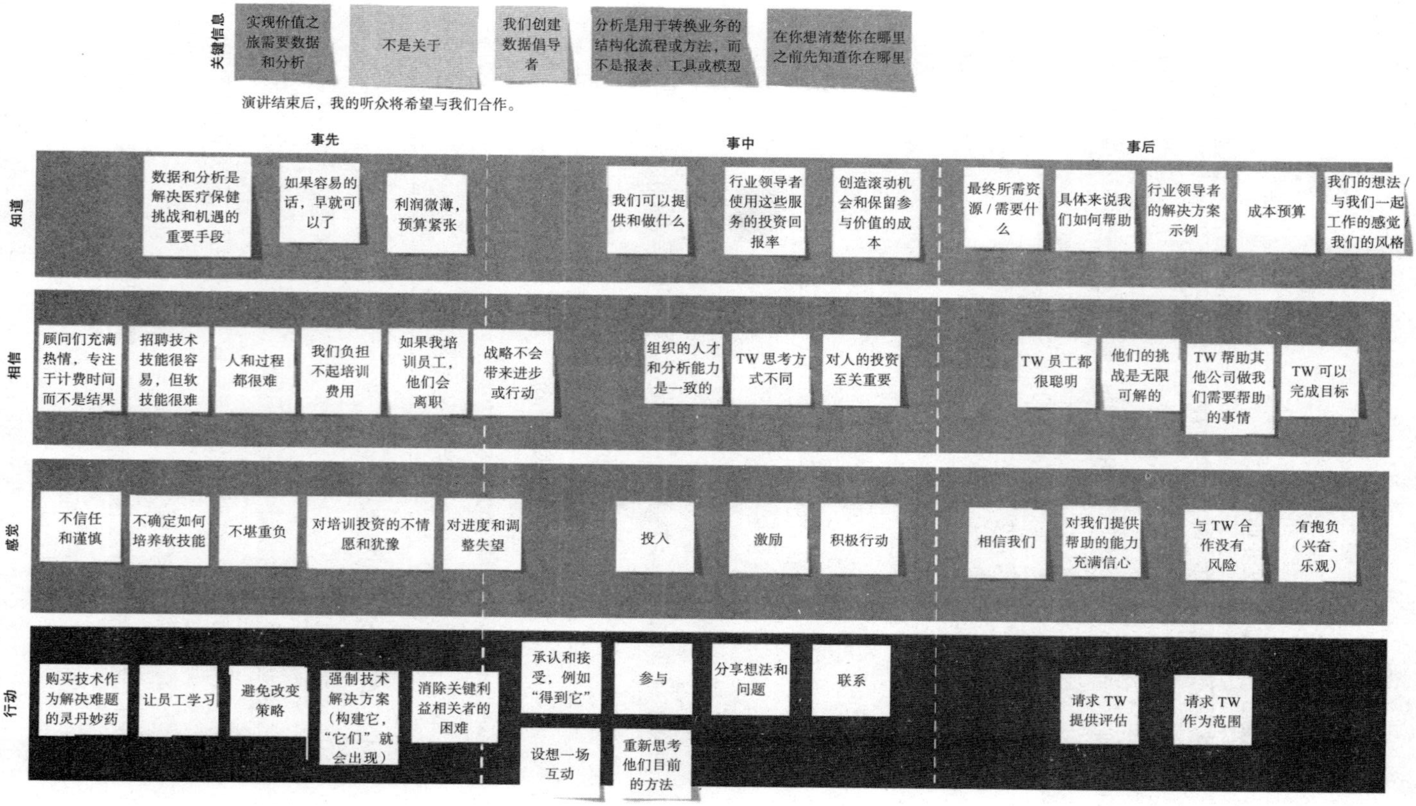

图 9-3 听众转化计划示例

第 9 章 成果应用

下面列出了一些不同的方法供你参考。思考一下用怎样一种方式可以帮助你更好地表达你的故事,而不要局限于那些讲述数据故事的传统形式。归根结底,你希望你的故事能引起共鸣。吸引听众的技巧和策略包括:

- 经验——爱因斯坦曾说过,"知识的唯一来源是经验"。在增进理解和共同理解的过程中,你可以通过让人们在实践中遇到问题并在这种情境中看到你的解决方案,利用经验来转化问题(和你的解决方案)的影响。数据经验的一个例子是 Gemba Walk,也被称为过程漫步(O'Rourke,2014),它专注于通过现实活动发现问题。(注意,你可以将其与下面的物理可视化结合使用。)

- 互动——通过让你的听众在演讲之前、期间或之后使用与操作数据(使用仪表盘或可视化分析),你可以让他们用自己的方式来探查数据。记住,他们没有机会完成整个分析生命周期。有关影响大数据参与因素的研究,请见参考文献(Kennedy,Hill,Allen,and Kirk,2016)。诸如 Jupyter Notebook 或 JMP Journal 之类的工具非常有用,它们可以让你的听众积极地进行数据探索。

- 视频和动画——Pixar(指 Pixar 动画工作室)的动画常常被称为讲述故事的杰作,这些作品向我们展示了如何吸引观众的参与并让他们感同身受(Starr,2015)。市面上可以找到很多非常好的例子,它们都是通过视频和动画来讲述数据故事的。例如,Hans Rosling 在他的演讲中,其对动画技巧的使用深受听众欢迎(Rosling,2006)。

第二部分　分析生命周期最佳实践

- **物理可视化**——与动画类似，物理可视化能让你的故事更生动。Hans Rosling 是物理可视化领域的大师，他在演讲时，经常将实物融合进来，作为其故事（"你所见过的最好的 Hans Rosling 演讲"）的一部分。事实上，他通过在演讲中使用鹅卵石、玩具构建工具包、果汁、雪球、甚至卫生纸等物品，很好地推广了物理可视化这一概念。Pierre Dragicevic 和 Yvonne Jansen 维护着一个物理可视化的清单，可以启发我们的灵感！（Dragicevic & Jansen）

下次当你讲述一个故事时，请考虑"夺命 PowerPoint"的一个替代方案吧。

但要注意，你对演讲方法的选择，需要和你对听众的了解联系起来，因为这些技巧可能并不适合所有场合。

华盛顿大学的"互动数据实验室"对此提出了他们独特的观点。在他们关于"叙事可视化：用数据讲故事"（Segel & Heer，2010）的论著中，Edward Segel 和 Jeffrey Heer 建议我们聚焦于他们所谓的"读者驱动"的故事讲述方式。在这种方式中，他们一反常态，从由我们（数据科学家）通过数据讲述故事（即所谓"作者驱动的"故事讲述方式），改变为让读者按照他们认为有趣和有用的方式来构建故事情节。这种"读者驱动"的叙述方式，为读者提供了使用和解读数据的方法。

这种形式在 Alberto Cairo 关于信息图表领域的论著中也很明显，他强调了让读者参与自我探索和理解的重要性。参见示例（Cairo，2012）。

第9章 成果应用

> ▶提示
> 数据可视化有助于对叙述的补充与完善，并提高受众的参与度。

9.4.2.5 创造紧迫感和清晰的途径

Rudyard Kipling 曾写道："如果历史是以故事的形式讲授，那么它永远不会被遗忘。"对于数据故事，我们不希望人们忘记，我们希望他们记住并采取行动。没有行动的分析毫无意义。如果行动不是目标，那么在这个过程中，我们就应该早点儿中止此项工作（在问题理解或者数据探查阶段就应该结束），从而更好地利用组织的资源。

虽然并非每个演讲都应该用于说服他人，但大多数情况下，它还是经常用于思想的教育和行动的统一。正如 John Sviokla 所说，"它可以帮助建立对形势的共同观点，并使人们对所需的行动保持一致"（Sviokla，2009）。

> ▶提示
> 通过一开始就问自己"那又怎样？"你可以帮助构建你的故事，以回答这个基本问题。

我们需要做好准备，帮助听众自己来回答这个问题，而不是让他们去猜测答案，或者更糟糕的是找不到答案。有一种对所有分析专业都很有用的技术手段，Andrew M. Ibrahim（MD，MSc）把它称为"视觉摘要"（Ibrahim，2017）。虽然这种方式原本应用于医疗保健文献中发表的科学发现，但把它用在这里，可以促使我们聚焦于所要讲述故事的"浓缩精华"，并思考是否值得给听众去讲述。

> **工具包 @**
> www.analyticslifecycletoolkit.com
> 下载关于如何创建一个"可视化摘要"的初级教程。

通过数据来讲述故事，应该让听众产生一种紧迫感，并激发他们采取行动。紧迫感是在问题理解阶段建立起来的，现在通过讲述故事，就将问题的影响与解决方案联系起来了。

9.5 本章小结

大多数组织机构都认识到，要成为一家成功的数据驱动型公司，需要熟练的开发人员和分析师，但却很少有人懂得如何通过数据来讲述一个有意义的故事，并在知识和情感两方面都能与听众产生共鸣。

——Daniel Waisberg[⊖]

成果应用最佳实践就是要让数据和分析能够从实验室中走出来，真正渗透到人们的心灵、思想和行为中。正如本章所示，要实现分析成果应用需要部署许多的流程，作为充分实现数据分析全部优势的关键桥梁。

本章讨论的关键流程包括：

❑ 解决方案评估
❑ 实施
❑ 演示和讲故事

[⊖] www.thinkwithgoogle.com/marketing-resources/data-measurement/tell-meaningful-stories-with-data/。

第9章 成果应用

这个最佳实践领域提供了做出的承诺（在业务方案中）与变革的价值之间的关键联系。在数据分析产品解决方案评估这个环节中，我们会考虑一系列的问题，旨在审查结果并评估它们的适用性和可行性。这个领域的一项关键能力是**批判性思维**，因为分析的结果是通过解释、应用和影响的透镜来转化的。

在数据分析产品实施环节，我们探索了成功部署一个分析模型的流程，以确保实现模型的全部价值。在这里，我们讨论了制定部署计划以及定义**关键成功要素**（critical success factor）的重要步骤，并讨论了如何通过项目评估流程，来更好地评估数据分析所带来的影响。

最后，我们概括了一些如何演示分析结果的建议，并讨论了通过数据讲述故事的相关技巧与细节。在这个广为人知的分析生命周期工具箱中，有许多工具可以帮助我们讲述一个有内容、有意义的故事。作为用数据讲述故事的人，我们也可以向行业外的各种人才学习，包括专注于数据管理与应用的记者。例如，针对一个新闻演播室项目的策划，NPR（是美国国家公共广播电台）提炼了13个标准步骤，它们可以直接应用到我们用数据讲述故事这项工作上来（Athas，2016）。

下面就是协助你制定讲述故事计划的13个NPR步骤，以及我个人对通过数据讲述故事的主要观点：

第1步：留出足够的时间，来计划你要讲述的故事。

第2步：获取所需的资料，为成功做好充分的准备。

第3步：从头脑风暴（使用即时贴）着手。团队成员之间的协作和互动有助于激发人们创造性地思考。

第 4 步：聚类。将内容归类为不同的组。

第 5 步：将主题排序。把适当的内容分类与你要表达的信息对应起来。

第 6 步：确定优先级并选择主题。确定你要讲述的各话题的优先级。

第 7 步：定义主题。围绕你要表达的关键信息组织内容。

第 8 步：确定听众。了解可能有多个利益相关者。

第 9 步：规划如何覆盖受众。定义传达你信息的媒介与方式。

第 10 步：构思讲故事的思路。把你的主题和关键信息转换为可以引起听众共鸣的故事。

第 11 步：写一份使命宣言。让每个人都参与进来。

第 12 步：为每个环节设置日期。不要陷入分析瘫痪或者停顿的状态。

第 13 步：重复。数据分析的必要性永远不会就此结束，继续寻找业务挑战并解决它们。

虽然你可能不完全同意上述步骤的顺序，或者某一项具体的工作（与分析的故事讲述有关），但它们确实需要引起你的深入思考。

9.6 练习

在整个分析生命周期的各项最佳实践领域中，成果应用也许是最关键的内容之一，但往往也最容易被忽视。

让我们来做一个练习：拿一个你手头正在处理的业务问题作为对象，并完成以下各项工作。需要使用的模板请从 www.

第9章 成果应用

analyticslifecycle.com 下载：

- 任务1：完成解决方案评估模板——在此步骤中，你需要考虑所选择的分析模型是否适用、其功能如何、你打算如何来验证模型以及如何来评估模型的结果。此外，模板中的问卷可以指导你来评估该模型对组织的影响。

- 任务2：完成实施模板——在这个任务中，你将完成一个高阶且敏捷的模型部署计划。关键成功因素矩阵可以指导你制定一个该项目的评估计划，项目评估模板也提供了记录项目经验教训的文档结构。

- 任务3：设计和撰写你的数据故事——使用模板中提供的工具，撰写一个类似剧本的方案，如何让你的听众从共鸣问卷开始，引导到相应的**共鸣地图**（empathy map），然后进行故事框架和环节的模拟练习，最后，构建你的**受众转换矩阵**（audience transformation matrix）。

- 任务4：讲述你的故事——使用提供的模板，选择一个对讲述这个故事而言最为合适的模式，思考如何展开你的故事情节，然后参照所描述的范本形式来讲述故事。

- 任务5：记录你的经验和体会——反思是学习中最强大的工具之一。你可以使用我们的分析日志模板（见第7章）来记录整个流程的详细信息，同时记录下你所学到的内容，以及你的体验与感受。这是不断学习和提升的有力工具。

第二部分 分析生命周期最佳实践

9.7 工具箱总结

最佳实践领域:	成果应用	
目的:	这个最佳实践领域的目的和意图是什么? 成果应用的目的,是确保分析模型能够被部署和实施,并在组织中实现预期的效果	
关键能力: 我们需要擅长什么?	知识、技能、能力和意向	
	■ 数据可视化 ■ 变革管理 ■ 讲述故事 ■ 战略演讲 ■ 领导力和影响力 ■ 批判性思维 ■ 分析性思维	■ 了解内在的业务、运营背景和流程 ■ 对分析模型的解释 ■ 影响评估 ■ 衡量与评估策略
输入	流程	输出
■ 分析模型的结果 ■ 问题陈述 ■ 业务案例和判断依据	■ 解决方案评估 ■ 实施 ■ 演示和讲故事	■ 影响评估 ■ 受众转换矩阵 ■ 利益相关者地图 ■ 故事板 ■ 分析概要演示
关键问题:	从这个最佳实践中,我们应该了解和关注什么? ■ 建议的解决方案是否可行? ■ 对业务的影响是什么? ■ 需要什么数据和技术? ■ 是否满足需求,即能否解决根本问题? ■ 亮点是什么? ■ 遇到了什么问题? ■ 有哪些机会/提升的领域? ■ 我们学到了什么? ■ 在哪里发现了陷阱、兔子洞或者误导性的方式? ■ 在类似情况下选择技术手段时,可以参考哪些最佳实践或者线索? ■ 如何更好地将分析结果与关键的利益相关者进行沟通?	

第9章 成果应用

9.8 参考文献

Abela, D. (2011). The S.Co.R.E. Method for creating a story. Retrieved from extremepresentation.typepad.com/blog/2011/02/the-score-method-for-creating-a-story.html.

Abrahams, M. Valuable Presentation structure = What? So what? Now what? Retrieved from www.nofreakingspeaking.com/valuable-presentation-structure-what-so-what-now-what/.

Academy, K. (2017). The art of storytelling. Retrieved from www.khanacademy.org/partner-content/pixar/storytelling.

Athas, E. (2016). Storytelling tips and best practices. *NPR Training*. Retrieved from training.npr.org/digital/plan-your-newsroom-project-in-13-steps-and-with-lots-of-sticky-notes/.

Berinato, S. (2016). Good charts: the HBR guide to making smarter, more persuasive data visualizations. Retrieved from https://services.hbsp.harvard.edu/services/proxy/content/70368940/70368942/a555650eca34574666a91f558f21196c.

Boston, Massachusetts: Harvard Business Review Press. Retrieved from https://datavizcatalogue.com/.

BLUF. (2017). Wikipedia. Retrieved from en.wikipedia.org/wiki/BLUF_(communication).

Cairo, A. (2012). *The functional art: An introduction to information graphics and visualization*. Berkeley, CA: New Riders.

Cairo, A. (2016). *The truthful art: Data, charts, and maps for communication*. New York: Pearson.

Cleveland, W., & McGill, R. (1985). Graphical perception and graphical methods for analyzing scientific data. *Science, 229*(4716), 828–833.

Cleveland, W. S. (1985). *The elements of graphing data*. Monterey, CA: Wadsworth Advanced Books and Software.

Dam, R., & Siang, T. (2017). Design thinking: Getting started with empathy. Retrieved from www.interaction-design.org/literature/article/design-thinking-getting-started-with-empathy.

Dragicevic, P., & Jansen, Y. (Eds.) Data visualization catalogue. In List of physical visualizations and related artifacts. Retrieved from dataphys.org/list/.

Duarte, N. (2008). *Slide:ology: the art and science of creating great presentations* (1st ed.). Sebastopol, CA: O'Reilly Media.

Duarte, N. (2010). Reonate: Present visual stories that transform audiences. Retrieved from getitatduke.library.duke.edu/?sid=sersol&SS_jc=TC00004

第二部分 分析生命周期最佳实践

27129&title=Resonate%3A%20Present%20Visual%20Stories%20That%20Transform%20Audiences.

Duarte, N. (2012). *HBR guide to persuasive presentations*. Boston: Harvard Business Review Press.

Duarte, N., & Sanchez, P. (2016). *Illuminate: Ignite change through speeches, stories, ceremonies, and symbols*. New York: Portfolio/Penguin.

Elmansy, R. Design thinking case study: Innovation at Apple. Retrieved from www.designorate.com/design-thinking-case-study-innovation-at-apple/.

Few, S. (2006). *Information dashboard design: The effective visual communication of data* (1st ed.). Beijing; Cambridge, MA: O'Reilly.

Few, S. (2009). *Now you see it: Simple visualization techniques for quantitative analysis*. Oakland, CA: Analytics Press.

Few, S. (2012). *Show me the numbers: Designing tables and graphs to enlighten* (2nd ed.). Burlingame, CA: Analytics Press.

Few, S. (2015). *Signal: Understanding what matters in a world of noise*. Burlingame, CA: Analytics Press.

Hansen, J. (2017). The most persuasive sales presentation structure of all. Retrieved from ncmagroup.com/2017/05/03/the-most-persuasive-sales-presentation-structure-of-all/.

Hare, R. (2007). The Minto Pyramid Principle (SCQA). Retrieved from www.richardhare.com/2007/09/03/the-minto-pyramid-principle-scqa/.

Heer, J., Bostock, M., & Ogievetsky, V. A tour through the Visualization Zoo. Retrieved from homes.cs.washington.edu/~jheer/files/zoo/.

Ibrahim, A. M. (2017). A primer on how to create a VISUAL ABSTRACT. Retrieved from www.surgeryredesign.com/.

Ibrahim, J., Chen, M. H., & Sinha, D. (2001). Criterion-based methods for Bayesian model assessment. *Statistica Sinica, 11*, 419–443.

Inverted Pyramid (Journalism). (2017). Wikipedia. Retrieved from en.wikipedia.org/wiki/Inverted_pyramid_(journalism).

Kahneman, D. (2013). *Thinking, fast and slow*. New York: Ferrar, Straus and Giroux.

Kahneman, D., Slovic, P., & Tversky, A. (1982). Judgment under uncertainty: Heuristics and biases. Cambridge; New York: Cambridge University Press.

Kahneman, D., Tversky, A., & J. Gregory. Dees Memorial Collection. (2000). *Choices, values, and frames*. New York; Cambridge, UK: Russell Sage Foundation; Cambridge University Press.

Kennedy, H., Hill, R. L., Allen, W., & Kirk, A. (2016). Engaging with (big) data visualization: Factors that affect engagement and resulting in a new

第9章 成果应用

definition of effectiveness. *First Monday, 21*(11).

Kiranmai, B., & Pamodaram, D. A. (2014). A review on evaluation measures for data mining tasks. *International Journal of Engineering and Computer Science, 3*(7), 7217–7220.

Kirk, A. (2016). *Data visualisation: A handbook for data driven design*. London: Sage.

Knaflic, C. N. (2015). *Storytelling with data: A data visualization guide for business professionals*. Hoboken, NJ: John WIley & Sons.

literacy.org, v. A Periodic table of visualization methods. Retrieved from www.visual-literacy.org/periodic_table/periodic_table.html.

Lupi, G., Posavec, S., & Popova, M. (2016). *Dear data: A friendship in 52 weeks of postcards*. Hudson, NY: Princeton Architectural Press.

McKinsey, D. (2014). Strategic storytelling: How to create persuasive business presentations. CreateSpace Independent Publishing Platform.

Microsoft. (2017). Testing and validation (data mining). Retrieved from docs.microsoft.com/en-us/sql/analysis-services/data-mining/testing-and-validation-data-mining.

Minto, B. (1996). *The Minto pyramid principle: Logic in writing, thinking, and problem solving* (New and expanded ed.). London: Minto International.

O'Rourke, T. (2014). 4 best practices to help ensure your process walk is successful. Retrieved from goleansixsigma.com/4-best-practices-to-help-ensure-your-process-walk-is-successful/.

Permanente, K. SBAR toolkit. Retrieved from www.ihi.org/resources/Pages/Tools/sbartoolkit.aspx.

Rauser, J. (Producer). (2011). Look at your data. Retrieved from www.youtube.com/watch?v=coNDCIMH8bk.

Rauser, J. (Producer). (2012). Investigating anomalies. Retrieved from www.youtube.com/watch?v=-3dw09N5_Aw.

Rauser, J. (Producer). (2014). Statistics without the agonizing pain. Retrieved from www.youtube.com/watch?v=5Dnw46eC-0o.

Rauser, J. (Producer). (2016). How humans see data. Retrieved from www.youtube.com/watch?v=fSgEeI2Xpdc&feature=youtu.be.

Reynolds, G. (2011). *Presentation zen: Simple ideas on presentation design and delivery* (2nd ed.) (Voices That Matter). Berkeley, CA: New Riders.

Rosling, H. (2006). Debunking myths about the Third World. Retrieved from www.gapminder.org/videos/hans-rosling-ted-2006-debunking-myths-about-the-third-world/.

Segel, E., & Heer, J. (2010). Narrative visualization: Telling stories with data. Retrieved from vis.stanford.edu/files/2010-Narrative-InfoVis.pdf.

Smith, L. J., & Harrison, M. B. (2009). Framework for conducting and planning pilot studies. *Ostomy Wound Management*. Retrieved from researchgate.net website: www.researchgate.net/publication/40805735_Framework_for_planning_and_conducting_pilot_studies.

Stanton, A. (Producer). (2012). The clues to a great story. *TED X*. Retrieved from www.ted.com/talks/andrew_stanton_the_clues_to_a_great_story.

Starr, B. (2015). 22 Rules to perfect storytelling from a Pixar storyboard artist. Retrieved from www.visualnews.com/2015/09/23/22-rules-to-perfect-storytelling-from-a-pixar-storyboard-artist/.

Steyerberg, E. W., Vickers, A. J., Cook, N. R., Gerds, T., Gonen, M., Obuchowski, N., Pencina, M. J., Kattan, M. W. (2010). Assessing the performance of prediction models: a framework for some traditional and novel measures. *Epidemiology (Cambridge, Mass.)*, *21*(1), 128–138. doi:10.1097/EDE.0b013e3181c30fb2.

Storytelling for Influence. (2017). Ideo University. https://www.ideou.com.

Sutton, R. I., & Hoyt, D. (2016). Better service, faster: A design thinking case study. *Harvard Business Review*. Retrieved from hbr.org/2016/01/better-service-faster-a-design-thinking-case-study.

Sviokla, J. (2009). Swimming in data? Three benefits of visualization. *Harvard Business Review* (December 4).

The best Hans Rosling talks you've ever seen. Retrieved from www.ted.com/playlists/474/the_best_hans_rosling_talks_yo.

Tufte, E. R. (1990). *Envisioning information* (11th printing, Nov. 2006. ed.). Cheshire, CT: Graphics Press.

Tufte, E. R. (1997). *Visual explanations: Images and quantities, evidence and narrative*. Cheshire, CT: Graphics Press.

Tufte, E. R. (2001). The visual display of quantitative information (2nd ed.). Cheshire, CT: Graphics Press.

Tufte, E. R. (2006). *Beautiful evidence*. Cheshire, CT: Graphics Press.

Tversky, A., & Kahneman, D. (1974). Judgment under uncertainty: Heuristics and biases. *Science*, *185*(4157).

Tversky, A., & Kahneman, D. (1981). The framing of decisions and the psychology of choice. *Science*, *211*(4481), 453–458.

Ware, C. (2004). Information visualization: Perception for design (2nd ed.). San Francisco, CA: Morgan Kaufman.

Ware, C. (2008). *Visual thinking for design*. Burlington, MA; Amsterdam: Morgan Kaufmann; Elsevier Science & Technology.

Way, R. (2017). Model Deployment: The moment of truth. Corios Red Papers.

Retrieved from coriosgroup.com/download/redpaper-deploy/.

Wikipedia. (2017). Overfitting. Wikipedia. Retrieved from en.wikipedia.org/wiki/Overfitting.

Yau, N. (2013). *Data points: Visualization that means something*. Indianapolis, IN: John Wiley & Sons.

Zoss, A. (2017) Data visualization: Visualization types. https://library.duke.edu/data/about.

第 10 章 分析产品管理

成功不是实现一项产品的特性，而是学会如何解决客户的问题。

——Eric Ries，精益创业公司

10.1 流程概述

在分析领域，数据分析产品管理是一个较少涉及的话题。在我看来，这反映出目前数据分析总体发展的成熟度还不够高。产品管理的理念是数据分析产品（包括需求、项目和产品）需要作为一个"数据科学产品"进行管理，这一概念是在第 5 章提出五个最佳实践领域的时候引入的。对数据产品、流程和团队的管理是分析产品管理最佳实践的核心内容。

在本章中，**数据分析产品**这个广义的术语，泛指所有的分析交付成果，包括即席（ad-hoc）查询和特定的分析项目。贯穿全书，一个数据分析产品指的都是一项数据科学活动的交付物。在某些情况下，当讨论分析组织如何在整个企业范围满足客户需求时，我们使用服务这个术语。

第 10 章 分析产品管理

> **产品**
> 能提供给一个市场,以引起人们关注、获取、使用或消费,从而满足某种欲望或需求的一切东西(Kotler 和 Armstrong, 2010: 7)。
>
> **服务**
> 一方可以提供给另一方的活动或利益,该活动或利益通常是无形的,不会涉及任何事物的所有权(Kotler 和 Armstrong, 2010: 603; Kotler, 1991)。

但需要注意的是,许多组织都把分析视为"咨询服务",而不是分析产品。这样做的危险是,分析师们常常希望做更多的项目,只愿意在每个项目上投入有限的时间,然后又启动下一个项目。而我们需要的是确保分析产品的长期成功。

从企业组织架构设计的角度来看,无论分析团队处于什么位置,分析产品管理的最佳实践都适用于需求、项目和产品。因此,从描述分析产品管理这一角度出发,在讨论该最佳实践时,**分析产品**和**分析服务**都被视为"产品"。

Kaggle 公司总裁兼首席科学家杰 Jeremy Howard 和他的合作者,在 O'Reilly 公司出版的电子书 *Designing Great Data Products*(Howard, Loukides, Zwemmer, 2012)中提到了数据产品这一概念。这本书描述了一个他们称之为"驱动训练方式"的四步法,灵感来自于新兴的自动驾驶车辆领域。在其中一个步骤中,他们将分析流程比喻成一个模型装配线(见图 10-1),分析模型在数据产品的生产线上移动,将原始数据转换为可采取行动的输出。

第二部分　分析生命周期最佳实践

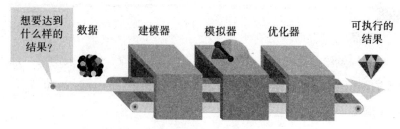

图 10-1　模型装配方法图示说明

来源：Howard, Loukides, Zwemmer（2012）

虽然这本电子书和相关的比喻是有用的，但它们还是过于简单化，仅仅触及了分析产品管理最佳实践的表面内容。

我个人的观点是，分析产品管理包括那些有助于确保分析生命周期平稳运行、保持高效且有效的所有流程。也就是说，它广泛地考虑了那些用于监控分析产品生命周期的准确性、健康度和价值所需的各项流程。（效率和效果之间的差异将在第 11 章中阐述。）

应用分析产品管理的原则，旨在应对分析产品开发的规模、复杂性和成本等不断上升所带来的挑战，包括在定量方法和数据可视化方面已经取得的进步，以及在内存计算和数据库库内分析等平台领域的进步。分析产品管理有助于更有效地开展分析**产品设计**、生命周期过程管理、监督和价值实现，同时持续保证分析产品的可靠性和分析结果的持久性。

为什么要这样做

产品管理是分析生命周期的重要组成部分，包括对许多流程的治理，这些流程是将分析洞察转化为行动的关键。参与产品管理的

第 10 章 分析产品管理

团队成员包括监督质量过程的质量经理,以及确定项目范围、维护项目计划、设定团队优先级,甚至指导团队有效利用相应流程开展工作的项目经理。

分析产品管理的职能主要涉及以下关键目标:

- ❑ 实施质量管理系统,以便在整个分析生命周期的各个阶段开展质量管理。
- ❑ 加强流程管理,以便管控所有分析团队交付物的部署。
- ❑ 管理项目和整个分析产品组合。
- ❑ 在分析领导层的授权下管理项目范围、成本和计划。
- ❑ 确定数据产品、业务策略和实际工作流程之间的关联度和依赖关系。
- ❑ 确保分析结果及其输入的安全性和隐私保护。
- ❑ 识别分析生命周期中各项流程和数据中的风险。
- ❑ 评估风险的影响,并通过相应的控制措施降低风险。
- ❑ 管理所有利益相关者之间的沟通联系。
- ❑ 使用质量管理方法,提高分析产品开发过程的可见性和透明度。
- ❑ 管理和维护分析模型,确保在整个产品组合内分析结果的完整性。
- ❑ 采用基于风险的方法来管理分析需求、项目、产品和质量过程。

10.2 分析产品管理过程涉及的领域

分析产品管理是一项跨学科的工作,它涉及在整个组织范围内

第二部分　分析生命周期最佳实践

规划、设计、部署、评估和改进数据分析产品。

传统上，这些责任落在了参与大部分（如果不是全部）项目活动的首席分析师、数据科学家或统计学家的头上。在一些组织中，专家们只聚焦在分析生命周期中的关键活动上，而将全局问题留给团队领导或者主管。

随着分析技术的不断成熟，对全面管理分析产品领导力的需求变得越来越重要。分析生命周期的复杂性、不断发展的分析方法和不断增长的需求，使得分析产品管理成为组织不可或缺的最佳实践。

10.2.1　分析产品经理

产品经理（或解决方案经理）的角色在其他学科领域很有名，比如技术产品设计（Nelson 和 Metaxatos, 2016）、游戏（Bay）、互动（Moggridge, 2007）、电影（Theus, 2016）、日常产品（Norman, 2002）和消费品牌（Kumar, Townsend, Vorhies, 2014）。分析产品经理负责一个完整的数据分析产品线，或者代表了组织的分析需求的一个或多个部分的某个产品线。我们经常看到各种各样的头衔，从项目经理到系统负责人等，但分析产品经理的工作是要负责数据分析产品或产品线的所有方面，包括制定战略、确定**产品路线图**和产品优先级，以及定义产品特性等。

硅谷产品集团（Silicon Valley Product Group）的创始人 Marty Cagan，在其 *Inspired*（Cagan, 2008）一书中将产品经理的角色描述为"发现一种有价值、可用且可行的产品"。在我看来，分析产品管理是关于业务、分析和**产品思维**三者交叉点的管理（见图 10-2）。一个全面的分析产品经理必须在这三个领域中的至少一个有经验和实

第 10 章 分析产品管理

践,并且把自己作为这三个领域的传道者,能够与这些领域的专家进行深入的互动和交流。

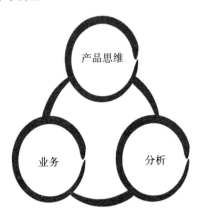

图 10-2 全面的分析产品经理需要保持业务、分析和产品思维的平衡

业务——分析产品管理是关于应用创新的技术和定量方法,来解决问题并创造业务价值的活动。对产品经理来说,一个关键的要求就是能够专注于发现、创造并传播这种价值。管理分析项目组合并确定其优先级,也是该职能的一个主要部分。

分析——虽然分析产品经理不需要知道如何构建模型,但他们确实需要了解技术和分析方法。也就是说,他们需要能够将定量分析师(数据科学家)、统计学家、数据建模师或者业务分析人员召集在一起工作,并且了解他们如何参与到整个分析生命周期的不同阶段中来。一个未经训练的项目经理将不能胜任数据产品管理工作(也无法生存)。他们不仅需要了解所涉及的数据分析各个流程,对于交付成果和质量流程等方面,他们也得知道能有什么预期,以及如何去开发和部署数据分析产品。

第二部分 分析生命周期最佳实践

产品思维——分析产品和服务的消费者依赖于满足其需求的数据分析解决方案。XING 公司的产品设计师 Nikkel Blaase 将此称为"产品思维"（Blaase, 2015），即传统的产品管理和用户体验设计的结合，如图 10-3 所示。将传统的产品管理应用于分析产品管理，需要在分析生命周期和客户体验之间建立更为紧密的关联。

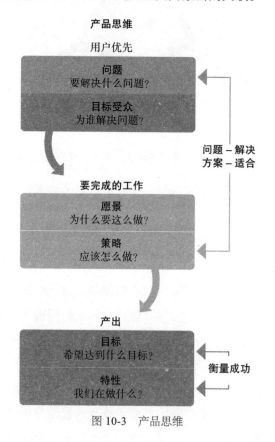

图 10-3　产品思维

来源：Nikkel Blaase

第10章 分析产品管理

通过明确产品要解决的问题,可以回答:"我们为什么要开发这个产品?"通过定义目标受众:"谁有这些问题?"和确定解决方案:"我们如何做到这一点?"可以为创建新的产品特性提供充分的指导。

——Nikkel Blaase

▶提示

分析产品管理是一项独立的职能,它需要业务敏锐度、对分析技术和方法的深入了解,以及产品思维的意识。

分析产品管理主要包括五个过程领域:

1. **价值管理**。分析产品经理的作用是清楚定义产品管理职能的总体战略。这包括建立正确的产品管理文化,以及促进组织所需要的产品探索、设计以及交付流程的方法。这里描述了这样一些技巧与方法,用于对分析工作进行分类、衡量业务价值,以及确保在战略优先级与分析活动之间保持一致。本流程也将讨论产品营销和分析产品宣传方面的内容。

2. **分析生命周期的执行**。产品经理需要与数据科学家、业务和技术分析师以及分析团队密切合作,以确保高效并有效地实现各项预先定义的产品特性。这个最佳实践领域需要考虑分析组织如何接收需求、对需求进行分类归整、确定优先次序,开发、测试和交付所有可能的数据分析产品。

3. **质量流程**。分析产品质量管理包括质量控制、质量提升,以及对产品(和服务)质量和团队流程进行测试、验证、核准的各种方法。这个过程还会涉及分析产品治理和产品来源保证问题。

4. 利益相关方的参与和反馈。在整个分析生命周期过程中,客户反馈对于验证与提升分析产品和服务各项特性的建议,扮演了重要的角色。这个领域包括了用于吸引利益相关者参与、促进合作和收集反馈与建议的各项流程,其目的是让他们了解我们的做法,并建立对新问题的认识。

5. 能力和人才发展。了解组织取得成功所需的关键能力非常重要。这个过程域包括了人才培养策略,即把团队所需能力与个人应具备的素养统一起来考虑。能力培养的一个关键在于针对性地获取持续学习和成长的知识,我们称之为知识管理。

下面将围绕这五个过程领域分别进行详细阐述。

10.2.2 价值管理

分析产品管理的一个核心职责,是管理分析职能及其交付物的持续价值定位。虽然确保与组织的战略和目标保持一致是分析领导层的主要职责,但产品管理的职能要求保持对价值创造的持续关注。投资于确实需要解决的问题,并确保整个分析生命周期的各流程既有效果又有效率,将可以实现这一目标。

价值管理流程的关键组成部分包括:

❑ 与组织战略保持一致
❑ 建立和引导产品管理文化
❑ 制定所有分析产品的质量要求
❑ 衡量和提升产品价值

10.2.2.1 与组织战略保持一致

非常简单,产品经理的工作就是把下面两件事情说清楚:

第10章 分析产品管理

❑ 我们到底在玩什么游戏？
❑ 我们如何才能得分？

——Adam Nash，技术高管，天使投资人
（领英前产品管理副总裁）(Nash, 2012)

第2章阐述了将整个组织的使命、愿景、价值观和战略与组织内的分析职能联系起来的重要性。战略、组织能力、资源和管理系统之间的关系，是将分析与成功联系起来的生命线，事实上，只有处理好这些关系，才能创造成功的数据分析产品。

分析团队的领导层，包括分析产品的管理，不仅必须从组织的战略中确定分析战略，而且必须与组织的战略保持一致，以确保正在进行的分析活动在朝着组织目标方向的轨道上前进。分析战略与组织战略相统一，可以明确哪些分析活动需要进行，或许更为重要的是，哪些分析活动不应该进行。

如果没有清晰沟通的企业战略，分析产品团队通常被迫聚焦于战术路线图层面的活动和交付成果。这种做法在实践中经常会变成这样，即叫得最响的需求得到了服务，而其他需求则得不到满足。这通常会导致组织中出现"富人"和"穷人"。

人力资源大数据：富人和穷人的世界

Josh Bersin是人才发展与培养方面的专家，他写到组织是如何投资于大数据和分析工具的，以帮助它们的人力资源部门更好地实现数据驱动。他发现在"富人"和"穷人"之间有一个巨大的鸿沟。

2013年的一项研究发现，只有4%的公司能够对它们的劳动

第二部分 分析生命周期最佳实践

> 力进行"预测性分析"。对于人力资源部门,如何使用分析的例子包括:
> - 了解员工绩效和员工挽留的驱动因素
> - 决定雇用谁
> - 分析薪酬与绩效表现的关系
>
> 将那些从分析中获得价值的人称为"富人",将那些缺乏兴趣、技能或能力来针对分析采取行动的人称为"穷人",Bersin 描述了这两者之间的差别。
>
> 要了解更多信息,请参阅 Forbes 杂志的文章"人力资源中的大数据:富人和穷人的世界"(Bersin,2013)。

如果没有一个指导战略,分析团队通常就只能自己瞎琢磨。缺乏方向性的指导,可能会使得分析团队漫无目的地工作,聚焦于错误的方向与事情,或者导致他们和整个组织的战略方向不一致。这常常会导致分析组织变成"报表机器",我以前的一个客户就是这样来形容他们企业的情况。被动型的组织通常会受困于对紧急情况做出反应,而不是优先解决重要问题。

▶ **提示**

对紧急事件的迅速处理并不能掩盖重要的事情。

为什么有些产品管理团队能在竞争中胜出,而有些则陷入困境?为了不断加深对这一现象的理解,驱动咨询公司(Actuation Consulting)持续开展了产品管理和市场营销领域的研究工作。它在一份题目为"产品团队绩效研究"(Consulting,2016)的报告中,强

第 10 章 分析产品管理

调了一个组织具备一个企业级的战略并且其产品团队能够与该企业战略紧密联系且保持一致的重要性，这也是产品团队能否获得优异绩效的一个重要标志。

国际分析研究院（Research for the International Institute for Analytics, IIA）副总裁 Daniel Magestro 指出，如果在以下六个方面缺乏统一和协调，将导致业务价值的损失（Magestro, 2016）：

1. 投资。对分析人才和技术的投资不合理，不能支持业务需求。

2. 分析项目的设想。分析项目的设想与企业的设想不一致（如：资本回报率）。

3. 发起人／合作伙伴的确定。分析项目得不到相关业务部门的支持，或者与它们没有关联。

4. 战略规划的设想。企业的业务战略不是数据驱动的或未能使用指定的分析方法。

5. 资源分配和机会成本。分析人员不是在做"正确的"的项目，从而忽略了更高业务价值的项目。

6. 高管／总经理的采纳。由于没有与企业的战略优先级相关联，导致采纳与实施分析结果的可能性降低。

被动型和更高效的主动型的分析产品开发团队两者之间的差距在于，后者会坚定不移地聚焦于能够实现组织整体业务战略的具有前瞻性的分析产品策略上。

10.2.2.2 建立和引导产品管理文化

产品管理文化反映了产品设计和产品交付所采用的方法，这也包括了数据产品的生命周期和支持它们的流程。产品管理遵循下面

第二部分　分析生命周期最佳实践

这样一个简单的轨迹：
1. 机会识别
2. 设计
3. 测试
4. 发布
5. 评估

至于如何组织来完成这些工作，各企业各有不同。此外，有些企业采用某些执行战略，可能有其历史原因。咨询顾问经常听到分析领导层的抱怨，他们认为如果没有历史包袱，他们可能会设计一套与现在完全不同的组织架构和流程。对绝大多数分析团队而言，分析产品管理都有可能是一项新的或仍在不断发展的职能，大家都在努力创造价值，组织设计和团队流程中最重要的一点就是建立起正确的产品管理文化。

为了支持基于事实的决策，需要在整个组织建立一种数字文化，第3章强调了这件事的重要性。建立产品管理文化，指分析产品是如何构建起来的，以及客户如何去体验这两项交付成果：产品和接受服务的旅程。

我们经常看到，有些组织（或许不是故意的）会通过一定的技术手段和各种流程来创造出一种文化，这些技术手段和流程在吸引客户参与的时候，也会加强与客户的共鸣和沟通合作。举例来说，对于需求是如何处理的以及进展如何，那些具有高度可视和公开透明流程的分析团队，将会显著提升客户对平等、公正以及价值观等因素的感知。

而另一方面，有些组织采用严苛的流程来接收、分类分析需求

第 10 章 分析产品管理

并对分析需求设置优先级，这些组织常常会遭受来自外部客户的批评。一些现实例子中的典型批评如下：
- "我根本不知道分析小组如何确定他们工作的优先级。"
- "我已经提交了需求，但不确定什么时候能完成。事实上，我根本不知道他们是否已经把我的需求列在他们的工作清单上了！"
- "在提交需求后，我曾收到过一次业务分析师的来电。他们问了我几个问题，说如果他们还要了解其他信息会再来找我，而那已经是两个月前的事情了。"

贯穿全书，我都反复强调了同理心的作用。在分析生命周期的每个阶段和每个方面，服务的设计都必须要考虑客户的体验。也许没有比第一印象更重要的体验了。客户希望被听到，建立和引导产品管理文化是确保客户的需求受到关注的机会。

建立服务文化的必要性再清晰不过了。

▶提示

服务的文化与理念，可以在这样一些分析团队中观察到：它们具有一种内在的愿望，希望积极主动地去解决客户的问题，并通过交付其数据产品来"取悦"客户。服务意识和"做正确的事情"，比提供一堆的策略建议和组织图表更重要。

对分析产品的管理方式，将会直接影响对价值的认知。采用设计思维策略来吸引客户、促进协同、开发并测试新的创意，这样的组织更有可能来证明它们的价值。这通常需要一个心态和观念上的转变，即在充分发展与成熟的优质产品，与最低可行产品

(Minimally Viable Product，MVP)之间找到一条中间道路(见图10-4)(Roed，时间不详)。

这种观念的优势在于，在分析产品(或项目)准备大规模推广应用前，已经做了大量的测试和评估。

另一方面，老套、僵化的分析流程需要遵循教条般的规定步骤，比如瀑布法，这肯定会受到批评。但客户也可以找到其他方法来更快、更透明地完成他们需要做的事情。

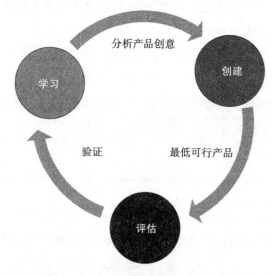

图10-4 创建-评估-学习的反馈闭环是精益启动模式的核心，对构建MVP至关重要

例如，请看下面的案例。

第10章 分析产品管理

需求变更的练习

一个分析职能的咨询部门负责为组织内某个最大的业务线开发一个预测模型。他们已经确定了工作范围，收集了需求，并且正处在开发交付物的过程中。

做到一半的时候，他们发现，最初在模型中定义的一些特性变量具有高度的相关性，因此，它们不会给预测模型带来多少价值。此外，他们发现之前认为对模型有影响的一些假设是错误的。

这些开始时的错误和现在发现的真相，不仅会影响项目的交付时间，也会最终影响到项目的价值。

作为一名产品经理，你面临着来自管理层和项目团队的许多问题。你应如何应对这些批评和问题？

- 我们为什么不先交付之前承诺的事情，等项目结束后我们可以再回过头来看这个新的需求（我们的认知是需求确实发生了变化）？
- 你为什么没有早一点发现？
- 怎么能避免出现这样的问题呢？
- 我们还有很多其他项目要做，先把这个放到一边，直到他们（客户）弄清楚他们到底想要什么！

除此之外，请考虑这些问题：

- 产品管理文化如何影响你交付项目或产品的方式？
- 你的组织有什么样的产品管理文化？
- 你如何使分析探索和原型设计更贴近客户？

第二部分　分析生命周期最佳实践

10.2.2.3　制定所有分析产品的质量要求

在本章的后面部分,将进一步阐述质量过程的重要性。但值得注意的是,在价值管理的背景下,产品管理的作用是定义清楚向客户交付高质量产品或服务的具体内容(否则,产品管理就没有意义)。

根据我的咨询经验,我从来没听任何人说过,"我们不崇尚质量。"然而,在崇尚质量和建立质量文化之间有着显著的差异,造成这个差异的原因在于许多组织经常发现自己疲于应付,对按时交付、按预算交付和减少积压所带来的种种压力做出被动的反应。经常会听到这样一种带有情绪的说法:"质量很重要,我们也知道还可以做得更好,但是我们有太多的事情要做。"

我非常理解按客户要求进行优先级排序并交付成果所面临的挑战。我也认为,领导层有责任建立一种文化,使得分析团队中的每个人都感觉有充分的授权:当他们发现有必要重新审查有缺陷的或不符合标准的交付物时,有权做出"停下来"的决定。错误的开始和缺陷都是不可避免的,但是个人授权可以先从建立质量文化开始,并为人们提出问题和经受失败提供一个安全的空间和环境。值得庆幸的是,失败几乎和成功一样多。这对于以提出理论推测和假设检验作为我们开展分析的基础来说尤为真实。

此外,人们需要时间和空间去思考。太多情况下,我们把注意力集中在分析活动本身,却忽略了去关注"为什么"。第 7 章中引用过 Stephen Few 的一句话,在这里有必要再重复一遍:

只有那些有时间深入思考,并且充分全面地探索和分析数据的分析师才能持续取得成功。

——Stephen Few(Few, 2015)

第 10 章 分析产品管理

10.2.2.4 衡量和提升产品价值

我经常提到宣传分析对组织的重要性，把它作为一种展示分析创造的价值的重要方法。在价值管理中，我们首先要对价值进行衡量，然后才能去推广和提升这种价值。

分析产品管理的作用之一，就是在整个企业内部去推广分析产品的成功应用。它不仅能够鼓舞分析团队的士气，还可以改善数据消费者生态圈的关系。

Guy Kawasaki 也许是最著名的数据分析产品价值"传道者"。他在 *Harvard Business Review* 的一篇文章中说："（传道）这个想法很简单，它来源于一个希腊词汇，大致意思是'宣布好消息'。所谓传道，就是要向全世界解释你的产品或服务能如何改善人们的生活。"

传道不是一个工作头衔，而是一种生活方式。

——Guy Kawasaki

对分析工作而言，有一个传道策略的好处是：
- ❏ 鼓舞分析团队的士气
- ❏ 改善数据消费者生态圈的关系
- ❏ 强调那些可能被忽视的分析应用或者案例
- ❏ 提醒分析活动的每个参与者你的使命是什么并澄清你的目标
- ❏ 展示一种服务和庆祝的文化
- ❏ 创建一个公开透明的故事
- ❏ 吸引其他人参与到帮助提升数据的质量和管理工作中来
- ❏ 让组织可以把分析活动的点点滴滴与创造的业务价值连接起来

第二部分　分析生命周期最佳实践

❑ 建立企业高层（指 CXO 级领导）对分析的支持

许多公司在内部营销它们在分析领域取得的成功。例如在谷歌，Avinash Kaushik 就担任了"分析传道者"的角色，他与谷歌负责内部分析的市场营销团队以及分析团队合作，将分析的信条传播给大众。

> **拓展学习**
>
> 收听 Sayf Sharif 关于"营销分析的价值"的播客（Sharif, 2017）。

在 Anne Arundel 医疗中心，分析产品的部署呈现一种庆祝的氛围。医疗中心的工作人员通过移动咖啡车发布新的分析成果，宣布成功并庆祝胜利。德州儿童健康中心则开展对所有主要分析项目实施前、后投资回报率的对比分析。

信息高度透明的分析组织，能够在分析团队及其客户之间建立更大程度的信任和开放。克利夫兰诊所在这方面并不是唯一的例子，它为客户提供了一种了解分析交付物进展的方法。此外，它还跟踪报表和仪表盘的使用情况，以便在整个业务中沟通它们的相关性。图 10-5 突出了项目的当前状态，这样客户就不必猜测自己的项目进展到哪一步了。克利夫兰诊所通过一个内部门户来公布各项目的状态（Donovan, 2014）。在这个简单的仪表盘（见图 10-5）中，任何人都可以查看某个给定项目的状态、最新的评论以及谁负责这个项目。

有一些组织为其分析产品团队建立了显著的品牌标识，这是一些非常好的做法。例如，图 10-6 来自西雅图儿童医院，它看上去更

第 10 章 分析产品管理

像一个商业 B2B 网站,而不是一个内部分析的网站。它有一个用于分析的集中数据模型和一个强大的品牌标识,旨在为数据服务消费者提供也许并不时髦但却可信赖的资源。

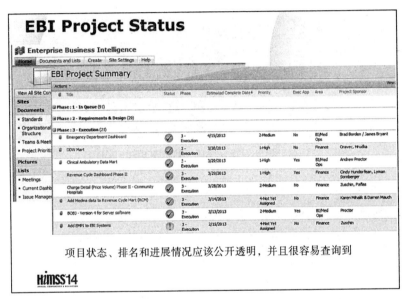

图 10-5 跟踪和共享可视化展示的项目进展

我见过无数这样的案例,在这些案例中,很多组织的分析团队从"相互踢皮球"的报表型团伙发展到真正融入和倾情参与组织的其他核心业务分析活动。当组织围绕其分析服务建立品牌意识时,我发现它令人耳目一新,分析团队随之有一种产生信任和社会化成就的自豪感(见图 10-7)。

这在高度集中的分析组织中尤为明显,在这些组织中,集中式部署的分析团队与业务日常活动的距离会对分析成果与业务的关联产生负面影响。我们建议分析团队在面对文化和沟通方面的挑战时，一种办法是建立一个强大的品牌形象，从而促进业务更多采用分析服务、建立信任并分享成功的故事。

图 10-6　西雅图儿童医院分析网站主页

　　首席数据官（CDO）的分析团队，每年都会围绕三个战略途径提供建议，旨在提升医院的整体水平，并指出提升各条医疗服务线的机会所在。

——Greg Redding 医生，肺内科主任医师

图 10-7　西雅图儿童医院满意客户的感谢信

关于促进在整个组织内实现分析成功的一句忠告：确保你能够真正地衡量分析产品价值，而不仅仅是传播一些奇闻轶事。当讨论分析对组织的贡献时，最重要的就是要使用像投资回报率（ROI）这

第 10 章 分析产品管理

样的术语,或者更好的方法是通过具体案例来为分析产品传递价值。最后,我们需要来谈一下分析的影响和可操作性问题。

这不是关于"分析的承诺"的,而是在现实中,分析产品对人、流程和组织到底意味着什么。你在你的组织中谈论分析产品价值的方式,可能与其他人不同。对于价值的衡量,有主观和客观两种方式的指标,如表 10-1 所示。

表 10-1　计算分析产品投资回报率的主观和客观指标

主观指标	客观指标
■ 客户满意度	■ 财务投资回报率(ROI)
■ 信任和数据完整性	■ 节省的成本
■ 做决策的信心	■ 增加的收入
■ 规避或降低风险	■ 提升的决策时间
■ 更好的洞察/更深入的理解	■ 减少返工/提高生产效率
■ 员工士气	■ 降低员工离职率

埃森哲公司(Accenture)在其报告"数据分析在行动:通向投资回报率(ROI)之旅的突破与壁垒"(Accenture,2013)中,指出了三个导致分析项目失败的最常见原因:

1. **衡量了错误的指标**。公司衡量了错误的指标,或者在衡量的方法上存在偏差(例如关于客户体验的衡量)。

2. **有瑕疵的洞察**。分析产品使用部门没有确认和验证分析成果跨部门洞察的正确性,以及建议的相关行动的合理性。

3. **错误的执行**。公司无法将分析洞察嵌入到整个企业的关键决策流程之中,以至于分析能力无法与业务经营成果直接关联。

NUCLEUS 研究所在其关于分析的投资回报率研究中发现,投资于分析的每一美元,其平均回报率为 10.66 美元。而 2014 年的研究项目显示,该投资回报率已经增加到 13.01 美元(Research, 2012)。当分析在战略上与整个组织协调一致并被有效部署时,它们的平均投资回报率达到 968%。

在图 10-8 中,我总结了一些你可以用来思考投资回报率的方法。

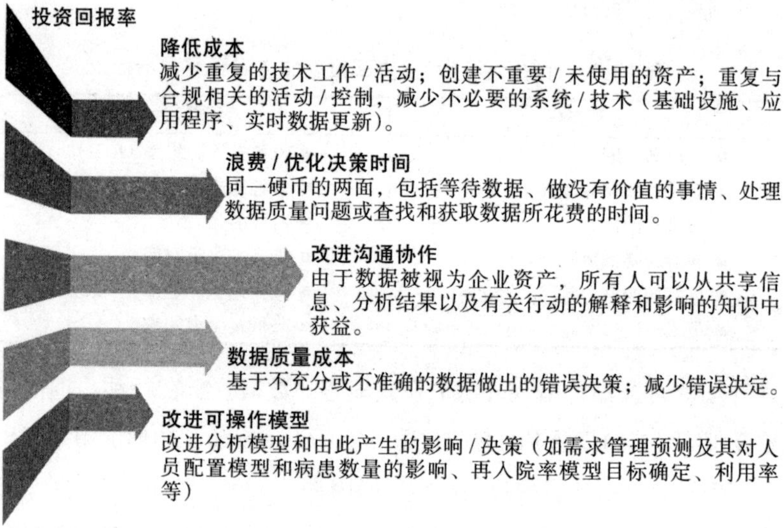

投资回报率

降低成本
减少重复的技术工作/活动;创建不重要/未使用的资产;重复与合规相关的活动/控制,减少不必要的系统/技术(基础设施、应用程序、实时数据更新)。

浪费/优化决策时间
同一硬币的两面,包括等待数据、做没有价值的事情、处理数据质量问题或查找和获取数据所花费的时间。

改进沟通协作
由于数据被视为企业资产,所有人可以从共享信息、分析结果以及有关行动的解释和影响的知识中获益。

数据质量成本
基于不充分或不准确的数据做出的错误决策;减少错误决定。

改进可操作模型
改进分析模型和由此产生的影响/决策(如需求管理预测及其对人员配置模型和病患数量的影响、再入院率模型目标确定、利用率等)。

图 10-8 衡量分析的投资回报率可以有多种形式

10.2.3 分析生命周期的执行

虽然分析组织可以采用任意形式,包括第 3 章可选项中详细描述的那些形式,但产品管理最终需要服务于数据分析产品和能够创造价值的那些业务流程。分析产品经理定义贯穿整个分析生命周期的各项流程和标准,评估现有的能力,识别数据产品、用户行为、

第 10 章 分析产品管理

实际工作流和业务战略之间的影响和联系。

在分析生命周期的执行中，产品管理的重点是以下要素：

❑ 产品生命周期管理

❑ 单个产品和产品组合管理

虽然各个组织在如何管理其分析工作、确定分析项目优先级和待开发分析项目清单等方面可能会有所不同，但大多数组织都有一些围绕从产品构思到价值实现的流程。

10.2.3.1 产品生命周期管理

如前所述，产品生命周期是整个分析生命周期的一个子集，它用来促进分析产品的开发。然而，分析生命周期处于如何用分析来支持组织的整体决策制定和问题解决的更大范围内（见图10-9）。

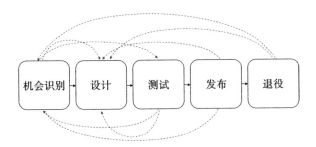

图 10-9 分析生命周期是迭代的过程

产品生命周期管理中的关键流程步骤包括分析产品的：

1. 机会识别

2. 设计

3. 测试

4. 发布

第二部分　分析生命周期最佳实践

5. 评估

6. 退役

与本书中介绍的大多数流程一样，这些步骤是循环迭代的。例如，在设计过程中，你可能会发现其他机会。类似地，在**测试**过程中，你可能需要重新设计。这里我们将探讨每一个步骤。

1. 机会识别

在一个处处都是分析机会的世界，你应该聚焦于什么？

新的分析项目或数据产品的机会可以有多种形式，包括客户的请求、高管的查询、危机管理或新的风险探索。如第 5 章所述，机会可以是一个简单的临时请求、一个特殊项目或者一个成熟产品的多种形式。

在产品管理流程的这一步骤，我们把新的建议、思路和产品特性需求，记录在产品的待开发清单中。产品的灵感通常来自对现有产品的增强或演进、一项新的组织挑战或者危机。无论如何，机会都需要保存起来、归纳分档和设定不同的优先级。这也是为什么说拥有一个能保存与记录这些需求细节的系统至关重要。在其他一些最佳实践领域，数据科学家、分析师和其他人将执行大部分的实际工作，但产品管理阶段的机会识别是产品管理领导力发挥重要作用的领域之一。

在此步骤中，考虑分析产品的影响也很重要。之前，我们讨论了理解与记录分析发现或分析产品的影响的重要性。在评估机会的早期阶段，已经分配了业务优先级，评估了项目可行性（见图 10-10）。

在某种形式下，如果分析工作与组织目标之间存在真正的协调

第 10 章 分析产品管理

和一致,那么业务影响评估的职责可以由分析团队的所有成员共担。在我以往的咨询工作中,我看到过各种各样的优先级设置方案,有的是由单个"决策者"来决定做什么,有的则需要通过一个非常正式的评估流程,根据对投入工作量和业务影响程度("高 – 中 – 低")的评估进行分类并分配给不同的团队,这些团队由业务与分析小组组合而成,他们以一种相互协作的方式,来进一步评估这个项目的业务价值、可行性、投入工作量大小、匹配程度和能力水平。

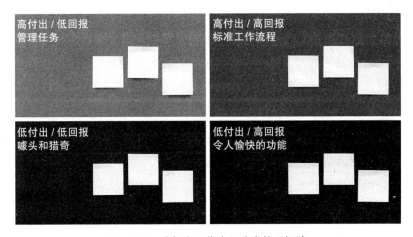

图 10-10 分析产品优先级分类管理矩阵

此流程将分析流程与业务成果相互关联,以确保分析团队能够获得成功并继续培养其能力。这些环节的活动通常包括:

- ❏ 与项目利益相关者讨论和协商任何数据方面的困难
- ❏ 识别风险和影响
- ❏ 解决问题所需要的各种技能和资源是否具备
- ❏ 主动识别可能的意外后果以及业务价值

第二部分　分析生命周期最佳实践

❏ 确定成功完成工作的衡量标准

一旦某个机会经过筛选和赋予优先级后，我们把它按照业务价值方程式（即投入的成本和精力与实现的价值是否匹配）来评估，可能会发现从这个机会获取的价值与投入的成本不匹配。在与内部和外部客户的协作中，开诚布公的对话至关重要。在组织的设计和服务至上的文化中，你需要用客观的方式来正确决策是否开展一个分析项目，而不要受政治力量左右或者迎合某些势力。

对于那些列为优先开发的分析项目或产品，如果需求还不清楚，或者还存在不确定性，或者仅仅是对需求还要进行详细的说明，都可能需要额外的投入。我们在第 6 章讨论如何提出问题的最佳实践领域的时候，对这些流程进行了详细的阐述。

当把产品创意和特性从之前积累下来的产品待开发清单中拿出来时，必须根据当前情况充实更多的细节，以便对每项特性/功能所预期的影响和相应的工作量有更清晰的了解。请注意，我在这里把分类和详细分析作了区分。前者是对影响和可行性的快速评估，而后者则需要深入的挖掘从而搞清楚未知的事项。

▶提示

根据规模、范围、影响和复杂性的差异，需要对分析流程做出相应的调整。

对**需求管理**过程的合理精简，应该基于分析产品的潜在影响和复杂性来完成。这也被称为一种基于风险的方法，即确定在项目的当前阶段或未来阶段，由于发现新的信息或者在某些地方出错给分析产品带来的风险。对于充分了解的业务流程，其当前数据状况很

第 10 章 分析产品管理

清楚,未来数据也能预测,此时的风险可能相对较低,因此,可以在没有所有细节的情况下向前推进。而在高风险的情况下,其不确定性很显著,并且真正了解全局的信心也不足,这个时候谨慎行事是明智的策略。

2. 设计

一旦确定好产品优先级,就需要开展规划以确保产品的成功交付。机会和承诺都有可能推动分析活动进一步开发出分析产品,需要对这两种推动因素之间的区别有意识地认真思考和决策。当然,有时候一些项目从待开发清单中拿出来进入开发流程,可能只是因为目前资源可用,或者是来自外部的压力。

与软件项目非常相似,分析产品也需要进行设计。这些过程涉及需求的迭代,与此相关的最佳实践领域包括问题理解、数据探查和模型开发。在**设计思维**中,这些概念又可以表达为**同理心**、**定义**、**构思**和**原型**。

正是在设计过程中,创意才被转化为分析团队可以实现的东西。在创新和设计界使用的一个术语是所谓的最小可行产品概念。在分析的背景下,这就意味着"我们可以构建一个什么样的具有最少特性的数据产品,它恰好足够应对我们的客户面临的这个机会?"在开发模型时,设计思维的术语原型开发(prototyping),正是描述了这样一个概念,来作为获取反馈、验证创意及其影响的一种方式。

Eric Reis 在 *The Lean Startup*(Ries,2011)一书中阐述了最小可行产品的概念。

当你考虑构建自己的最小可行产品时,请遵循以下的简单原则:

第二部分　分析生命周期最佳实践

删除任何对你所寻求的学习与经验没有直接贡献的功能、流程或者工作。

——Eric Ries, *The Lean Startup*

让我们考虑一下，分析产品与服务交付的可用性与用户体验之间的关系。一个分析产品，可以是一个对问题的答案、一个自动生成的报警、一个推荐引擎，或者以 100 个不同的形式提交的成果。当停止使用一个分析模型的时候，我们将不能保证客户可以继续使用它，或者可以成功地集成到客户指定的工作流程中。效用是指分析的交付成果是否有用，是否满足了明示或暗示的需求。而可用性则指产品易于使用或者消费的程度。

分析产品经理的作用，就是推进沟通与对话从产品开发生命周期终止到同时满足客户的需求和他们的整体体验，以保持预期价值的完整实现。

通过这种方式，客户的观点就变成了被满足需求的层次结构（见图 10-11）。这些需求被满足的程度，始终都是业务价值的一个函数。

在图 10-11 中，功效和作用决定了分析产品是否满足需求。也就是说，客户是否可以运用分析的结果，并轻松地将其整合到他们的决策生命周期中。为了实现产品的业务价值，需要在可用性方面的额外投入，使得可以更容易达到客户的目标。

在这个模型中，你走得越高，自动化分析产品对业务和用户整体体验的影响就越大，这包括人为因素、设计、人机交互（Human-Computer Interaction, HCI）、自动化以及可用性。

第 10 章 分析产品管理

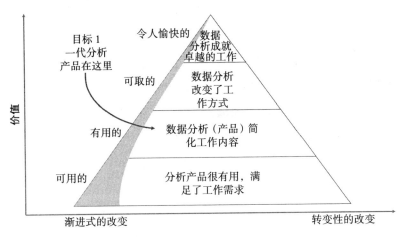

图 10-11 分析产品必须在用户体验和业务价值之间取得平衡

3. 测试

在精益启动模型中，一项实验不仅仅是理论探究，它也是第一个产品。

——Eric Ries, *The Lean Startup*

与实体产品不同，分析产品的构思和原型设计通常可以快速有效地完成。当然，这高度依赖于数据科学家可以使用的工具。高效的流程要求我们拥有方便配置、结构合理的正确数据，以及允许进行实验和测试的分析沙箱环境。

在模型开发期间，分析产品经理与分析团队和客户协同合作，分享产品原型，从而在早期就能及时获得对产品的反馈。到了这个环节，就要问问自己，"最小可行产品是否有效地满足了需求，或者是否存在我们没有预料到的妥协？"只注重技术能力的"IT 类型公司"型分析团队经常在客户没有真正了解其决策含义的情况下去收

第二部分　分析生命周期最佳实践

集分析项目需求。我们有必要学习与业务部门一起讨论和沟通需求的方式，从而更快地建立相互的理解。

如果你优先构建的最小可行产品，其范围在之前已经确定，你应该能尽快地开始测试产品的功效。至关重要的是要达到一种平衡：在此流程中既不能过早地要求反馈，也要避免向客户暴露过多的"香肠制作"过程⊖。另一方面，太晚去搜集反馈也是危险的，因为这样会错失时机，无法获得关于当初设想的方向与验证，以及关于基本业务需求的有用反馈。

▶ 提示

分析中的可共享性，是以客户为中心、面向服务的分析组织的标志。

我建议定期与客户进行接触，以便：

- ❏ 澄清从现实世界业务需求到数据分析建模的翻译过程，避免混淆和误解。
- ❏ 传达与沟通分析过程中的发现，包括亮点和错误路径。
- ❏ 验证分析途径与方法背后的思路。

4. 发布

开发一个分析产品时采用最小可行解决方案的方法的危险之一是，早期版本可能会削弱用户的信心，或者更糟糕的是，客户认为原型具有完全的生产能力。客户试图将概念验证（POC）当作最终

⊖ 原文为 sausage making，原本用来比喻立法就像制作香肠一样，其过程肮脏凌乱，令人作呕。因此，公众最好不要去关注这个过程，只看结果就好了。这里比喻信息和流程混乱。——译者注

第 10 章 分析产品管理

产品的例子比比皆是。

事实上,应该是在产品发布阶段,你才会最终确定对原型的选择和对结果的验证,从而开发出一个最终的解决方案。打个比方,可以把产品发布阶段的前期步骤当作最后的带妆彩排。先前的步骤暴露了业务的基本问题与解决方案的风险,并且基于问题理解阶段完成的工作,分析团队应该非常清楚地知道,对我们的组织来说,产品将要做什么以及不做什么。也就是说,要非常清晰明确地描述出使用分析产品能够创造的业务机会,包括开始建模时哪些应在考虑范围内、哪些应在考虑范围外。

在产品发布阶段,项目从满足这些需求的产品转变为一种生产能力。关于变革管理的讨论放在下一章,现在是将分析付诸行动,让领导层理解分析产品并成为产品倡导者的关键阶段。这不仅涉及技术和数据,还涉及人的因素。

至关重要的是要清楚我们的方案需要解决哪些问题,以及所需的基础数据的特点。关于方案的普适性,以及将其用于其他领域的问题,应该在这些特定条件下完成测试后再提出来。

5. 评估

唯一能获胜的方式就是比其他人学得更快。

——Eric Ries, The Lean Startup

有时我们会失败。产品经理负责确保团队不仅从成功中学习,也要从失败中学习。在一个学习型组织中,准确评估团队的成就和实现的价值是至关重要的。

产品开发生命周期的这个阶段,包括了评估流程如何进行,团队表现如何,产品表现如何,以及衡量客户对我们所付出努力的反应。根据前面定义过的分析项目成功标准，需要在这里就开始收集和分析评价资料。

项目成功的定性和定量评价指标，都需要记录下来。例如，你应该知道产出的结果是否达到了你当初定义的目标，以及解决方案是否按照预期运行，正如在前期的原型系统所展示的那样。所有这些经验教训都可以为下一个产品生命周期提供素材——无论是在本产品的新版本周期中还是在完全不同的新产品周期中。

这些经验教训和指标，为分析产品生命周期的下一次迭代提供了信息基础。

6. 退役

这一步虽然被排除在大多数生命周期模型之外，但对任何优秀的产品经理而言，对分析产品的退役进行主动的规划是他们的基本责任。到某个时间点，分析结果必将会过时，分析模型也将衰退失效。

我们需要问自己这些问题：

- ❑ 分析产品校准和调整的策略是什么？
- ❑ 我们将使用哪些指标来确定模型的衰退？
- ❑ 我们如何知道何时需要替换一个产品？
- ❑ 我们是否应该针对未来制定计划，调整和改进模型？

就像实体产品一样，分析产品也有预期的使用寿命。最好是在开发生命周期中就对此进行规划，而不是让它自行衰退。特别是现在，随着业务条件、数据和分析方法的迅速变化，分析模型的使用寿命会相对较短。

10.2.3.2 产品组合管理

在"用训练有素的想象力建构理论"一文中，Karl Weick（1989）

第10章 分析产品管理

建议我们可以通过使用他所谓的"训练有素的想象力"方法,来提高我们的成功率。这是对我们在分析**产品组合管理**中所做工作的一个很好的描述。

纪律是指产品经理有意识、有目的的行为。想象力意味着思想和求知欲的多样性。这两者之间的平衡在分析产品管理中至关重要。

分析组合管理既是一种艺术,也是一门做决策的科学,它研究的是关于分析产品的选择和优先级设置、将机会与战略目标进行匹配、应用分析产品创造业务价值的能力,以及在纪律与想象力之间取得平衡的方法体系。

关注机会组合和与之对应的资源,需要一种观念上的转变:从有预先定义阶段(开始、中间、结束)的项目思维,转变为持续性的改进和提升。这并不是说,对管理工作而言,敏捷方法无用武之地。事实上,对成本的预测以及对资源和能力的全面了解,从管理的角度来看非常有必要加以考虑。但我认为,产品管理的主要重点应该是把分析产品的能力与创造业务价值联系起来。

组合管理是弥合战略与实施之间差距的一种方式。

——项目管理协会(PMI,2017)

产品管理的技术手段,用于充实产品的各个细节,以便更好地了解每个产品可能的影响和预计的工作量。组合管理还会查看产品特性的待开发清单和路线图,目标是根据各种输入来设置优先级。这一过程涉及决定应该构建什么以及何时构建,所考虑的因素是基于什么能够为用户和产品带来最大的价值。此外,运行实验和跟踪其有效性,可用于持续的测试和产品改进,并了解什么是真正对客户有价值的。

第二部分　分析生命周期最佳实践

1. 产品路线图

与技术领域常见的实物产品一样，我们必须在以下两者之间保持平衡，即当前用来取悦客户的短期活动与未来的长期目标。我们必须投入时间来发展分析能力，聚焦于人员的成熟度、流程、技术或者数据，以满足组织的需求。正是在分析产品的路线图中，我们阐述了要解决哪些问题、什么时候以及出于何种目的。所需要的能力被记录下来，作为假设或者约束条件，但将聚焦转移到业务挑战上，有助于保持对客户的关注和优先级，而不是内部的能力。

工具包

从 www.analyticslifecycletoolkit.com 找一个关于此过程的案例。

分析团队工作繁多，就像忙碌的蜂窝一样。对分析产品管理的需要，不仅是针对单个项目，更是针对整个项目的组合。分析项目之间可能具有相互依赖的组件，并且存在对资源的竞争。对分析团队而言，称职的分析产品项目资源管理任务包括：

- ❏ 对一个分析项目，围绕其各个子任务的先后安排和时间承诺做出明智的决策。
- ❏ 根据项目的需要，做出折中的决策和合理的投入安排。
- ❏ 设置合理的里程碑，既能满足客户需求，又不至于把分析团队弄得筋疲力尽。
- ❏ 实施敏捷管理方法，项目和产品也能随着能反映其影响和作用的新数据的出现而相应地发展和优化。
- ❏ 对应于组织内的领导架构，确保团队成员了解产品的使用对不同层级的影响。

第 10 章 分析产品管理

分析产品路线图的重点是平衡不断发展的需求,需要详细了解过去积累下来的产品待开发清单,以及组织对分析的抱负是什么。该流程涉及根据什么事情能为用户和产品带来最大的业务价值,来决定应该构建什么以及何时构建。

分析产品路线图与分析能力路线图之间的联系非常重要。对于后者来说,与 IT 系统和流程的集成变得非常重要,通常包括:

- ❏ 治理和管理系统
- ❏ 数据成熟策略
- ❏ 质量管理流程
- ❏ 工具和技术的采用
- ❏ 数据的安全性、隐私和网络防御
- ❏ 员工的关键能力

2. 资源管理

传统的资源管理通常解释为用于支持预测或资源报告的活动,以及维护一份用于跟踪人员分配情况的电子表格。

分析产品管理不需要将精力花在传统的资源管理上,而必须在以下方面取得平衡:

- ❏ 当前和期望的能力
- ❏ 当前和期望的资质
- ❏ 团队领导力和人才发展

因此,我们需要考虑完整的产品战略和愿景,并聚焦于那些与产品宏大愿景相匹配的举措。分析产品路线图是一种沟通工具,可以帮助你与相关方来沟通你们当前处于什么位置、正在朝哪里前进以及你打算如何到达目的地。

第二部分 分析生命周期最佳实践

有一些工具可用于分析并记录当前状态与未来状态之间的差距，比如：

- ❑ **企业技能矩阵。**这是一份实时更新的文档，用于记录所需的关键技能，并准确地描述了各个分部、部门、团队和个人目前的能力水平。
- ❑ **分析能力路线图。**这个路线图与前面讨论的分析组合的问题直接相关，分析能力路线图有助于在需要满足的产品和所需要的分析能力之间建立协同和平衡。
- ❑ **企业信息管理战略。**我们在第 4 章有关数据战略的背景里讨论了这个议题，这个背景指的是针对信息管理而言，组织当前的准备情况和未来的打算。本路线图的要素应当包括数据治理、数据管理、数据质量、元数据管理和主数据管理。
- ❑ **数据和分析技术目录与清单。**这个目录与清单记录了整个企业内目前正在使用以及不断演进的工具和技术。针对各种工具推荐的使用案例以及它们当前的采用比率和可用比率，这个路线图提供了指引，而不是管控与治理。

10.2.4 质量流程

质量流程是指持续保证所有数据分析产品都符合要求和规范。分析产品经理负责确保项目按照质量保证的最佳实践来开发分析产品。此外，他们应该管理分析产品的可维护性和耐用性，以及它们的整体使用寿命。

质量流程的要素包括：

第 10 章 分析产品管理

- 将产品和流程的质量要求转化为可操作的计划
- 制定质量保证和质量控制程序
- 实施质量提升策略
- 倡导使用基于风险的方法进行测试、确认和产品验证（参见下面的讨论）
- 记录所有分析产品流程和产品的起源

产品管理需要建立的一项活动，是分析产品质量的定义和衡量。在分析中，我们经常聚焦于数据质量的讨论，但在此处，我们讨论的是分析产品的质量，即有关分析工作的交付物以及产生这些交付物的流程的质量。

分析质量
对一个数据产品的总体评估，看它是否达到了预定环境下的目标。

下面一些特性可以指导对产品质量的讨论：
- 准确性
- 可比性
- 完整性
- 一致性
- 相关性
- 可靠性
- 及时性
- 有效性

在一个组织内部，对于运营工作流程和业务流程以及整个企业

第二部分 分析生命周期最佳实践

中分析应用的可靠性来说,可接受的产品质量都是至关重要的。产品质量受到这样一些因素的影响:我们获取和转换数据的方式,我们如何思考和开发用于分析的假设,以及我们用于设计、开发和部署分析模型的流程。分析产品质量保证是用来验证分析结果的可靠性和有效性的过程。

与软件产品一样,分析产品的质量可能会影响用于解决实际问题的分析模型的可用性,并且也影响对它的解释和应用。

糟糕的分析产品质量几乎会影响到该组织如何进行决策的各个方面,包括:

- 分析项目的成本是多少?其效果如何?
- 分析产品做业务决策能有多准确?
- 你对组织的理解有多准确?
- 你可以多快地将分析产品洞察的机会转化为业务收益?

本节概述了四种在分析领域的质量管理做法:

1. 利用基于风险的方法进行质量管理。
2. 把对质量的考核指标与绩效目标统一起来。
3. 尽早让利益相关方参与进来并保持和他们的经常接触。
4. 积累和使用知识。

10.2.4.1 利用基于风险的方法进行质量管理

虽然先前已经介绍了基于风险的验证方法的概念,但还是值得在此重复一下。我们需要根据对组织的预期收益来合理确定用于质量管理的投入。许多组织都采用了它们称为质量管控的流程,但该流程却过于庞大。根据我的经验,在如何将一个需求转化为业务效益方面,我们需要更明智一点。软件开发组织可能同时具有质量控

第 10 章 分析产品管理

制和质量保证的流程,旨在交付一个完美无缺的产品。但在分析领域,由于我们很少会有一个完美的模型,因此,我们应该围绕风险来设置质量流程的优先级,包括:

- ❏ 失败的风险是什么?
- ❏ 失败的影响是什么?
- ❏ 不承担这个风险的折中办法是什么?

一个基于风险的方法,将评估这些用于指导分析的各个最佳实践领域的风险,这些领域包括问题理解、数据探查、模型开发、测试和评估、成果解释,以及投产和运营。

10.2.4.2 把对质量的考核指标与绩效目标统一起来

Donabedian 提出了一种评估医疗保健质量的概念模型 (Donabedian,1988)。虽然它一直应用于医疗卫生服务行业,并且特别适用于评估护理质量,但是,它所使用的"结构 – 过程 – 结果"模型,可以作为衡量分析产品质量的一个模型(见图 10-12)。

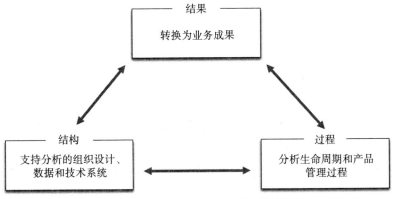

图 10-12 用于评价分析产品质量的"结构 - 过程 - 结果"模型

第二部分 分析生命周期最佳实践

把这个模型应用于分析产品质量评价，**结构**描述了构思和交付分析产品的环境。交付分析产品的环境包括数据、系统、技术和平台。**过程**是指在交付分析洞察的整个过程中所使用的方法论、框架和方式。最后，**结果**是分析对业务的效果和作用。

支持基于事实的决策是我们的单一目标，让我们来看一下每个环节，如何与此目标保持一致。这里所使用的各项措施和衡量办法，可以帮助在这样一些领域建立非常急需的统一和协调：在技术和素质之间，在数据与决策之间，以及在分析和行动之间。

然后，可以将指标应用于衡量分析中正确的事情并认可它们应有的位置。例如，我们可以把需求可追溯性的重要性应用于测试质量结果。

在考虑针对分析的**质量度量指标**（quality measure）的适当性时，我们通常将**结构－过程－结果**模型视为一个有用的评价系统（见图 10-13）。

另外一个重要步骤，是对团队和个人的绩效考核指标进行微调，使之包括对质量的度量指标。在激励和结果之间建立一致性是人才管理的重要组成部分，因为人们通常基于激励来行动。通过将质量作为员工绩效目标的一部分，进一步强调了所期望的行为举措。

10.2.4.3 尽早让利益相关方参与进来并保持和他们的经常接触

正如你将在下一节中看到的，利益相关方的参与是分析产品管理的关键流程之一，这也是确保分析质量的根本要素。在整个过程中吸引利益相关方的参与，有助于确保我们了解业务、他们面临的挑战、他们如何做出决策，以及如何使用分析模型。

第10章 分析产品管理

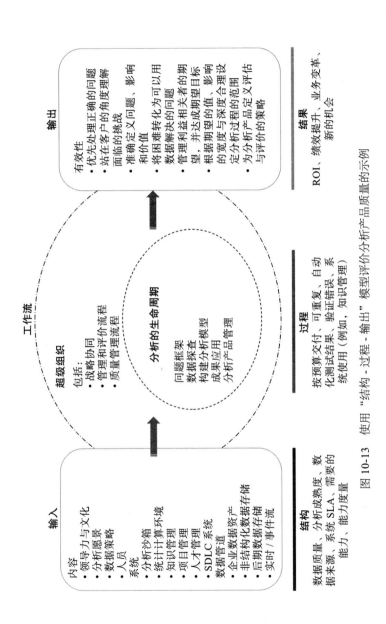

图 10-13 使用"结构-过程-输出"模型评价分析产品质量的示例

所谓质量，通常被定义为某种达到或超过其消费者期望的程度。无论是明示还是暗示，需求都是每个分析产品的基石。也就是说，我们将业务问题转化为一组需求，并根据我们的理解来框定它。我们解释这些数据，并基于因果关系来建立我们的推测。在每项活动中，吸引利益相关方的参与有助于确保我们更好地理解问题，并以更强的信心和更高的准确度来应用我们的知识和方法。

10.2.4.4 积累和使用知识

大家都说，生命中唯一不变的就是变化，这个说法同样适用于分析产品，因为在大多数的业务层面，总是在持续地发生变化。没有人可以在一开始就预测到每个方面，因为挑战和不可预见的任务时不时会出现。快速适应这些变化有助于项目保持在正确的轨道上，而记录这些变化则可以为未来的项目提供经验。此外，应该积累并共享分析生命周期的其他组成部分，以便所有众所周知的"知识鸡蛋"不会只放在一个篮子里。那些始终如一地积累和持续学习的成功分析组织，要比它们的同行或者对手在下面这些事情上做得好得多。

- 跟踪和记录变更和影响。
- 跨团队分享知识和技能，以增加知识储备；并能在团队成员离开时，减少由此带来的知识和技能缺陷。
- 记录知识是如何创建和获得的，以便更加方便新团队成员的学习。

10.2.5 利益相关方的参与和反馈

在整个分析生命周期中，客户反馈在验证和提升所建议的特性

第 10 章 分析产品管理

与产品性能方面发挥着关键的作用。客户协同则提供了直接的洞察和建议，可以帮助你了解正在尝试解决的问题，判断你到底做得如何，发现你之前没有意识到的新问题。

利益相关方参与的部分包括：

- 理解和同理心
- 双向沟通
- 引领变革

10.2.5.1 理解和同理心

在六西格玛方法的 DMAIC[⊖] 定义阶段，使用了诸如 Kano 模型（Revelle，2004）、品质关键点（CTQ[⊜]）和质量屋（house of quality）（Stroud），以及价值流或者流程地图（process maps）（Stroud）等工具来理解客户的需要和需求。同理心是设计思维流程的第一个阶段，我们在这个阶段所使用的技术手段都旨在理解用户的需求，站在用户的角度来思考问题。在设计思维流程中用来了解客户的技巧包括：

- 角色定义
- 共鸣地图
- 用户旅程
- 背景地图

⊖ DMAIC 是六西格玛管理中流程改善的重要工具，是指定义（Define）、测量（Measure）、分析（Analyze）、改进（Improve）、控制（Control）五个阶段构成的过程改进方法。——译者注

⊜ CTQ 也常翻译成关键质量特性，是 Critical To Quality 的缩写，是六西格玛方法中常用的一个指标，表示企业所提供的产品和服务一定要满足客户要求的品质特征。——译者注

第二部分 分析生命周期最佳实践

- 访谈
- 问题陈述

在分析中,可以使用类似的技巧来搞清楚你的利益相关者是谁,他们想要什么,他们需要什么,他们期望什么,以及他们对当前问题和潜在解决方案的态度是什么。

类似地,在变革管理中,利益相关方分析方法用于识别受到变革影响的个人或群体,或者是对变革具有影响的个人或群体及他们的目标变化状态(例如,意识到、能理解、认同、承诺)。最后,通过参与和创新的双向沟通方式,来管理他们到达理想终点的旅程。

这个过程的目的是了解他人、最终用户以及需要解决的问题。

正如 Idea Couture 的首席执行官 Idris Mootee 所建议的:

设计思维以人为本,它始终聚焦于客户或最终用户的需要,包括未明确、未满足和未知的需要。

——用于战略创新的设计思维(Mootee, 2013)

通过参与协作的过程,我们能够构建在其他领域(包括软件开发和商业智能)中常常难以捉摸的联系和关系。

10.2.5.2 双向沟通

沟通质量是影响分析成功或失败的一个重要因素。当沟通处理不当或缺失时,分析的影响很难实现。如果沟通工作做得好,可以促使分析产品的质量和分析产品的影响深度发生彻底的改变。此外,综合沟通可以推进对分析的采纳,并使分析发挥跨越组织边界的影响力。

正如你将在第 11 章中看到的那样,让分析产品的利益相关方参与沟通,其作用超越了传统的"单向"沟通,能够真正吸引利益相

第 10 章 分析产品管理

关方"全心全意"地关注分析项目。

沟通可以采取多种形式,做得好的话,它可以促进理解,推进认同和责任感,积极影响士气,提高业务流程的准确性和分析的影响。正确的沟通有助于加固组织愿景和分析活动之间的联结。

10.2.5.3 引领变革

最后,利益相关方的参与是支持成功的变革战略的一种方式。正如贯穿本书都在强调的那样,分析如果做得好的话,应该能够引领变革,包括流程、行为和影响的变革。

关于引领变革的更多内容将在第 11 章中讨论。

10.2.6 能力和人才发展

在分析产品管理最佳实践领域中,最后的责任领域是能力建设和人才发展。

如第 3 章所述,组织的能力是为了获得成功而必须保证的。分析能力是不断发展的,我们可能永远不会真正到达终点。我们在多大程度上可以成为一个不断学习,以便适应组织当前现状与未来发展需要的学习型组织,取决于整个组织学习和成长的能力。

10.2.6.1 培养能力

能否开发组织新的能力,取决于组织中员工队伍当前的和潜在的能力。能力可以通过两种方式来培养:

1. 通过弥合员工队伍在技能、知识、能力和意向等方面的差距。
2. 通过系统地关注满足业务目标所需能力来强化人们的行为。

能力发展与人才发展战略密切相关。前者侧重于弥合在需要什么样的能力与当前具有的能力之间的差距,而后者则集中于绩效的管理和提升。

能力发展与人才发展战略之间的联系在分析领域尤其重要，因为它是一个不断变化的格局。我们永远无法足够快地雇用具有合适技能的新人才，因此制定学习战略、评估能力、设计学习计划和建立一个支持性的学习文化，对我们来说至关重要。

有关发展分析能力重要性的进一步讨论，请参见第11章。

10.2.6.2 从培训转向人才发展

当大多数人想到培训时，他们都会想到一个公司外的场地，每两个人使用一台电脑，或者是在一个冷冰冰的酒店会议室中坐着200个人，有一个演讲者或者讲师在那里告诉他们需要知道什么。现代组织开始对人才发展有不同的看法了，也就是说，从培训到劳动力管理正在发生一种转变，特别是在人才发展的领域。

人才发展的解决方案不仅仅是教育性质的研讨会、技术培训讲习班或者各种讲座。如果组织真的希望在分析能力方面做得更好，他们必须投资于选择合适的人员，组织团队以实现一个有效果、有效率、以客户为中心的分析生命周期活动，并在这个活动中将敏捷的项目方法与人才发展和绩效管理结合起来。

这种联系有助于理解我们的能力，理解需要支持的业务流程，以及如何组织和交付我们的分析能力。由此来看，至关重要的是了解我们擅长什么以及我们哪里还需要成长。这就是知识和技能评估要发挥作用的地方。在对机会具有深刻理解后，我们可以组建分析项目队伍，帮助分析团队个人制定自己的职业发展路线图，并通过正式的和非正式的知识管理战略建立组织的知识。

图10-14显示了如何实现组织的项目需求与人才发展的协调统

第 10 章 分析产品管理

一。假设你了解组织围绕数据和分析的优先级,以及你所有人员在其能力方面所处的位置,你就可以使用这个框架来集成职业的发展计划。

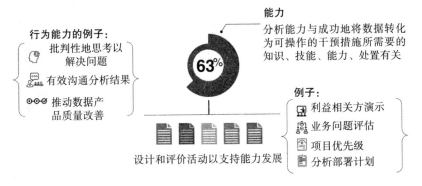

图 10-14 将人才发展与分析的愿望结合起来

引进新的员工,使他们了解组织的最新情况,熟悉组织的用语和文化、技术和流程,当你考虑这些事情所需要花费的时间时,你就需要对如何发展和培养人才进行不同的思考。为了在组织内发展数据的接受度和培养人才,你需要转移到这样一个模型,在这个模型中,学习是一个持续的过程,而不是冰冷的会议室,也不是在会议后再也不会去碰的电脑里的幻灯片。

10.3 本章小结

如本章所述,分析产品管理是一个多学科的最佳实践领域,涵盖了一系列范围广泛的活动。虽然产品经理的作用在今天的分析领域并未得到广泛关注,但在那些理解通过纪律和想象力来管理分析产品的重要性的成功组织中,他们的作用是非常突出的。

成功的产品经理的关键要素,在于他们对人员、流程、数据、技术和文化之间的整合管理能力。具体而言,分析产品管理的作用,在我看来是平衡分析产品的交付和它创造的价值、抓住的机会,或者减少的浪费与问题。其中一个关键的组成部分,在于发展分析团队与产品相关部门的关系,建立组织的分析能力。

10.4 工具包总结

最佳实践领域:	分析产品管理	
目标:	这个最佳实践领域的意图是什么? 分析产品管理的目的就是持续改进分析产品的开发过程和提升它们产生的价值。	
核心能力:	知识、技能、能力和性格	
我们需要擅长什么?	■ 质量流程(包括测试) ■ 设计思维 ■ 产品思维 ■ 需求管理 ■ 服务交付 ■ 组合管理 ■ 团队协作过程	■ 人才发展和管理 ■ 产品开发 ■ 过程改进 ■ 创新 ■ 利益相关者的参与
输入	过程	输出
■ 分析愿望 ■ 分析战略 ■ 成熟的数据管道 ■ 高管倡导者 ■ 学习型组织	■ 价值管理 ■ 分析生命周期执行 ■ 质量流程 ■ 利益相关者的参与和反馈 ■ 能力和人才发展	■ 改进的流程 ■ 有效的分析计划 ■ 成熟和可靠的分析产品 ■ 企业技能矩阵

第 10 章 分析产品管理

(续)

关键问题：	通过这个最佳实践，我们应该知道什么？ 我们应该解决哪些分析项目？ 当前状态的分析成熟度是什么样的？ 哪些关键的机会能够带来改进的价值？ 我们最擅长 / 薄弱的领域分别是哪些方面？ 我们如何衡量和提升分析的价值？ 分析如何支持组织的目标？

10.5 参考文献

Accenture. (2013). Analytics in action: Breakthroughs and barriers on the journey to ROI. Retrieved from www.accenture.com/us-en/~/media/Accenture/Conversion-Assets/DotCom/Documents/Global/PDF/Technology_6/Accenture-Analytics-In-Action-Survey.pdf.

Bay, J. (n.d.) How to become a video game product manager. *Game Industry Career Guide*. Retrieved from www.gameindustrycareerguide.com/how-to-become-a-video-game-product-manager/.

Bersin, J. (2013). Big data in human resources: A world of haves and have-nots *Forbes*. Retrieved from www.forbes.com/sites/joshbersin/2013/10/07/big-data-in-human-resources-a-world-of-haves-and-have-nots.

Blasse, N. (2015). Why Product Thinking is the next big thing in UX Design. *Medium*. Retrieved from https://medium.com/@jaf_designer/why-product-thinking-is-the-next-big-thing-in-ux-design-ee7de959f3fe.

Cagan, M. (2017). *INSPIRED: How to create tech products customers love* (2nd ed.). Hoboken, NJ: John Wiley & Sons.

Consulting, A. (2016). The study of product team performance. Retrieved from www.actuationconsulting.com/study-product-team-performance/.

Donabedian, A. (1988). The quality of care: How can it be assessed? *JAMA, 260*(12), 1743–1748.

Few, S. (2015). Data sensemaking requires time and attention. Retrieved from www.perceptualedge.com/blog/?p=2052.

Howard, J., Loukides, M., & Zwemer, M. (2012). *Designing great data products.* Sebastopol, CA: O'Reilly Media.

第二部分　分析生命周期最佳实践

Kotler, P., John W. Hartman Center for Sales Advertising & Marketing History, & Armstrong, G. (1991). *Principles of marketing* (5th ed.). Englewood Cliffs, NJ: Prentice Hall.

Kumar, M., Townsend, J., & Vorhies, D. (2014). Enhancing consumers' affection for a brand using product design. *The Journal of Product Innovation Management*. Retrieved from onlinelibrary.wiley.com/doi/10.1111/jpim.12245/abstract.

Magestro, D. (2016). Aligning analytics strategy to business strategy. *Analytics Experience 2016*. Retrieved from www.sas.com/content/dam/SAS/en_us/doc/event/analytics-experience-2016/aligning-analytics-strategy-business-strategy.pdf.

Moggridge, B. (2007). *Designing interactions*. Cambridge, MA: MIT Press.

Mootee, I. (2013). *Design thinking for strategic innovation: What they can't teach you at business or design school*. Hoboken, NJ: John Wiley & Sons.

Nash, A. (2012). Be a great product leader. *LinkedIn*. Retrieved from www.linkedin.com/pulse/20121002124931–8876-be-a-great-product-leader/.

Nelson, S., & Metaxatos, P. (2016). The Internet of Things needs design, not just technology. *Harvard Business Review*. Retrieved from hbr.org/2016/04/the-internet-of-things-needs-design-not-just-technology.

Norman, D. A. (2002). *The design of everyday things* (1st Basic paperback. ed.). New York: Basic Books.

PMI. (2017). Portfolio management. Retrieved from www.pmi.org/learning/featured-topics/portfolio.

Research, N. (2012). ROI of business analytics increases significantly as solution matures (Press release). Retrieved from nucleusresearch.com/press/roi-of-business-analytics-increases-significantly-as-solution-matures/.

Revelle, J. (2004). KANO model tutorial. Retrieved from asq.org/learn-about-quality/qfd-quality-function-deployment/overview/kano-model.html.

Ries, E. (2011). *The lean startup: How today's entrepreneurs use continuous innovation to create radically successful businesses* (1st ed.). New York: Crown Business.

Roed, J. B. (n.d.). *Design driven innovation through minimum viable products*. myendnoteweb.com. Retrieved from www.ntnu.no/documents/10401/1264433962/JohanArtikkel.pdf/8fb097c8-ed08-471c-8d19-8dd66593a074.

Selling the value of analytics. (2017). Retrieved from www.analyticshour.io/2017/04/25/061-selling-value-analytics-sayf-sharif/.

Stroud, J. D. Defining CTQ outputs: A key step in the design process. *Six Sigma*. Retrieved from www.isixsigma.com/methodology/voc-customer-focus/

defining-ctq-outputs-key-step-design-process/.
Stroud, J. D. More value: Value stream or detailed process mapping? Retrieved from www.isixsigma.com/tools-templates/process-mapping/more-value-value-stream-or-detailed-process-mapping/.
Theus, A. (2016). Product management tips from "A Faster Horse." Retrieved from www.productplan.com/product-management-tips/.
Weick, K. (1989). Theory construction as disciplined imagination. *Academy of Management Review*, *14*(4), 516–531. Retrieved from amr.aom.org/content/14/4/516.short.

第三部分

分析能力卓越常青之道

第 11 章 把分析付诸行动

> 如果你想制造敌人，试着改变一些事情。
> ——Woodrow Wilson（美国第 28 任总统，1913-1921）

11.1 分析的力量

正如本书开头所言，分析是有弹性的[⊖]，在很大程度上是因为它能够影响我们工作的方式、我们做的决定和我们取得的成果。分析是一种支持有效干预和抓住机会的策略，正因为如此，分析战略与行动有着千丝万缕的联系。所谓行动，就是将数据驱动的洞察力转化为变革的动力。

利用分析改变组织的例子有很多，下面列举几个参考：

❏ 在职业体育方面，分析可以用于增加特许权和商品销售，优化门票销售，识别顶尖运动员，以及预测球员的表现。

❏ 在人力资源方面，分析可以用来理解和预测员工留用情况，并优化"薪酬与绩效挂钩"的机会；在有潜力的人才到外面求职之前，利用人工智能技术能提前识别出人才流失风险。

❏ 在医疗保健领域，分析越来越多地应用于预测患者的再次入

⊖ 近年内在数据分析领域，经常会谈到 resilient，或者 resilience，表示一种弹性或者适应能力，即自我组织、自我适应的能力。——译者注

第11章 把分析付诸行动

院概率,优化病人护理和对人口的管理。
- 即便在非传统领域,各类组织也看到了分析的重要价值,如识别灾害中的高危住所、帮助社会安全网络组织识别存在被忽视和虐待风险的儿童。

每种情况的关注点和问题是相互独立的,但共同点是分析给它们带来的变化。理解和运用分析结果是可执行分析(actionable analysis)的核心思想。在本章中,当我们提到变化时,指的是分析结果(分析参与者)对个体产生的影响或分析生成方式(分析生产者)的变化。

分析与变革管理的案例研究

分析项目失败的原因很多,但首要原因必定是没能规划好分析引起的变化将如何影响人们的工作方式。以最近发生在某大型医院系统中的一个真实场景为例,他们部署了一个预测模型,用于帮助临床医生确定患者就医的优先级。(在下面的描述中我稍微做了一点改变,避免指向某个具体的人而让人难堪。)要点如下:

- 根据这家医院的规模和能力,其感染率明显高于其他可比医院。
- 财务和运营团队认为,这对医院的财务产生了重大影响,因为在医院发生的继发性感染,其所需治疗的费用由医院承担。
- 该模型的目标是识别某种特定的医院继发性感染的"高危"患者。
- 一位顶级医师被选中与分析团队合作,开发一个预测模型。

第三部分　分析能力卓越常青之道

在**变革管理**战略的背景下，它具有一个伟大"变革"项目的所有特征：

1. 有共同的紧迫感（和目的）。

2. 该团队建立了一个"指导性联盟"，其中包括一位备受尊敬和有影响力的医生。

3. 该模型在开发过程中有定期的检查点，还包括对几个临床指标重要性的反馈意见。

4. 该模型是基于可靠的测试和验证原则开发的。

令人遗憾的是，虽然预测非常出色，模型也实现了自动运行，但对继发性感染率产生的影响却很小。这个项目失败的原因是多方面的，但它面临的两个主要挑战是：

- 相互竞争的优先级：这位医生太忙，这只是他一天内得做的 100 件事情之一。
- 没有明确的目标：模型产生的结果与临床护理团队的运作方式之间存在脱节，也就是说，模型输出与实现改变所需的行动之间没有明确的联系。

很多时候，聪明人所做的伟大工作最终并不能实现它的潜力，或者仅凭少数几个英雄好汉独展其能强行推动一个项目，由于缺乏很好的变革管理战略，最终也不能使项目获得成功。而分析项目的失败会导致组织失去一些最优秀、最有能力的人，因此，这种不激励员工参与分析项目执行的方式是危险的。

第11章 把分析付诸行动

引领变革

对任何变革举措来说，正确的领导力都是至关重要的。缺乏领导力会产生一个问题：这一变革是否值得一做。有效的变革管理需要确保人员、流程和技术处于最佳状态。通常，人们只关注技术，而没有考虑到变革对人和过程将产生的潜在影响，甚至更糟糕的是，他们认为自己足够聪明，仅凭自己就能把变革相关的所有事情都搞清楚。

管理变革，或*变革管理*，不仅仅是"培训"或沟通计划，相反，它是一套能有效促进组织和人员从当前状态向未来状态转换的系统方法。在前述案例研究中，预期目标状态是医院内继发性感染率将显著低于当前状态——一个合理且可衡量的结果。

很不幸，由于引领变革非常成功的机构的例子并不多，"变革管理"一词对某些人来说具有非常负面的含义。若要了解变革领导力发挥作用的成功案例，可以参考谷歌的"氧气计划（Project Oxygen）"。谷歌从一家"由工程师为工程师而创建的公司"（不重视管理角色价值的公司）转型为一家使用数据来衡量管理价值的公司。事实上，它一直致力于引领组织的变革。谷歌希望"以假设为导向，通过数据帮助解决公司的问题和疑问。"

> **拓展学习**
>
> 谷歌的"氧气计划"，请点击链接 hbr.org/video/2761856636001/how-google-proved-management-matters。

如果我们真的相信分析可以对组织产生变革性的影响，那么就必须对组织的"转型"进行管理，或者如 John Kotter 所倡导的那样,"引领"变革。

系统性的变革管理方法能促进组织从当前状态向未来状态转变。我们可以将组织变革定义为创造一种思维模式,这种模式有助于个人在组织文化背景下进行技术和流程的转换。只有当人们改变工作方式并向未来的优化状态转变时,变革才能实现。强制的变革管理不会成功,一种成功的方法是"让变革发声(Giving Voice to Change)",该方法包括以下要点:

- ❑ 认识——帮助人们为变革做好准备
- ❑ 知识——了解其原理和影响
- ❑ 贡献——在可预见的变化中给予采纳者发言权
- ❑ 采用——帮助员工使用新工具来发展技能
- ❑ 承诺——将新技能融入工作流程

本章后面通过介绍针对分析的六个变革管理最佳实践领域,来更为详细地对变革管理进行讨论。

11.2 高效和有效的分析计划

每个人都在谈论某件事,但没有人真的知道该如何去做这件事——每个人都认为其他人在做这件事,所以我们都说我们在做这件事。

——Medecision 公司总裁兼首席执行官 Deb Gage 在 Becker's
Hospital Review 第五届"首席执行官+首席财务官"
圆桌会议上的小组讨论

第1章总结了分析的作用和"缘由",通过流程化方式应用分析

第11章 把分析付诸行动

成果实现组织变革,以及通过组织的变革来达成更好的结果,从而创造最终的价值。如果这样的话,是不是简单地让所有组织都去做更多的分析工作就可以了呢?

要回答这个问题,我们必须先讨论分析到底涉及哪些内容,其次,我们必须面对这些挑战。关于分析成果的**效果**和**效率**之间差异的对话有助于勾勒出适合分析发挥作用的潜在机会领域。

有效的

足以达成目的;产生预期的结果。

高效的

以消耗最少时间和精力的最好方式来执行或运作。

分析领导者通常寻求增加和提升数据和分析运营的效率,包括数据流和管理、业务分析、探索、结果解释、演示和上线运营。对大多数组织来说,我们支配的资源有限,无论是资金、技术、时间、人力资本还是质量,但同时都希望最大限度地利用每一种资源。

然而,由于不惜一切代价追求效率,一些公司错失了往后退一步以便从全局角度审视整体效率的宝贵机会。他们应该扪心自问,"我们的数据管理工作是否有效——是否创建了可访问、可用、可信的数据?我们在讲述分析成果作用的故事方面是否有效——能否将数据分析成果转化为与利益相关者产生共鸣的业务洞察?我们是否有效地选择了具有最大潜在影响的分析项目?我们是否看到临床医生和一线业务用户利用分析成果来实现变革?"

第三部分　分析能力卓越常青之道

分析领导者努力在效果和效率之间追求与价值直接相关的最佳平衡。效率与效果之间的差异可用 2×2 矩阵说明（见图 11-1）。

		效率（做事的方式正确）	
		低效的	高效的
效果（做正确的事）	有效的	做正确的事，但代价很高	做正确的事，并且效率高（ROI）
	无效的	低效率地做错误的事	高效率地做错误的事

图 11-1　2×2 效果和效率矩阵

大多数分析组织的目标是达到矩阵的右上角，即通过充分利用其分析资源（人员、流程、技术和数据）、不浪费时间以及最大程度实现员工之间的协调和协作，从而实现正确的目标并且保持高效。虽然大多数组织知道自己想要实现什么，都有好的出发点，但组织内部孤岛的存在往往导致分析难以实现真正的效率和效果。

通常情况下，关注分析项目效率并不难，因为它相对容易衡量（成本、时间、精力），较为"可控"。*Harvard Business Review* 的一份经典案例研究描述了汽车制造商布里奇顿工业（Bridgeton Industries）的恶性循环，这是一个关于这条简单路径上潜在陷阱的很好的案例研究。布里奇顿的故事讲述了这样一个情况：在专注于瘦身（注重提升效率）的过程中，忽视了对更具战略意义的目标和价值创造问题的关注。

拓展学习

让你的产业远离布里奇顿式恶性循环：precisionlender.com/blog/general/keeping-bank-bridgeton-death-spiral/。

第 11 章 把分析付诸行动

11.2.1 了解分析生命周期

一个人在看到数据之前就进行推测假设是极大的错误。

——亚瑟·柯南·道尔的 *A Study in Scarlett* 中的福尔摩斯

作为一种实际的解释,让我们来考虑在分析生命周期中效果和效率之间的差异。第 10 章将分析管理描述为一组首尾相接的拱形代表的活动,以帮助管理和支持分析团队及其交付成果。

图 11-2 描述了在创建分析产品过程中的各个阶段和活动。

对每个创建的数据分析产品,我们都经历了探索、分析、解释和上线运营等不同阶段。请注意,这个过程看起来似乎是线性的,但很多情况下都需要回过头去,对其中有些活动与环节进行进一步的改善、澄清和详细说明。并非所有分析项目都是完全相同的,也就是说,有些项目可能不需要经过图 11-2 所描述的所有阶段。例如,对于一些只需要低精确性要求的业务问题,你会发现粗略的答案可能就够了。同样,如果那些重要的利益相关者具有较高的数据理解能力,对数据的解释工作和构建故事解读分析成果可能就不那么重要了。当试图把数据产品投产和运营时,你也可能会发现某些数据产品项目根本走不到投产运营这一步(当然,这种情况没什么有趣的),原因或者是变革的代价超出了数据产品所创造的价值,或者是真正实现数据产品的价值不太符合实际情况。

对分析团队来说,效果和效率之间的区别可以简单地概括为:有效果,是指通过做正确的事情来创造价值和改善结果,而有效率,则是指以最少的浪费或成本实现最大的生产力。

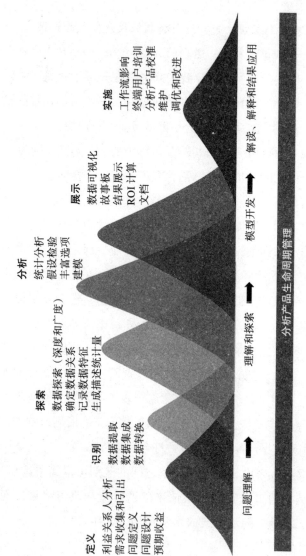

图 11-2 分析生命周期

第 11 章 把分析付诸行动

表 11-1 概要说明了分析生命周期中关于效果和效率的一些常见例子。

表 11-1 分析中效果与效率的差异

	阶段	效果	效率
①	问题理解	■ 确定要优先解决的问题 ■ 对客户面临的挑战表示认同、理解和共鸣 ■ 准确定义问题及其影响和价值 ■ 将问题转化为一个可以用数据回答的问题 ■ 按照利益相关者的期望进行管理和交付	■ 为解决此问题安排合适的资源和投入 ■ 很好地收集和管理需求（清晰准确，没有误解，并可以重复使用） ■ 经济地利用利益相关者的时间和知识 ■ 管理项目
②	数据探查	■ 将问题与适当的数据源对应起来 ■ 准确地收集与汇总数据 ■ 评估整合数据的价值 ■ 对发现的关系提出可检验的假设	■ 能够访问和获取数据 ■ 熟练地整合数据 ■ 利用最合适的工具和技术（清洗无效数据，避免冗余/重复/返工）
③	开发分析模型	■ 识别可以丰富和完善的机会 ■ 检验假设的有效性 ■ 消除虚假关系	■ 熟练运用统计和可视化软件 ■ 创建综合的信息/洞察
④	成果应用	■ 创造能引起共鸣和产生影响的故事 ■ 选择最合适的沟通方法与媒介 ■ 掌握能产生影响力的讲故事技巧 ■ 领导变革的管理 ■ 评估普适性 ■ 嵌入到工作流中 ■ 评估产品的持久性和改进空间	■ 创建故事板和可视化效果 ■ 记录分析的发现和其他知识以便复用 ■ 验证分析模型，并考核模型的校准/重新调整、维护和退出

(续)

	阶段	效果	效率
⑤	分析产品管理	■ 根据期望的业务价值以及影响的广度和深度来适当调整分析流程 ■ 为分析产品定义评估程序和衡量策略	■ 管理企业的分析产品组合 ■ 有效管理资源 ■ 积累知识和机会，以便今后复用

11.2.2 关于有效分析的一些观点

切勿把抽象的运动和具体的行动混为一谈。

——本杰明·富兰克林，美国政治家/发明家

表 11-1 概述了有关分析中效果和效率之间差异的一些例子。然而视角不同，可能对于怎样才算高效且有效地分析项目，会有不同的观点。

从内部和外部的利益相关方那里听到多个相互竞争的观点并不少见。分析的领导者和分析师对分析生命周期可能会有片面的看法，在不同的时间段和通过不同的方式，他们对分析过程的效率和效果也会有不同的观点。这种方式，通常不同于其他利益相关方在评估分析产品价值时所使用的"决策生命周期"概念。简而言之，每个利益相关方都会就分析过程的重要性及其影响提出他们不同的问题（见表 11-2）。混淆这些利益相关方的需求（即"激励"），往往会导致对它们优先级的误解，从而把自己的精力花到错误的地方。

在服务设计和理解人们如何使用数据产品方面，多听听不同视角的观点会很有帮助。**设计思维**是一种可以帮助创建分析产品和流程的工具。

第 11 章 把分析付诸行动

表 11-2 利益相关方对效果和效率的观点

角色	问题	时间范围	激励 / 产出
分析领导者	分析是否会产生影响，创造价值？	季度、年、3 至 5 年	质量、效益、成本
分析师	怎样才能变得更好——通过学习、成长，变得更精通？	日、周、月	把时间用于有趣的、相关的、可采取行动的、有目的性的工作上
一线的数据倡导者	可以使用什么来影响产出？	分钟、小时、日	整合的、可采取行动的数据视图
企业高管	如何通过分析改变组织？	中期、长期	对日常运营、财务和临床领域的长期影响；推动创新、学习和创造新的机会
病人 / 顾客	这个"风险评分"意味着什么？	今天、明天	数据有意义 / 能引起共鸣，能推动行为的改变和可以据此采取行动
分析产品的客户	如何才能更好地了解正在发生的事情？	周、月、季度	数据是可访问的和准确的，并且以一种合适的详细程度和可以使用的方式来操作

11.2.3 对分析效果和效率的挑战

我们对于世界是有意义的，这种安慰信念是建立在无视我们无知的基础上的[⊖]。

——Daniel Kahneman，心理学家、作家和诺贝尔经济学奖获得者

在分析领域，从实施变革到确保我们拥有实现组织能力的适当

⊖ 类似于俗话所说的，"无知者无畏"。——译者注

技巧和技能，我们都面临着若干潜在的挑战。这些挑战存在于领导力、人的因素以及数据和技术中。分析工作中的常见挑战，请参见图 11-3。

> **工具包**
>
> 从与本书配套的网站上，可以访问那个介绍对采纳分析之障碍的交互式思维导图。

虽然图 11-3 没有把分析中面临的所有潜在挑战都列举出来，但它还是代表了那些影响我们以既有效又高效的方式向组织交付分析产品过程中所面临的最紧迫的一些挑战。

在更高的层次上，这可以从每个分析领导者所面临的如下冲突和困境中看出：

- ❑ 战略与执行
- ❑ 文化与政策
- ❑ 人员与流程
- ❑ 数据与技术

11.3 为什么分析的上线运营会失败

> 一旦我们知道了它是什么，就很难想象不知道它时会是什么样子。
>
> ——Chip Heath 和 Dan Heath，*Made to Stick*，*Switch*

似乎上面列出的挑战还不足以令人无法应付，重要的是我们需要意识到，进行变革可能更难。即使你有正确的战略、准确的数据、合适的人员和恰当的技术，分析项目仍然有可能失败。以下是分析

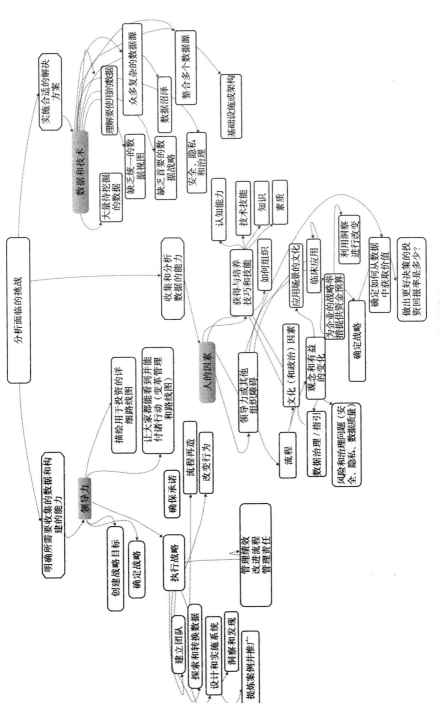

图 11-3 分析通常面临的挑战

第三部分　分析能力卓越常青之道

产品投产与运营时发生失败的一些原因：

- ❏ 我们生成的只是数据，而不是洞察。大量的报表和仪表盘持续激增，导致组织对数据不堪重负；他们开展分析项目的目标只是普及数据，并将数据推介给组织的各个角落，对数据进行审查、丰富和使用。
- ❏ 洞察不及时。"做决策的时间窗口"通常只有几分钟或者几个小时，而当我们拿到分析的洞察结果时，已经远远超过了制定决策的时间窗口。
- ❏ 不了解决策过程。分析生命周期必须与决策生命周期同步。当我们不能设身处地理解人们如何使用数据来支持决策和解决问题时，我们就是在为失败做准备。
- ❏ 技术过于一般化。在实施技术解决方案（数据仓库、仪表盘、报表等）时，我们往往没有考虑如何能使它们更好地支持组织的决策。
- ❏ 信任的合作伙伴。分析产品的创立者和使用者之间没有建立很好的联系，使得分析人员不能理解或预测用户真正的需求。
- ❏ 数据流畅性。大多数组织在基本的数据和分析能力上还存在差距，数据素养和能力必须在整个组织中得到宣传和支持。
- ❏ 没有什么灵丹妙药。通常情况下，我们对于人员与流程没有深入的、非定量的了解，而这些知识有助于将分析洞察定位到适当的环境中。
- ❏ 从小处着手。虽然大爆炸式的方法并不明智，但我们不能继续分析过去。我们的任务是在那些能够影响变革的地方应用分析，包括业务转型，以及产品或者服务的交付。

第 11 章 把分析付诸行动

- 管理不善。当我们提供的数据不准确、不完整且无法验证时,就会让用户失去信心;我们必须确保开发的每一个数据产品的质量。
- "富人和穷人"⊖的文化。当我们不能将分析结果推送给组织各个层级的数据产品用户时,我们的分析战略就失败了。因此,我们需要培养大量的分析产品用户,使他们能够收集数据、提出问题、推动洞察并采取行动。我们还必须对分析产品的应用情况建立模型,支助数据倡导者更好地应用数据分析产品。
- 适度的预测精度。只有能够帮助我们影响变革的分析模型才是好的模型。分析结果的表现并没有比直觉好,或者预测结果没有影响力,这些都会导致有关分析没有效果的负面说法。
- 意外或非预期的结果。当我们不了解在业务环境和相互有关联的系统中如何使用模型时,就很容易将分析用于错误的事情。

成功的分析变革需要什么

没有付诸行动的想法永远只是一个想法。

——Arnold Glasow,美国商人

虽然一些行业仍处于"分析萌芽"阶段,但其他一些行业已经发展出成熟和强大的分析能力。在这些先驱的基础上,我们可以通

⊖ 这里指具备分析手段的人与缺少分析手段的人。传统上,一些企业把分析系统和分析手段只局限于组织的管理层与经理,或者专业的分析师部门,他们是分析的"富人";而一线的业务人员反倒缺少相应的分析系统与手段,这些人是分析的"穷人"。——译者注

过领先的组织看到分析所带来的潜在好处，这些成功案例继续驱动着我们对未来的期许。但我们如何影响变革呢？如何在我们的组织中基于分析采取行动？

机遇来源于我们面临的挑战。这取决于我们如何运用我们所知道的关于行为变革、动机、问题解决、设计思维等方面的知识，来对变革施加影响。

虽然每个组织的具体情况各不相同，但归根结底是以下核心要素：

1. 确定战略意图并阐明分析愿景——提升组织的能力。
2. 定义数据策略——描述需要收集什么数据及如何进行治理。
3. 建立数据采集和分析的能力，包括培养数据分析人才。
4. 实施正确的解决方案——人员、流程和技术。
5. 选取恰当的问题开展分析。
6. 创建对分析洞察快速响应的创新文化。

需要注意的是，许多要素都依赖于组织的领导力、人员、流程和数据。技术只是一种推动因素，而不是问题的"解决方案"，千万不要造成混淆。

11.4　变革管理

到目前为止的讨论，我们提出了变革的抽象概念，这可能会引起大多数人的焦虑。正如前面所讨论的，变革可以产生于挣扎和矛盾。

> 变革不是自然而来的，而是通过不断的斗争和冲突实现的。
>
> ——马丁·路德·金

第11章 把分析付诸行动

或者,变革也可以是自然进化的一部分,我们称之为进步。

要提升就要变革,要完美就要不断地变革。

——温斯顿·丘吉尔

正如本章前面所指出的,变革管理不仅仅是"培训"或者沟通,它是一种有助于促进组织和人员从当前状态向未来状态迁移的系统性方法。

我们谈论组织变革时,实际上是指创造一种思维模式,以帮助个体在包含组织文化的技术和流程背景下进行个人转型。常言道,只有当人们采取不同的方式来完成工作并从现在的状态向未来的状态转型时,才能实现未来的状态。变革管理不是强行变革,而是帮助人们为变革做好准备(意识),理解变革的内在原理和影响(知识),帮助他们运用促进技能发展(采纳)和技能整合(承诺)的工具。

管理变革的过程取决于变革的影响,并且随之调整(参见1.4.1节)。虽然在商业和其他领域都有一些变革管理的方法论,但我认为John Kotter在其开创性著作 *Leading Change* (Kotter,1996)中所描述的八步法更能经受住时间的考验。

就我从事分析领域的工作而言,我采用了六个最佳实践领域,详见表11-3。

表11-3 适用于数据分析的变革管理最佳实践领域

变革管理最佳实践领域	实践中意味着什么
1. 创建共同的变革目标	■ 建立未来愿景 ■ 阐明实现目标的原因 ■ 确定受到影响的人员

第三部分 分析能力卓越常青之道

(续)

变革管理最佳实践领域	实践中意味着什么
2. 建立一个可见的、参与型的领导联盟	■ 进行利益相关者分析 ■ 共同确定变革的影响 ■ 最大限度地吸引变革倡导者的参与（引爆点领导法）
3. 赋能参与和沟通	■ 实施稳健的沟通策略 ■ 建立对变革的意识、知识、贡献、采用、承诺
4. 支持强化个人绩效	■ 开展知识和技能评估 ■ 实施有效的培训和知识管理策略
5. 建立支持性的组织和文化	■ 构建一个变革网络 ■ 调整业务流程，使之与策略一致 ■ 管理变革进度 ■ 为变革做好准备
6. 建立一套衡量与评估的策略	■ 设计变革的治理规范 ■ 跟踪进度和问题，报告状态 ■ 评估进展（亮点与落后之处）

并非所有项目都需要遵循这六个最佳实践领域中包含的每一个步骤。流程应根据变革的广度、深度、影响和重要性来调整。

11.4.1 选择正确的变革方法

如前所述，变革管理所需要的工作量往往取决于变革的环境。图 11-4 通过一些有代表性的问题来帮助量化对组织的影响，从而对每一个**变革维度**均进行说明。问题的答案是影响评估的基础，并将决定支持变革所需的治理水平和努力程度。

变革可采用一套结构化的方法来评估：

❑ 广度适用于大量的用户组和角色。

第11章 把分析付诸行动

- ❏ 深度涉及人们工作方式的适度变革。
- ❏ 影响指对流程和工具,以及组织和文化都有一定程度的影响。
- ❏ 关键性是由变革的内部需求所驱动的,影响核心功能且直接与公司战略联系在一起。

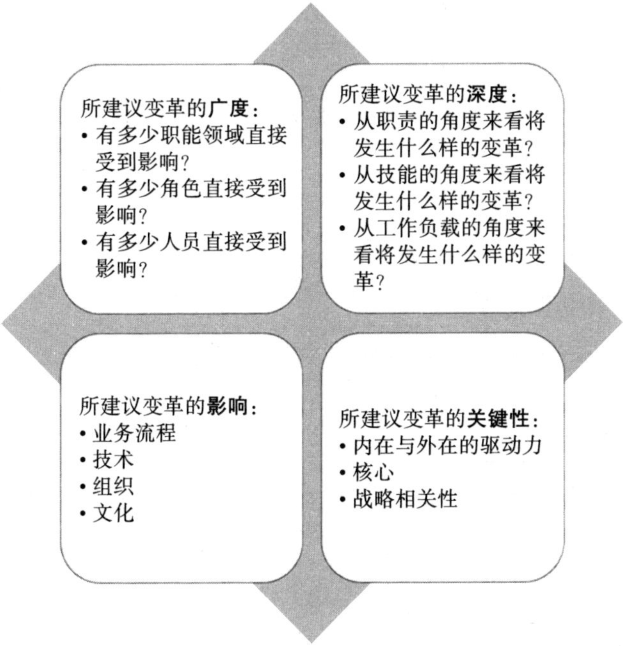

所建议变革的广度:
- 有多少职能领域直接受到影响?
- 有多少角色直接受到影响?
- 有多少人员直接受到影响?

所建议变革的深度:
- 从职责的角度来看将发生什么样的变革?
- 从技能的角度来看将发生什么样的变革?
- 从工作负载的角度来看将发生什么样的变革?

所建议变革的影响:
- 业务流程
- 技术
- 组织
- 文化

所建议变革的关键性:
- 内在与外在的驱动力
- 核心
- 战略相关性

图 11-4 变革的维度

组织可以通过检查这些因素来确定采用分析成果的影响和管理变革的战略。对于分析结果用户人数有限的部门来说,影响可能是极小的,可以据此相应调整变革管理战略。但是,请记住,用户数只是需要评估的一个维度。同时,还必须考虑所提议变革的重要性、对业务流程的影响,以及变革的深度。

当评估组织中不同类型的变革时，可以通过评分，将其归为如下三种类型之一：

- **转型类**（transformational）变革，这种变革对组织中的大多数人产生影响且至关重要，将从根本上影响人们的日常工作。
- **过渡类**（transitional）变革，并不像转型类变革那样波及面广泛，但确实会影响到人们工作的方式，需要重新调整流程。
- **事务类**（transactional）变革，这种变革仅限于一个部门，影响的用户数量较少。

例如，一个分析平台的转型类变革具有如下表征：

- 影响的广度——受到影响的部门或组织的数量，以及角色的数量和类型
- 变革的深度——对职责、能力和工作负载的变革
- 对文化和组织的影响
- 变革的关键性

组织可以从根本上改变其使用数据和分析的方式，了解工作方式的转变需要关注变革管理。毕竟当人们被要求使用不同的工具来完成他们的工作时，需要得到支持，并有必要的技能、培训和领导支持来实现这一转变。

11.4.2 为什么要开展变革管理

变革管理提升了计划、动员和最终执行变革计划的有效性。具体来说，变革管理有助于组织：

- 围绕组织变革和未来发展需要，实现目标的统一，并创造一种紧迫感或有抱负的愿景。

第11章 把分析付诸行动

- 建立明确的决策授权和治理规范,并阐述如何管理变革。
- 了解不同利益相关者群体对变革的积极和消极影响。
- 制定一个有目的、能适应的变革管理战略和计划。
- 发展和支持最适合成功交付分析项目的变革领导者。
- 进行利益相关方分析,建立**变革关系网络**(change network),并通过特定的沟通方式创造变革,从而推动人们沿着**承诺曲线**(commitment curve)前进。
- 确定可用于支持变革的能力优势,使绩效评估和人才管理流程与变革方向保持一致,并制定培训策略以实现转型类或运营类变革。
- 根据变革的流程重新确定组织架构,协调从旧流程到新流程的过渡。
- 确定组织的核心价值观与文化特征,在具体的行为改变计划中加以体现。
- 制定与特定项目相关的变革关系矩阵,跟踪将变革管理干预措施与业务效益联系起来的价值链。
- 建立业务准备就绪与否的标准和检查清单,确定组织准备就绪的时间,促进从旧流程到新流程的平稳过渡。

11.4.3 对变革的情感反应

建立数据或分析技术平台,通常都会涉及组织可能不熟悉的工具、技术或技能。与任何技术的升级一样,会有用户学习曲线以及业务流程的改变,这些都会影响生产力、效率和员工士气。引入新软件的影响和分歧,可能并非对所有组织或行业都至关重要。然而,

第三部分　分析能力卓越常青之道

在一个高度管制、快节奏或竞争的环境中，变革可能对组织产生毁灭性的影响。

制定变革管理计划的核心内容，是确定变革所影响的活动。这些活动应使利益相关者沿着承诺曲线移动，促使采纳变革解决方案，并实现预期的业务效益。图 11-5 所示的变革承诺曲线，说明了利益相关者在需要采用新工作方式的变革计划过程中所经历的意识、理解、采用和承诺的情感阶段。用户的反应方式有许多变化，但大多数模型描述了对变革的情感反应的四个阶段，如图 11-5 所示。

意识
知道变革即将来临，对推动变革的因素有高度的认识，对变革有广泛的视野

理解
了解整体未来状态（变革解决方案）是什么样的，了解新的工作方式将如何影响它们

采用
他所在领域的变革是为了尝试这种变革并熟悉其影响吗？
传达这样一个信息，即新的工作方式即将成为现实

承诺
将变革表述为新的现状和"在这里做事的方式"。
展示了个人的所有权并与变革保持一致

图 11-5　对变革的情感反应阶段

利益相关者根据其起点（当前状态）和期望点（未来状态）的位置，沿着这四个阶段前行。当然，不同的利益相关者会沿着这条曲线，从不同的位置开始，并以不同的速度成熟。一个常见的推动这一过程的因素是"技术好奇心"，可以有助于加速变革实现的过程。例如，我们知道，对于那些很早就采用新技术的先行者，以及那些参与有关变革的对话并参与流程再造的人，其变革的速度将有根本的不同。

图 11-6 中的变革承诺曲线，展示了变革的四种情感反应如何成熟到完全承诺的程度，以及每个利益相关者群体如何以对该群体最合适和最重要的方式沿着承诺曲线移动。

第 11 章 把分析付诸行动

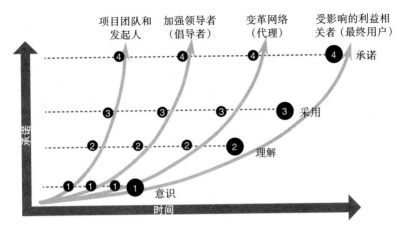

图 11-6 变革的承诺曲线

对于学习新软件程序的用户,他们可能面临下列压力和焦虑:
❑ 在一个对时间非常敏感的环境中工作,无法容忍缓慢或者低效。
❑ 必须有高质量的工作产出。
❑ 必须能够及时回应内部或外部的问题和疑虑。

此外,变革还会产生许多其他困扰组织的问题,例如:
❑ 沟通不充分的历史在用户中酿成的挫败感。
❑ 某些软件组件,如"开源"软件与商业软件相比,带有一种不好的名声(很像 iPhone 和 Android 之间的斗争)。
❑ 员工入职过程很零散且不一致。

如果这个过程做得不好,人们将无法沿承诺曲线向上发展,反而会螺旋式下降。

综上所述,无所作为或糟糕的变革管理可能会对分析项目造成毁灭性的影响。至此,在本章中,我们讨论了如何衡量变革的影响,

第三部分 分析能力卓越常青之道

探讨了变革为什么重要以及如何创造这种紧迫感。

11.4.4 分析变革管理的例子

在数据或分析技术现代化的背景下,我从自己的经验中知道,变革会对组织是否实现预期的投资回报产生深远影响。技术或者流程中的任何变化都会对那些系统的使用者、管理者或系统管理员产生很大的影响。其中一个常见的误区是组织经常无法识别变革的潜在影响,导致变革经常被认为是可怕的和复杂的。例如,如果用户从使用 Microsoft Excel 转到使用一个预测系统,管理者通常会认为变化是微小的,就像从一个系统转向另一个系统一样,用户应该能够轻松地进行切换,或者他们相信做一下工具的演示就能足以起到变革管理的作用。

表 11-4 提供了一些变革的例子和它们的潜在影响。

表 11-4 通过分析项目影响变革的例子

受众	变革的类型	潜在的影响
数据分析师	采用新的数据探索和分析技术	■ 文件系统的变化:导航、右键单击选项、调用参数 ■ 操作系统的变化 ■ 工具的细微差别:当前工作目录、图形、默认选项、界面导航、查询/过滤数据、管理项目、代码管理、日志审核 ■ 编程接口:Web 至客户端 ■ 版本控制:自动化与第三方工具 ■ 监控和调度工作 ■ 远程/分布式访问:VDI、Desktop、Citrix

第 11 章 把分析付诸行动

(续)

受众	变革的类型	潜在的影响
技术数据开发人员	利用新的数据管理系统：数据集成、数据质量、主数据管理、数据治理	■ 理解和重视元数据 ■ 从程序到过程流（process flow）和数据管道（pipeline）的迁移 ■ 角色和责任的匹配 ■ 数据所有权的透明度 ■ 数据治理过程 ■ 与数据系统所有者的深度整合 ■ 不熟悉流程的业务用户
物流公司司机	采用车载远程信息技术和先进的算法	■ 路线优化 ■ 何时关闭引擎的决策：空闲时间 ■ 卡车故障停工的预防性维修
呼叫中心员工	改善质量和客户服务的系统	■ 优化客户体验 ■ 减少网络错误率：电信公司 ■ 为呼叫中心员工设计营销方案，方便他们向客户推荐以减少客户流失
呼叫中心管理人员	利用 AI 技术，主动提供针对呼叫中心人员的话术反馈	■ 绩效评估流程的变革 ■ 针对员工个人的指导与咨询
保险调查人员	利用大数据和数据可视化来检测和预防欺诈	■ 自动从保险理赔和精算师手写记录中提取结构化和非结构化数据 ■ 对需要调查的理赔设置优先处理顺序 ■ 帮助训练机器学习算法

11.5 引领变革的最佳实践

如前所述，我提出的管理分析变革项目的方法包括了六个关键的最佳实践领域。本章重点介绍四个领域，阐明在分析项目中变革管理的重要性及其相关性。

11.5.1 创建共同的变革目标

就像 John Kotter 关于变革的哲学一样，我相信在一个分析项目中最重要的步骤之一，就是围绕变革为什么重要以及变革对整个组织中的利益相关方意味着什么，来创建一个清晰的分析愿景和战略。变革管理战略应具有说服力和一致性，拥有对未来业务环境的愿景以及对未来组织状态的影响。

在分析中，无论是技术影响了模型开发人员，还是分析模型部署导致了业务流程变革，这些都可以通过定义变革的任务、愿景和战略的方式加以记录。在我团队支持的一个项目中，有这样一个案例，它要求通用分析操作平台要融合公司的愿景。该公司的状况是，它使用了数百台个人电脑和服务器，多种产品在三大洲风靡。分析项目的业务目标包括通过流程标准化提升全球资源共享和改善规模经济效应。

通过创建一种共同的目标感，这家公司提供了清晰的分析思路，并为变革确定了可衡量的目标。此外，它还提供了一个跨组织员工合作与协同的机会，以便共享组织未来状态的愿景和战略，同时也使得那些确保成功的措施能得到大家的一致认同和清晰了解。

领导层采取的立场可以是"这就是我们要做的。"然而，只有通过分析创建一个共同的变革愿景，才能为组织创建一种人人都能理解的紧迫感。这是清晰和明确愿景的价值所在，因为它建立了一条清楚的行动路线，明确了从我们正在做的事情到我们为什么要这样做，加强了每个相关者之间的联系。

第 11 章 把分析付诸行动

在我的工作中,我看到了许多变革的原因,包括:
- 应对当前的运营挑战。
- 降低与不断增长用户群和数据量相关的成本。
- 充分利用商用硬件,即最小化服务器的闲置容量,优化计算能力。
- 改进流程。
- 降低风险。

不管原因如何,在分析领域,我们有责任公开说明倡导变革的"理由",并确保愿景清晰、可理解和具有说服力。通常,这需要明确地绘制连接业务战略和技术决策的地图。在编制变革战略时,请描述变革的原因、你想要实现的目标以及你将如何实现这一目标,以便人们能够团结一致,清楚地了解变革驱动因素和变革愿景。

同样,在编写具体的分析项目业务方案时,请描述变革工作的财务和非财务效益,并描述管理变革影响的总体方法。这对于从不同的利益相关方那里获得支持尤其重要,不要让他们觉得分析结果可能会是另一个使他们遭受伤害和打击的变革。

11.5.2 建立可见的、参与型的领导联盟

成功的变革领导者能为变革创建一个共同的愿景,在变革目标上获得一致认同,并通过转型类的变革引领人们。这个最佳实践领域是关于帮助组织利用领导力来克服变革中潜在的挑战。

我不推荐"煮沸大海"(boil the ocean,对应中文的"好高骛远,不切实际")战略,而推荐类似于**引爆点领导力**(tipping-point leadership,TPL)的战略。这个理论表明传统经验可能是不正确的,

因为传统的组织变革思维依赖于改变大众,将变革工作聚焦在改变大众,因此需要大量的资源和较长的时间才能实现变革。相反,TPL方法认为,"为了最终改变大众,首先要将重点放在改变关键少数:对效果有重大影响的少数人、行为和活动。"换言之,领导者才能起到决定性的作用。

通过改变关键少数,推行引爆点变革方法的领导者能够快速实现核心变革,以更低的成本执行他们的新战略。与这种变革管理方法相结合,分析战略执行上克服了变革管理上的四个障碍:认知、动机、资源和政策。这是成功开展分析项目必须沟通的问题,并且必须包含在变革的方法论中,在不用尝试"煮沸大海"的情况下,使分析民主化,建立分析联盟,并取得分析项目试点的成功(见图11-7)。

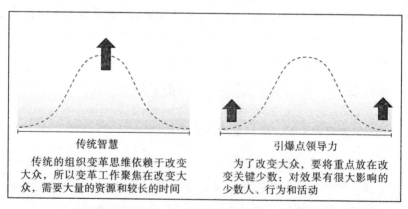

图11-7 敏捷变革取决于集中力量改变有重大影响力的群体(正向或者负面)

变革领导力是指能够指导、计划和引领组织通过变革来实现目标的深层能力(profound ability)。变革领导力过程是指培养组织内的领导者,以有效地推动组织内各个层级的变革。它有助于领导者了解他们的角色和责任,并为期望的员工行为树立榜样。

11.5.3 赋能参与和沟通

11.5.3.1 利益相关方分析

在变革计划的整个生命周期中,需要维护的交付成果之一是**利益相关方分析**(stakeholder analysis)地图,该图记录了可能受变革计划影响或将影响变革计划的利益相关方的完整列表。具体做法是评估利益相关方对变革当前的承诺水平与期望的承诺水平,根据承诺水平高低将利益相关方分为两类,并绘制出两类之间的距离,将提高利益相关方承诺水平作为一个变革生命周期中管理变革战略成功的指南。

工具包

www.analyticslifecycletoolkit.com

从这个网站下载一个利益相关方地图的模板。

11.5.3.2 建立变革关系网络

除了利益相关方分析之外,这个最佳实践领域中的另一个关键流程是建立变革关系网络。在分析环境中,这一点尤为重要,因为在组织中总是存在天生的或事实上有着指导权威(referential authority)的领导者,即那些每个人都认识并且信任的专家,尤其是当人们遇到问题时。

变革关系网络是一个由组织内积极有效的发起人和代理人组成的结构,他们可以将变革的核心需求转化为更广泛的意愿和变革能力。变革关系网络基于这样一个基本理念：组织成员中很少是不会给变革带来影响的被动棋子，大多数的参与者都将会以支持或者破坏变革计划的方式对变革产生干预和影响。

建立一个变革关系网络涉及发现和招聘最优秀的人才，这些受尊重且被视为用户代表的员工，能够在整个变革过程中发现和设法解决变革关系网络中的培训需求，协调持续的活动计划，评估和优化变革关系网络的效果。

变革关系网络的成员可以通过多种方式参与，包括担任分析项目指导委员会成员、超级用户、影响者、代理培训师、行为榜样和意见领袖等。

此外，你可以通过以下方式强化变革关系网络：

- 协助沟通活动，如撰写博客、知识库文章、操作指南文档或短视频。
- 提供特殊培训。
- 参与业务流程的设计，以确保需求能够映射回项目计划或未来的功能列表。
- 参与流程再造活动，包括探索流程领域中支持核心技术或需要核心技术支持的地方，否则它们可能会被忽视。

考虑到变革关系网络的潜在关键作用，从分析流程初期就让关系网络成员参与进来非常重要，这便于让他们了解关键活动，并听取他们"从一线"带回的观点和建议。

11.5.3.3　利益相关方沟通

沟通是变革管理的核心部分，虽然它几乎已成为陈词滥调，但通过有效沟通来"管理"关键利益相关方的承诺，对任何项目来说

第 11 章 把分析付诸行动

都是取得成功的关键要素。

这些流程,旨在确保合适的人员、在合适的时间、使用最合适的方法来传递最合适的信息。个别人员有可能是项目的阻碍因素,但如果沟通得当及时,他们也有可能转变为推动项目前进的倡导者。巧妙的利益相关方参与和沟通活动,会让大家很清楚地了解正在发生什么,未来预期如何,以及如何参与进来,甚至可以消除一些变革会遇到的不可避免的障碍。

前文中,我们看到了变革的利益相关者如果不积极参与变革活动会发生什么样的状况,以及它对变革举措所构成的风险。在这个最佳实践领域中,关键活动包括利用热力图对变革利益相关方进行详细分析,明确不同组织(部门)可能受到变革的影响以及他们当前对变革的准备情况。

最后,赋能利益相关者参与和沟通,只是解决了变革过程中"沟通"部分的问题。沟通质量是影响变革结果的一个重要因素。沟通得不好,就意味着变革的需求可能从未在组织内得到充分的认识;沟通得好,则将使组织完成整体能力的转型。

利益相关者沟通应沿着变革承诺曲线移动的方向,促进利益相关者参与项目以及进行交流。这种参与超越了传统的沟通方法,因传统的沟通方法往往侧重于从领导者向最终用户单向传递信息,但实际上,通过利益相关者真正参与的干预变革活动,才能最终赢得他们对变革的青睐和关注。

一个强有力的变革沟通计划,旨在促进组织对变革项目的理解,促进组织内部对变革的接受和归口管理,鼓舞士气,提高传输信息的准确性,不断强化组织愿景并支撑其落地实施。更进一步而言,

第三部分　分析能力卓越常青之道

它将确保分析项目预期结果的实现。

在实施分析项目沟通计划时，项目负责人必须掌握一定策略，并且不怕犯下过度沟通的错误。项目负责人必须向组织中各个层级的利益相关者宣传分析项目，充分利用所有渠道来实现项目沟通计划。

分析成果的用户需要确保领导层已经倾听并考虑了他们的需求，了解并相信 IT 部门根据分析成果所做出的决策具有战略意义，且是经过深思熟虑的。

项目负责人和支持项目的利益相关者必须尽可能地确保每一次沟通都是具有针对性的，以便组织内的每个人都理解以下内容：

- ❏ 通过变革，他的工作流程将如何不同。
- ❏ 如何在他的岗位上取得成功。
- ❏ 可以获得哪些培训。
- ❏ 他的工作如何被衡量。

通过战略性部署新的现代化平台和其他支撑软件，包括强大的变革管理、沟通和培训计划，组织中的 IT 方和业务支持方可以更有效率地和更有成效地运营和协作。这将最终说明分析项目的业务方和 IT 方拥有共同的紧迫感，具有同等重要的地位。

根据分析项目所处阶段，沟通计划应详细说明个人用户在意识→理解→采用→承诺这个迁移过程中所处的水平。依据每个人处在各自变革曲线中的位置不同，沟通目标将有所不同。上面所示的利益相关者分析热力地图是完成这项工作的一个有用工具。表 11-5 举例说明了由于用户在各自变革曲线中所处的位置不同，与其沟通的信息也会有所不同。

第 11 章 把分析付诸行动

表 11-5 按照变革曲线的沟通目标示例

意识→理解	理解→采用	采用→承诺
■ 传达正在解决的项目或问题的愿景和重要性 ■ 描述项目和预期的变化 ■ 分享项目的时间表 ■ 描述影响 ■ 解释个人的角色和期望 ■ 建立强有力的沟通、支持和信任	■ 宣告新的环境或模型 ■ 获得所有利益相关者的意见和反馈 ■ 衡量有效性并沟通结果 ■ 根据需要调整沟通信息 ■ 在采用和推广阶段为用户提供支持,以便他们开始形成新的能力和展示新的行为 ■ 获得批准	■ 获得所有利益相关者的意见和反馈 ■ 衡量有效性并沟通结果 ■ 根据需要调整沟通信息 ■ 确保用户已经接受了变革,并且在工作流程中得到有效应用 ■ 在其他人的采用和推广阶段,为他们提供指导和支持

11.5.4 支持强化个人绩效

成功的变革,允许个体员工采用和拥有新的工作方式来实现组织变革。为了促进新产品的使用或推动员工采用适当的行为和举措,还可能需要进行培训。此外,通常还需要重新审视和调整绩效管理流程,从而厘清和记录员工的期望。我们的挑战是,需要确保恰当的激励措施、技能和流程都能到位,从而使得人们在未来的组织中有恰当的表现和成效。

实现这些目标,需要关注两个流程:

1. 知识和技能评估——评估受变革影响的用户,是否具备根据业务变革目标改变其工作方式的必要知识和技能。评估文档记录了员工的知识和技能,以便了解员工当前能力和未来所要求能力之间的差距。

2. 培训和知识管理——确保受变革影响的所有员工都具备实施变革所需的必要知识、技能和能力。对于重大变革,可能需要通过培训来对员工行为和产品要素的改变进行指导,包括确定合适的学习课程以及为员工提供合适的工具,来支撑和提升他们的日常工作表现。

此过程中使用的工具包括绩效管理地图、培训和知识需求分析以及评估方法。正确执行这些最佳实践的好处包括:

- 使员工目标与战略变革方向保持一致。
- 为那些需要在新角色中培养知识、技能和能力的人员提供有效支持。
- 为对推动变革至关重要的角色分配合适的资源,并匹配合适的技能。
- 使员工在短时间内能够胜任工作——帮助员工能够更快速地具备完成新工作的能力,使用新系统等。
- 获得人力资本投资带来的收益。
- 改善上岗或者过渡阶段的时间。

工具包

www.analyticslifecycletoolkit.com

从这个网站下载绩效管理地图模板。

11.6 变革中的问题处理

许多变革管理专家,比如 John Kotter(1996)或 Heath 和 Heath(2010),都提出了公认的变革管理理论,但是无论你遵循他们中哪一位的理论,开展变革都不是一件容易的事情。遵循规定的

第 11 章 把分析付诸行动

一系列步骤是必要的，但还不足以引领变革。无论如何，制定变革战略，记录变革驱动因素和遵循好的变革管理方法论，这些都需要花费一定的时间和精力，这一点非常重要，不容小觑。

也就是说，一些行动和举措可能会进行得比较艰难。本节将探讨你可能遇到的一些现实挑战。

变革管理文献中充满了变革失败的惨痛教训和失败原因的分析。这些失败案例涉及兼并和收购、IT、行业转型以及商业模式的创新等。我们总能找到各种理由，说明不能把时间、精力和金钱花费在这些失败的变革管理工作上。影响成功变革的潜在障碍包括：

❏ **基于工作职能的不同，团队成员之间存在相互竞争的优先级**
- 如果要引领变革，就需要有把事情做好的承诺。
- 如果资源无法释放出来投入到重要的工作中，那么重要的工作就不会被重视。

❏ **没有让合适的人员参与进来（既可能是有意为之也可能是无意疏忽）**
- 需要真实和广泛的利益相关者分析，这对确保所有人都能理解变革影响至关重要。
- 技术变革不仅仅是一个技术项目。如果你听到有人说这只是技术更新，那就要格外小心和关注了。

❏ **多个重大的变革项目在组织内同时进行，且涉及或影响到本项目的许多成员**
- 变革管理需要有经验的领导力。
- 转型类变革需要有承诺。
- 如果公司内部没有经验丰富的变革管理专家，则需要寻求那些适合你公司文化和变革方法的外部帮助。
- ❏ 不太理想的技术推广所遗留的问题
  - 领导力虽不会解决所有的问题，但强有力的领导力联盟将大大有助于确保你的变革管理举措不同于以往。
- ❏ 缺乏一个有效的沟通策略
  - 修正它。让具有沟通、心理学和行为改变能力的专家参与进来是必不可少的。
- ❏ 一种含蓄的文化：只要不妨碍人们的日常工作，变革就是好的
  - 这就好比说虽然变革很重要，但还是按照老一套去做。这种策略必将失败。虽然需要变革的分析项目可能会达到一个完成的状态，但毫无疑问，质量标准将无法得到满足。做正确的变革管理并不需要付出巨大的努力，但是需要履行承诺。
- ❏ 对于为什么要进行变革缺乏明确、统一和共同的认识
  - 该项目应该暂停，直到每个人都清楚地知道它为什么很重要，以及在确保项目成功的过程中人们的角色是什么。

11.7 本章小结

把分析付诸行动，可能是我们在促进分析工作价值体现方面所面临的最大挑战之一。如前所述，我们需要理解阻碍我们前进的障碍，并且思考如何设计变革，这对确保我们实现分析项目价值至关重要。引领变革是我们作为分析领导者角色的一部分——支持和影响变革，从而有助于促进组织和人员从当前状态向未来状态的转变。

第 11 章 把分析付诸行动

这些转变势必包括了最佳实践、流程、工具和技巧的采纳和应用，来帮助处理变革所涉及的人员、流程和组织的方方面面。

虽然没有简单的解决方案或现成的答案，但变革管理并不一定非常昂贵，它应该与变革对组织所带来的广度、深度、关键性以及影响力相匹配。

变革管理是一种系统的方法，有助于促进组织和人员从当前状态向未来状态的转变。作为一种管理方法，它包括帮助处理人员和组织方面的变革的最佳实践、流程、工具和技巧。

变革管理包含可用于帮助个人成功实现转型的方法，通过每个个体对变革的接受和承诺，使变革产生业务效益。

在本章中，我讨论了变革管理的定义，以及为什么它是任何寻求自我转型的组织都必不可少的组成部分。在技术变革的支持下，数据战略现代化和培养一个新的分析思维模式，对组织如何成功开展分析项目而言是非常重要的领域。在这个过程中，变革管理是成功所必不可少的要素。

11.8 参考文献

Heath, C., & Heath, D. (2010). *Switch: How to change things when change is hard* (1st ed.). New York: Broadway Books.

Kotter, J. P. (1996). *Leading change.* Boston: Harvard Business School Press.

第 12 章 分析团队的核心胜任力

分析胜任力指成功地将数据转化为可执行的业务干预措施所需要的知识、技能、能力和性格。

——Greg Nelson，ThotWave 创始人兼首席执行官

12.1 核心胜任力概述

构建分析团队的最大挑战之一，是定义适合团队使命和企业文化的综合技能。为了理解如何培养分析团队员工达到未来所需的**能力**（capability），我强烈推荐使用一种胜任力模型，它能够将分析职能、技能和能力映射到组织中特定的角色上。

通过工作场所分析和专家知识开发，这个模型包括九个领域的**知识**、**技能**和**行为**，这些都需要能够在分析团队中体现出来。值得注意的是，对分析至关重要的许多**胜任力**中，都有一些非统计学层面和非技术层面的能力。出现这种情况的原因，是分析团队能力模型试图涵盖整个分析生命周期，而不仅仅是涵盖分析模型开发一个阶段。

12.1.1 分析胜任力定义

分析胜任力指成功地将数据转化为可执行的业务干预措施所需

第 12 章 分析团队的核心胜任力

要的知识、技能、能力和性格。

"数据科学家"有时被视为战士——孤独的斯巴达人——他们通过数据来征服自己潜在的敌人。作为一名经验丰富的咨询顾问，我对此有不同的看法。数据倡导者（data champion）是一个强有力的分析过程的参与者，负责为组织提供数据分析能力。正如你可以从本书介绍的各种过程和最佳实践中感觉到的那样，我对分析生命周期的看法是非常广泛的，因此需要远远超出单个战士能力范围的技能。

事实上，广泛意义上的必要的胜任力中包括了技术技能，但它们只是用于解决现实世界的问题。例如，从行为视角看，分析活动可以包括以下内容：

- 数据整合
- 通过数据讲述故事
- 理解问题
- 动态问题解决
- 沟通和结果解释
- 设定项目的优先级
- 引导探查业务场景
- 数据新闻写作
- 方法选择
- 数据归责
- 异常值检测和处理
- 数据结果呈现
- 决定数据中哪些内容是重要的

那用什么方法来区分胜任力（competency）和技能（skill）呢？我认为胜任力是指一个人能够很好地执行其工作任务的综合素质与能力，包括正确的**思维模式**（mindset）和合适的技能集，这些技能集是人们成功完成其工作所必需的工具集中的技能组合。

胜任力是指一个人能够成功或高效完成某项事情的能力。

然而，技能是特定的能力。对掌握一门技能来说，学习活动是必要的，但光凭技能还不足以让一个人胜任其工作。

技能支持一个人把事情做好的能力。

12.1.2　培养分析胜任力

那么，我们如何发现、加强和培养分析人才呢？从一些著名的资料，比如麦肯锡公司关于大数据分析的研究报告中，我们可以清楚地看到，所有行业都存在分析人才的缺口（Manyika et al., 2011）。

我的一些客户反映，他们满足业务迫切需求的能力，与为他们服务的顾问、供应商和创新者的能力之间存在差异。

特别是，我看到了组织在寻找分析人才时，对于核心胜任力的要求已经发生了重大转变。人们正在摆脱传统的"技能"培养思维模式，这种模式中工具和技术知识占据了中心位置；取而代之的是新的"数据思维模式"，在这种思维模式下，组织需要的是具有更全面、更现代化胜任力的人才，这些能力包括设计思维、创新、分析产品管理、解释数据分析结果、了解IT政策以及业务和运营工作流，以及数据使用应符合道德规范的观念（见图12-1）。

第 12 章 分析团队的核心胜任力

从工具集到思维模式的转变

旧世界： 传统技能		新世界： 现代胜任力			
SAS	SQL	设计思维	问题设计	SAS	Hadoop
JMP	ETL	创新	数据探查	JMP	Spark
STATA	Java	产品管理	影响	Tableau	R
MATLAB	XML	讲故事	团队管理	Qlik	Python
Business analysis	Net	卫生政策	质量	D3	Lua
Reporting		道德规范	工具的选择		Machine
Warehousing		工作流	知识管理		learning
		安全/隐私			

图 12-1 从工具集到思维模式转变的要点

同样，人才的培养方式也发生了重大转变。组织不再去追逐成本高昂的数据科学家，而是采用现代的分析**人才培养**方法，并采用新颖的数据分析战略。

12.1.3 过去和未来所需要的职场胜任力

正如上一章所讨论的，我们需要重新思考培养分析人才的策略。它不必是一次性的教育研讨会、技术培训工作坊或讲座。如果我们真的想在组织内部获得更好的分析能力，我们必须选择合适的人，组建我们的团队开展效率和效果兼顾的分析生命周期活动，即分析活动要以客户为中心，并在分析活动中将敏捷的项目管理与人才发展和绩效管理结合起来。

这种联系有助于我们了解自己的能力、哪些业务流程需要支持，以及我们如何组织以实现分析功能。从这里出发，至关重要的一点是了解我们擅长什么、在哪里还需要加强，这就是知识和技能评估发挥作用的地方。在充分了解机会的基础上，我们可以组建分析项目团队，帮助团队员工制定其个人发展路线图，并通过正式和非正式的知识管理策略来建立机构知识。

图12-2是一个例子，说明我们如何实现组织的项目需求与组织的人才发展策略相匹配。只要我们了解了组织围绕数据和分析的优先级安排，并且了解了分析团队员工胜任力与组织的分析胜任力模型关联匹配的位置时，我们就可以利用这个框架来整合我们的数据分析专业发展计划。

12.1.4 分析职业框架

在我看来，为促进个人和组织的发展，应该激励现有员工学习新技能并增强他们的能力。但传统的职业路径没能做到个人职业发展的敏捷性。我遵循了其他行业的做法，回避职业阶梯概念，而选择采用**职业框架**（career lattice）概念，这是一个把横向经验、技能获取和同伴关系联系起来的对角线框架，通过它可以向员工展示如何发展到不同的职位。图12-2对应第2章中所介绍的标准工作岗位序列的职业框架。在应用这一模型时，领导层应该考虑，在人员招聘、人才保留和职业发展决策中，组织的工作岗位序列如何与职业框架关联起来。该模型可以作为重新制定组织结构的一个起点。

12.2 核心胜任力详述

正如在第3章中提到的，分析是一项团队运动，我们不能依赖假想的独角兽或个人英雄独展其能就能完成。我从来没有遇到过这样的人，他一个人就能胜任分析生命周期广度和深度所需要的所有能力。当然，确实有一些人在分析领域非常厉害，很擅长解决问题。

第12章 分析团队的核心胜任力

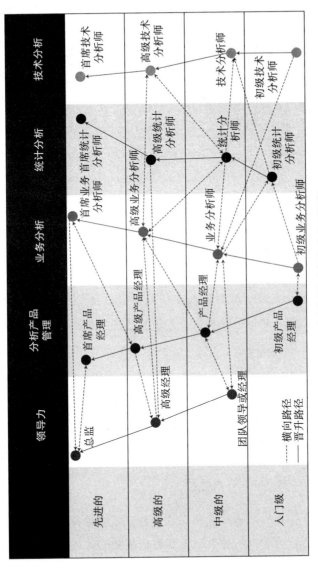

图 12-2 分析团队成员职业发展框架

第三部分 分析能力卓越常青之道

在本节中，我将介绍一个由我与 ThotWave 公司的 Monica Horvath 博士合作开发的数据分析胜任力模型。当你考虑知识领域以及每个领域应具有的胜任力时，需要有这样的意识，即把我们每一个人都看作一个半成品（work in progress）。我是，而且永远将是一个终身学习者。在第 3 章中，我谈到了所有分析中都需要的四个关键胜任力，即：分析思维、批判性思维、问题解决能力和系统性思维。在这里，我再加上一个关键胜任力：好奇心。以我的经验来看，我也许能教会别人一些微不足道的事情，比如问题设计或者数据探索，但我认为好奇心是任何人能够成功发展的先决条件。

虽然技术、方式和方法会持续改变，但下面将要介绍九个胜任力领域（competency domain）和 42 个胜任力域（competency area），我希望你不要把它们当作一大堆必需精通的东西而被吓倒。相反，你应该把它看成是一种为个人成长而制定学习框架的方法。例如，如果你想成为一名业务分析师，你就重点去看那些与此相关的胜任力域所对应的技能即可。

工具包

要了解按知识领域所列的学习资源，请访问与本书配套的网站。

12.2.1　胜任力领域：业务知识

在各个行业，越来越多的人认识到，那些对业务流程有深度和可靠认知的分析师，反过来也是那些能够最有效地支持他们的业务部门的人。

第12章 分析团队的核心胜任力

具有业务领域专长的专业分析人员，能够在工作中做出以下独特贡献：

- 开发相关的数据和分析产品，以满足业务、财务和运营类客户的需求。
- 将非结构化的业务问题，转化为以统计分析方法为基础的解决方案探索框架。
- 改进依赖于数据的现有服务。
- 从战略和战术的角度，参与那些能够对组织产生影响的决策。
- 通过分析组织的数据，了解如何优化内部与外部客户的体验。

该模型将业务领域表示为四个组件的总和，即：运营工作流、IT政策、组织和团队的角色，以及组织的结构。

12.2.1.1 运营工作流

分析专业人员对组织中所有数据的某些部分非常熟悉，因此，当业务的一些做法发生变化或者一些奇怪的事情渗入数据记录中的时候，他们应该能够意识到这些变化。而要做到这一点，需要分析人员对业务工作流有充分的了解。当分析师能够接受这一任务时，说明他们正在做支持业务运营工作流完整性的相关工作。

开展运营工作流分析，要求将特定业务的因素体现到分析中去，需要具备以下各项能力：

- 描述支持产品或服务线的人物角色和工作流。
- 使用企业的业务术语和俗语。
- 从为业务单元服务的战略目标和特定战术举措两个角度出发，描述清楚分析的作用。

12.2.1.2 IT 政策

许多组织都受到来自地方、州、联邦和国际组织的严厉监管和压力。这些不同的压力,在我们对工作流和分析解决方案的选择、合理化以及部署等方面,都产生了显著的影响。因此,专业分析人士应该了解,不断演进的政策将会如何影响这些工作流,并最终改变对数据的解释。IT 政策胜任力包含以下各项能力,以便整合内部和外部对分析的影响:

- ❑ 描述 IT 政策如何影响组织的数据生态系统。
- ❑ 通过了解对客户、员工、供应商和其他利益相关者施加压力的财务激励网络,做出围绕项目可行性的决策。
- ❑ 一旦出现影响业务流的新政策,能够对现有数据分析产品的潜在影响制定改变计划。

12.2.1.3 组织和团队的角色

专业分析人士的角色在其本质上具有高度的咨询性质,并且在每个业务单元中都有其一席之地。因此,他们有责任了解广泛的业务角色,以便与业务部门建立有效的关系。当面对工作流问题时,专业分析人员绝不应该依赖于猜测或者假设开展工作。组织和团队角色胜任力包含以下与业务部门建立关系的能力:

- ❑ 对于他们支持的业务部门,能够与部门的其他员工通力合作,并了解这些人对于数据的独特观点。
- ❑ 通过识别数据的使用者并与其建立联系,能够在组织中建立一个影响圈。
- ❑ 当需要有关流程或者业务职能的信息时,能够识别和确定需要咨询的主题专家。

第 12 章 分析团队的核心胜任力

12.2.1.4 组织的结构

对很多大型组织来说,其组织结构图非常复杂。通过在一个环境中浏览与导航组织中众多的公司实体、部门和附属机构,我们可以开发出一幅用于数据分析的用户群整体视图。组织结构胜任力包含以下各项用于识别利益相关方的能力:

- ❑ 通过浏览与研究整个企业的管理层架构,能够识别并确定负责业务决策的公司高管或其他高级管理人员。
- ❑ 与代表不同业务需求与观点的员工合作,以解决复杂业务问题。
- ❑ 当业务单元之间似乎具有相互冲突的使命和目标时,能够处理数据产品在一些微妙场景下可能出现的可操作性问题。

12.2.2 胜任力领域:分析思维

分析型思考者是那种有很强业务意识的人,他通过深入地思考业务问题来确定哪些问题可以利用数据提出来。

我们可以提出很多关于数据的问题,但它们是那些需要问的正确问题吗?分析型思考者有能力提出正确的问题,并利用分析结果以创造性的方式来解决问题。

具有分析思维专长的分析专业人士能够做出以下的独特贡献:

- ❑ 基于项目目标,应用数据来评估某个假设。
- ❑ 通过统计分析找出相关性和依赖性。
- ❑ 通过审查结果来确定对项目的影响。
- ❑ 通过倡导分析的价值来提升业务。
- ❑ 沟通业务洞察结果。

第三部分　分析能力卓越常青之道

该模型将分析思维领域表示为五项胜任力的总和：问题设计、统计和分析的方法、结果解释、将分析洞察投入生产和运营，以及宣传分析产品。

12.2.2.1　问题设计

每个分析项目都始于一个非常基本的问题，这个问题的设计必须基于这样的原则：能够定位和识别我们需要解决的业务问题，并且结果具有可实现性。问题设计胜任力包含以下能够提出正确问题的能力：

- ❏ 在开始分析数据之前，确定需要解决的问题。
- ❏ 采用一种结构化的方法来设计问题。
- ❏ 使用一种适合未来输入数据的研究型设计手段。

12.2.2.2　统计和分析的方法

统计方法，如建立度量标准、识别相关性、计算 p 值和其他一些技术手段，都有助于解决有关业务数据的假设。统计和分析方法胜任力包含以下执行正确和有效分析的能力：

- ❏ 对不同类型的数据使用多种针对性的统计分析方法。
- ❏ 推导和应用风险评分并进行调整。
- ❏ 识别和表征统计变异。

12.2.2.3　结果解释

一旦分析完成后，就需要对结果进行解释，从而识别它们对业务问题有什么影响。这需要深入的思考，并采用一个明确的和合乎逻辑的方法，将假设与实际情况分开考虑。结果解释胜任力包含以下准确评估分析发现的能力：

- ❏ 识别数据中的模式和变异的来源。

第 12 章 分析团队的核心胜任力

- 区分所得的分析结果到底是"一次性的"现象,还是适用于全体样本的规律。
- 理解相关性并不总是意味着因果关系。

12.2.2.4 将分析洞察投入生产和运营

把分析洞察作为可重复工作流的一部分来管理,可以减少重复工作,并为分析结果的"起飞"⊖提供一种类似于工厂的配置⊜。将分析洞察投入生产和运营的胜任力,包含以下能够使开发和使用分析产品的过程更加简化与合理的能力:

- 衡量分析产品的投资回报率。
- 选择表现足够稳定的分析产品来处理这些业务问题。
- 建立产品发布计划,以便在组织内全面推广和采用分析产品。

12.2.2.5 宣传分析产品

许多重大而昂贵的分析产品在完成之后被束之高阁,因为没有人倡导和支持它们的采用。如果没有一个团队来推动产品的使用,没有对业务流程的持续创新,业务问题就无法得到解决,分析的投资回报率将显著下降。所谓分析产品宣传胜任力,包含以下促进数据分析和分析产品持续应用的各项能力:

- 传递分析的价值及其给整个组织带来的利益。
- 说明如何将分析结果应用于业务的其他领域,以及分析结果不适用于哪些业务方面。

⊖ 原文"take off",意为"起飞"或"腾飞",这里指分析结果在业务应用中发挥作用的意思。——译者注

⊜ 原文 factory-like,这里指需要把分析的洞察或者分析的结果,像放到工厂的流水线上一样,使之能上线并重复运行。——译者注

第三部分　分析能力卓越常青之道

☐ 用非分析专业人员也能理解的方式来沟通分析结果。

12.2.3　胜任力领域：数据管理

数据管理聚焦于数据的提取、转换、对是否适合于使用的评估，以及数据治理措施。

拥有定义明确、治理清晰和高质量的数据是整个分析结构的基础。此外，你还需要一个数据治理和确保流程可以重复的计划。

具有数据管理专业知识的分析人员可以做出以下独特贡献：

☐ 为高质量的决策提供有质量保证的数据。

☐ 从各种数据源中提取数据。

☐ 基于文档记录和安全措施来治理数据。

☐ 对不同来源的数据进行整合。

该模型把数据管理领域表示为四种胜任力之和：数据整理、数据质量、数据治理和数据建模。

12.2.3.1　数据整理

数据可以从多个源头、以多种形式产生。能够正确地读取数据，并对数据进行格式化处理是做好数据分析的关键的第一步。数据整理胜任力包含以下为开展分析需要而获取并准备数据的各项能力：

☐ 提取大量的数据。

☐ 对数据进行转换，从而被用于解决各种业务问题。

☐ 清理脏数据。

12.2.3.2　数据质量

基于数据形成的业务决策质量直接取决于数据本身的质量。数

第12章 分析团队的核心胜任力

据质量胜任力包含以下分析、维护数据完整性与有效性的各项能力：
- 探查和描述数据。
- 开发可重复处理数据的方法。
- 在回答业务问题的时候，评估数据的适用性和质量。

12.2.3.3 数据治理

对数据恰如其分的使用，以及通过文档来记录数据的结构、含义和它的出处，是正确开展数据治理的关键。针对这些任务建立一个体系化的流程，有助于阐明为什么要使用这些数据。数据治理胜任力包含了开发和记录数据管理流程的以下各项能力：
- 描述数据来自何处。
- 描述数据治理和数据质量之间的关系。
- 建立如何记录和完善数据标准以及定义的模型。

12.2.3.4 数据建模

处理各自分散的和不同类型的数据，意味着必须把它们连接在一起。数据建模⊖（data modeling）聚焦于如何把不同来源的数据源相互关联起来，弄清哪些字段是重要的，以及如何创建一个可复用的模型来将这些碎片数据连接在一起。数据建模胜任力包含以下来建立数据模型和分析数据结构的各项能力：
- 理解不同的数据模型结构。
- 建立适合各部分的实体关系图模型。
- 在物理数据库中实现所建立的数据模型。

⊖ 这里的数据建模指根据数据的业务关系建立数据的 E-R 图，不是指开发数据的统计分析模型。——译者注

12.2.4 胜任力领域：数据探索

数据探索是指需要通过尝试各种各样的活动来检查不同的数据集，判断它们是否适合回答不同类型的业务问题并进行进一步的探寻。

给出明确的数据定义，其实只是回答了业务问题的一半。在数据探索、演绎和解释过程中所做出的结论，才能体现出数据分析真正的艺术魅力。

数据探索的专业知识，能够使个人做出以下独特的贡献：

- ❏ 量化给定数据集的广度和深度，并思考它是否适合于某一个分析目标。
- ❏ 识别以前未发现的数据之间的关联之处。
- ❏ 评估数据获取的过程是否存在偏差，从而建立能真实反映业务工作流的信息。

该模型将数据探索领域归结为三种胜任力之和：数据探查和特征描述，数据之间的关系和连接，以及基础的业务工作流。

12.2.4.1 数据探查和特征描述

了解一个数据集里面到底有什么，是能够找到新颖的数据洞察的第一步。数据探查工作涉及执行多种分析活动，从而能够描述一个数据集的总体趋势、特征与"个性"。数据探查和特征描述胜任力，包含以下能够了解数据本质的各项能力：

- ❏ 使用一种结构化的、可重复的过程，从集中趋势、变化和数据类型的角度，来探索和总结一个数据集的个性。
- ❏ 识别数据集的极端值、异常值、质量问题和缺失的数据。
- ❏ 使用各种图表或图形，用可视化的方式来描述数据。

第12章 分析团队的核心胜任力

12.2.4.2 数据之间的关系和连接

那些具有强大数据探索能力的人，能够发现数据之间的关系和连接，而这些可能以前并不被重视。他们将使用各种叙述性和可视化方式向组织的领导者解释数据的这些相互关系。数据之间的关系和连接胜任力，包含以下对数据关系进行识别和建模的各项能力：

- 为连接在一起的不同数据集建立一个数据字典，以描述它们之间的联系。
- 进行广泛和深入的子集分析，以了解数据值是如何相互变化的。
- 利用主数据文件来加强数据间连接度。

12.2.4.3 基础的业务工作流

虽然业务胜任力领域强调了运营工作流的胜任力问题，但好的数据探索能力仍依赖于能够将分析人员面前的数据与创建这些数据的应用程序关联起来。越来越多的企业系统，例如电子健康档案、库存管理、人力资源、财务管理以及其他运营类系统，几乎已经在企业商业运营的方方面面得到了使用。基础的业务工作流胜任力包含以下对业务流程和数据流进行分析和建模的各项能力：

- 创建并解释工作流的过程，使得一个数据要素的路径可以映射到整个工作流系统中。
- 为一个或多个业务角色的细微差异提供深层次的专业知识。
- 在基础的业务工作流被改变或不被遵循的时候，能够识别数据如何流入以及数据值如何发生变化。

12.2.5 胜任力领域：数据可视化

通过使用数据的图形化展示来讲述故事，是一个能够引人入胜、

第三部分 分析能力卓越常青之道

令人信服的沟通有意义信息的方式。

能够有效地沟通分析洞察结果,引导分析成果用户理解结论,或鼓励他们对分析洞察提出更深入的业务问题,可以使他们参与到分析洞察结果应用的整个过程中来。

数据可视化专业知识使得分析人员能够做出以下的独特贡献:

- ❏ 使用多种可视化软件包。
- ❏ 创建有意义的图形,并观察设计因素和设计意图。
- ❏ 基于数据来沟通分析结果,并清楚地解释分析结果。

该模型将数据可视化领域表示为四种胜任力之和:讲述故事、可视化技术、可操作性(actionability)以及可视化设计原则。

12.2.5.1 讲述故事

每个故事都应该有开头、中间和结尾。从数据出发构建一个故事,用可视化的方式来加以描绘,并引导受众得出一个合乎逻辑的结论,这需要时间、天赋和多种技能。

讲述故事的胜任力包含以下用于开发有效故事的各项能力:

- ❏ 建立数据分析的图形,以便让受众非常容易理解。
- ❏ 制作故事板,通过一系列事件从头到尾地吸引观众。
- ❏ 应用行业最佳实践,创建令人信服的视觉效果。

12.2.5.2 可视化技术

创建高超的视觉效果需要有一双设计师的眼睛,同时还要能够娴熟地使用可视化软件。这可以通过编程、点击式工具,或者两者的组合来实现。数据可视化胜任力包含以下促进数据和信息表达的各项能力:

- ❏ 选择合适的软件包或组合。

第 12 章 分析团队的核心胜任力

- 采用新出现的工具和技术。
- 使用合适的工具创建多种可视化效果。

12.2.5.3 可操作性

如果分析洞察没有和那些有能力采取行动的人充分沟通,那么在分析数据中投入这么多的精力有什么用呢?设计问题和提出假设同基于数据答案做出改变的能力一样重要。分析结果可操作性胜任力包含以下利用数据来影响改变的各项能力:

- 验证分析结果是否可实施。
- 领导团队来实施已定义业务问题的分析解决方案。
- 帮助其他人探索这些工具的使用,并教会他们自主解决问题(例如,自助工具)。

12.2.5.4 可视化设计原则

创建图表很容易,但创建符合设计原则、有意义的图表就困难得多。一个图表的创建需要能准确传达信息,不会误导读者得出不合适的结论。可视化设计原则胜任力包含以下生成有效数据图形的各项能力:

- 运用线条、形状、颜色和其他光学设计元素。
- 运用协调、空间、平衡和其他元素的设计原则。
- 确保图形对于目标受众是简单易读的(可解释的)。

12.2.6 胜任力领域:技术素养

技术在不断发展。一个分析专业人士,必须具备多种软件包和工具的工作知识,才能针对手头面临的工作,找到最适合的、能得到最佳决策的软件包和工具。

第三部分 分析能力卓越常青之道

在技术方面，没有"一刀切"的解决方案，唯一不变的是技术的变化。分析专业人士必须能够跟上软件行业的变化，以实施最佳的工具。

技术素养专业知识使得分析人员可以做出以下的独特贡献：

- ❏ 分析解决业务问题的正确工具或软件包。
- ❏ 确保遵守政府的隐私和安全条例。
- ❏ 探索技术替代方案。

该模型将技术素养领域表示为五大胜任力之和：工具的选择和使用、安全和隐私、工具的敏捷性和流畅性、系统性思维和企业系统架构。

12.2.6.1 工具的选择和使用

在种类繁多的软件中，每一款都有自己的优点和缺点。在不同的情况下，每个软件包能给我们带来什么，我们对此要有清晰和扎实的了解，这一点至关重要。工具的选择和使用胜任力包含以下针对软件和技术做出有效决策的各项能力：

- ❏ 针对业务问题评估应用的工具。
- ❏ 了解一个工具如何适应组织当前的基础设施，或对组织的基础设施提出优化建议。
- ❏ 了解分析活动需要支持的组织架构以及各种编程语言。

12.2.6.2 安全和隐私

对大多数企业来说，隐私都是一个主要的关注点。州、地区、联邦和国际法规都要求企业采取一定的措施来保护客户隐私。组织必须指定专门的员工来负责通过制定数据保护方案来确保隐私安全。安全和隐私保护胜任力包含以下保护数据和信息资产的各项能力：

第12章 分析团队的核心胜任力

- 维护一个安全和隐私的环境,同时符合道德的约束。
- 使用内部协议和信息标准保护数据处理过程的安全。
- 在必要时与其他团队成员分享安全和隐私法规。

12.2.6.3 工具的敏捷性和流畅性

跟上不断发展的软件和技术,才能保持组织对技术发展的敏感度,并处于前沿位置。分析工具的敏捷性和流畅性胜任力包含以下避免组织使用过时工具和软件的各项能力:

- 时刻积极学习最新的工具和技术。
- 研究工具和系统之间的交互操作性。
- 根据需要切换和集成不同的工具。

12.2.6.4 系统性思维

很多时候,员工过于专注他们自己的工作而看不到大局。系统性思维是使员工走出日常工作的思维过程,点亮分析工作所处的整个环境。通过更深入地了解整个系统,我们可以对单个工作任务的影响和价值做出更好的选择。系统性思维胜任力包含以下更好地认识系统内部联系和相互依赖性的各项能力:

- 理解整个系统,并将这样的知识应用于数据和分析工作。
- 以开放的心态,采取新的方式来完成任务。
- 制定一个360度的全视角方法,聚焦于分析工作如何能让所有业务的利益相关者受益。

12.2.6.5 企业系统架构

由于大多数企业的分析数据都依托于企业的数据资产,如大型的业务运营系统或者数据系统(比如数据仓库和数据湖),因此,了解产品的架构和共同特征就显得至关重要。确定一个可靠的工作流模型，将带来一系列更好的分析产品。企业系统架构胜任力包含以下对数据系统建模和理解的各项能力：

- ❏ 设计一个聚焦于仓库数据对业务流程的影响的工作流。
- ❏ 深入了解企业的数据资产，不仅整体了解它们是什么，还要清楚地知道每个数据字段的含义。
- ❏ 利用IT技术来理解数据背后的人员和流程。

12.2.7 胜任力领域：战略思维

战略思维要求运用创新思维和系统性思维来支持基于事实的决策。经验、判断力、专业精神和道德伦理，都在引领战略解决方案的过程中发挥作用，该解决方案通过分析为重要的业务问题提供答案。

战略思维专业知识，使得专业分析人员能够做出以下独特的贡献：

- ❏ 识别解决问题的各种方法。
- ❏ 评估实施的解决方案。
- ❏ 在保持与组织和行业一致的前提下执行战略。
- ❏ 批判性地评估大量信息。
- ❏ 在决策制定过程中贯彻道德标准。

该模型将战略思维领域表示为四种胜任力之和：创新和设计思维、战略协同、数据驱动的决策制定、专业精神和道德操守。

12.2.7.1 创新和设计思维

在解决问题的时候，尝试各种各样的方法，也就产生了新的、创新的想法和解决方案。创新和设计思维胜任力包含以下提升适应性和创造性解决问题途径的各项能力：

第12章 分析团队的核心胜任力

- 创造性地思考新颖的解决方案。
- 在决策过程中听取不同意见。
- 意识到并非所有想法都是可行的,但是可以作为寻找其他想法的跳板。

12.2.7.2 战略协同

只要行业还在不断变化,就必须制定一个强有力的个人发展战略,以避免被时代淘汰。战略协同能力确保员工能跟上行业的不断变化,并根据需要进行调整和改变。战略协同胜任力包含以下确保对变化做出适当反应的各项能力:

- 建立个人发展战略,以随时了解你所在行业的最新事件和分析方面的进步。
- 通过演讲和出版物来交流新发现。
- 通过社交媒体和社区渠道吸引他人参与。

12.2.7.3 数据驱动的决策制定

数据驱动的决策制定胜任力能够确保个人充分理解大量的数据,并将这些数据转化为有意义的信息,从而做出明智的业务决策。员工通过利用分析能力,可以对数据进行深入的分析。数据驱动的决策制定胜任力包含以下有效使用数据的各项能力:

- 解释数据并对它进行衡量。
- 确保业务数据流程的一致性。
- 理解数据可变性的影响。

12.2.7.4 专业精神和道德操守

不管是哪个行业,数据中都充斥着大量的机密信息。滥用这些信息可能会引起严重的道德和职业问题。组织的所有成员都必须认识到,即使是出于最好的意图,也很容易造成机密信息的误用。专业精神和道德操守胜任力包含以下能促进负责任地管理数据和信息的各项能力:

- 表现出尊重、正直和同情。
- 遵守与数据、业务实践和分析使用相关的道德原则。
- 在各方面致力于卓越和专业精神。

12.2.8 胜任力领域:领导力

领导力能够,也应该出现在一个组织的各个层次上。培养一种鼓励个人成长和提升领导力的环境,能够推动组织向前发展,形成一支强大的、积极向上的员工队伍。

领导力作为最重要的领域之一,具有领导专长的专业分析人员可以做出以下独特的贡献:

- 鼓励一种培养人的环境。
- 认可协作的机会。
- 识别期望值。
- 响应变化。
- 调解冲突。
- 建立信誉。

该模型将领导力领域表示为七种胜任力之和:变革领导力、指导和培养、协同领导力、冲突管理、影响力、团队领导力,还有财务能力。

12.2.8.1 变革领导力

培养能够容易应对变化的环境是一个困难的过程。许多人抵制

第12章 分析团队的核心胜任力

变革。确保你处于一个认可变革管理理念的环境，并能够从组织的各个层面获得认同，这对于采用更好的流程是至关重要的。变革领导力胜任力包含以下帮助团队有效适应变革的各项能力：

❑ 开发和实施管理变革的过程和程序。

❑ 为员工提供有关变革和未来期望的指导。

❑ 分析变革对人员、流程和系统产生的影响。

12.2.8.2 指导和培养

绝大多数员工都想要成长和学习。在员工的个人发展领域，不存在"一刀切"或者"一招鲜"的方法。需要在了解员工当前技能集以及他们想要达到目标的基础上，为每个人量身定制一个发展计划。指导和培养胜任力包含以下增强团队能力的各项能力：

❑ 指导员工。

❑ 为员工制定一个可操作的、量身定制的学习计划。

❑ 提供资源帮助员工实现他们的目标。

12.2.8.3 协同领导力

像自然界厌恶真空一样，进步的组织需要与外界有交流。部门内和跨部门间的人员合作与协同，能够激发新的思想和创新。建立协同领导力能促进个人和组织的成长与发展。协同领导胜任力包含以下促进有效团队合作的各项能力：

❑ 与其他人就如何解决业务问题进行头脑风暴。

❑ 寻求并积极听取他人的意见。

❑ 愿意听取别人的观点，哪怕这些观点与你最初的立场背道而驰。

12.2.8.4 冲突管理

如果每个人总是同意的话，这个世界将会是一个非常沉闷的地方。冲突管理是一个很好的工具，可以帮助解决工作场所中的各种分歧。该领导力领域认可冲突的存在，并包含以下帮助管理和缓解冲突的各项能力：

- ❏ 利用多种方式来解决冲突。
- ❏ 识别早期的干预机会。
- ❏ 使用解决方案驱动的方法。

12.2.8.5 影响力

有些人之所以有影响力，是因为他们手中掌握了某种权力。另一些人之所以有影响力，则因为他们是天生的领导者。那些被证明具有领导能力的人将会产生更大的影响，因为这些人与其他人已经建立了一种信任的关系。影响力胜任力包含以下帮助建立信任关系的各项能力：

- ❏ 鼓励人们通过合作来解决问题。
- ❏ 在关键时刻提供有价值的反馈。
- ❏ 倾听他人意见，并在解决问题后分享功劳。

12.2.8.6 团队领导力

领导一个团队是一种巨大的责任，如果可以帮助员工发展他们的职业生涯，团队领导力也是一种巨大的回报。确保员工目标与公司目标保持一致，从而形成一个专注且富有成效的团队。团队领导力胜任力包含以下鼓励和支持团队的各项能力：

- ❏ 及时提供反馈并设定正确的期望。
- ❏ 认可和表彰杰出的业绩。
- ❏ 及时识别团队的优势和劣势。

第 12 章 分析团队的核心胜任力

12.2.8.7 财务能力

获得良好的投资回报，是商业领域一条经得起时间考验的座右铭。每个组织都应该自始至终地意识到每个项目或决定可能对业务产生的影响。向员工灌输并帮助他们建立很强的财务观念，对于充分授权和信任员工的决策是至关重要。财务胜任力包含了以对财务负责的方式来执行项目的各项能力：

- ❏ 描述分析项目的投资回报率。
- ❏ 编制资源和预算文档。
- ❏ 从财务角度设置项目的优先级。

12.2.9 胜任力领域：分析产品管理

分析产品管理，包含了用于监控分析产品生命周期的保真度（fidelity）、健康状况和价值的各种胜任力。

具有分析产品管理专业知识的分析人员，能够做出以下的独特贡献：

- ❏ 大力推行一个用于管控交付物的**整体品性和效果**的流程。
- ❏ 应用和实施既定的项目管理方法论。
- ❏ 代表分析团队管理分析产品的范围、成本和计划。
- ❏ 确定数据产品、业务策略和实际工作流之间的联系和依赖关系。

该模型将分析产品管理领域表示为六种胜任力之和：质量过程、资源组合管理、业务影响评估、产品维护和持久性、需求管理和知识管理。

12.2.9.1 质量过程

质量过程需要在组织里有一个很强的推动人与倡导者，以确保所有团队成员都能以正确的方式来使用数据，并在考虑不同分析决策的影响时进行尽职调查。如果没有文档化的、稳定的流程作为保障，分析团队的绩效和整体效率都会有风险。质量过程胜任力包含以下在过程和产品方面提高质量的各项能力：

- ❏ 对数据质量管理和分析团队活动过程管理提供有效的改进方法论。
- ❏ 在分析产品发布给客户之前，确保进行适当的测试和评估。
- ❏ 在决定项目优先级时，敏锐地考虑定量和定性的成本。

12.2.9.2 资源组合管理

分析团队是密集活动的场所。我们不仅需要管理单个项目，还需要管理相互间存在资源竞争的项目组合。分析团队的组合资源管理胜任力包含以下管理项目资源和资产的各项能力：

- ❏ 围绕分析项目各子模块的排序和时间承诺，做出明智的决定。
- ❏ 实施敏捷的管理方法，当有对产品及其使用带来影响的新数据产生时，项目和产品都能及时做出相应的响应和调整。
- ❏ 确保团队成员了解其产品在使用时可能对组织内各级管理层所产生的影响。

12.2.9.3 业务影响评估

如果项目与组织的战略目标之间能达成真正的协调和一致，对业务影响评估的责任将以某种形式在分析团队所有成员之间共同分享和承担。业务影响评估胜任力包含以下可以将分析流程与业务结果进行关联的各项能力：

- ❏ 主动发现意外的后果和商业利益。
- ❏ 与项目的利益相关者讨论和协商遇到的任何与数据有关的困难。
- ❏ 实施质量监控流程，使得从使用分析产品中所获得的业务收

第 12 章 分析团队的核心胜任力

益不会随着时间的推移而下降。

12.2.9.4 产品维护和持久性

实施一个软件解决方案,对所有使用它的人来说都会有一个学习曲线。识别和采用那些历久弥新的技术解决方案,使得在学习和技术方面的投资效益最大化。至关重要的是,要定期投入技术运维成本,以确保所投资的技术能够持续增长和运营。产品维护和持久性胜任力包含以下能获得最优技术投资回报的各项能力:

- ❑ 管理软件的集成和运营过程。
- ❑ 及时开展分析产品的维护工作。
- ❑ 在需要的情况下,集成和管理其他新的技术。

12.2.9.5 需求管理

构建项目计划,需要在确定业务主题专家(Subject Matter Expert, SME)、协调参与人员、编制需求文档和任务分析等方面付出较多的努力。如果你有一个目标(例如一个需要解决的业务问题),你就需要一张通往目标的详细地图。需求管理胜任力包含以下把业务需求转换为项目需求的各项能力:

- ❑ 让业务主题专家参与进来支持项目。
- ❑ 为分析团队所有成员提供需求文档,以便它们能在分析项目开展过程中用作参考。
- ❑ 建立一个工作计划来确定任务和依赖关系,从而管理项目并确定需要的投入。

12.2.9.6 知识管理

随着工作的展开,每个分析项目都有可能偏离最初的假设。记录这些变化将成为后续项目的学习过程,并确保在产品研发的过程中，针对这些变化所做的分析与决策都有完整的记录。知识管理胜任力包含以下传承关键和必要项目知识的各项能力：

- ❏ 跟踪和记录项目变更。
- ❏ 跨团队分享知识和技能，即使当团队成员发生变化时也能保证知识的累积和风险的降低。
- ❏ 记录知识是如何获得的，这样会让新团队成员更容易上手。

12.3 基于知识领域的分析工作岗位序列的理想胜任力

12.3.1 胜任力领域：业务知识

熟练的分析专业人员，是业务和业务运营方面的主题专家。为了促进数据分析和可视化的变化，这些分析人员必须了解业务中各种行为者（患者、客户、供应商）之间的关系，以及他们的角色动态，他们如何与员工、部门、分部以及业务（包括运营、数据流等）进行互动。如前所述，从事业务领域管理的专业分析人员需要负责运营工作流、IT 政策、组织和团队角色、组织架构等方面的设计管理工作，他们也应具有产品生命周期管理的能力和知识，其中包括分析产品管理、业务分析、技术分析、统计分析和领导力方面的胜任力。建议业务领域分析专家对分析生命周期不同阶段的胜任力的掌握程度如表 12-1。其中，圆圈的大小代表着应掌握/精通胜任力的程度，从最低的"发展中"到最高的"导师"。⊖

⊖ 本处原书内容不完整，为了方便读者理解，译者结合上下文及从业经验补充了内容，本节后面几个小节也是如此。——译者注

第 12 章 分析团队的核心胜任力

图例：● 发展中　● 较熟练的　● 较有优势　● 导师

表 12-1　业务领域分析工作岗位理想胜任力建议

胜任力	胜任力描述	分析产品管理	业务分析	技术分析	统计分析	领导力
运营工作流	建立和维护运营工作流，以管理病人护理和收入的周期	●	●	●	●	●
IT 政策	解释组织的整体价值链，以及流程和系统中的策略如何影响工作流	●	●	●	●	●
组织和团队角色	在所有利益相关者之间建立有效的关系	●	●	●	●	●
组织架构	成功地浏览和导航各种组织结构，以便跨业务设置提供分析服务	●	●	●	●	●

· 447 ·

第三部分　分析能力卓越常青之道

12.3.2　胜任力领域：分析思维

该领域的专业分析人员是分析的思考者，他能提出正确的问题来指导探索数据模式的统计方法。专业分析人员通过对这些分析结果的解读，用新的方式来解决问题。从事分析思维领域管理的专业分析人员需要负责问题设计、统计和分析方法、分析结果解释、分析洞察投入生产运营、成果宣传等方面的设计管理工作，他们应具有产品生命周期管理的能力、知识和胜任力。建议分析思维领域分析专家对分析生命周期不同阶段的胜任力的掌握程度如表 12-2。

12.3.3　胜任力领域：数据管理

该领域专业分析人员能够管理数据，以确保分析成果的有效性、可用性、完整性和安全性。数据管理领域的专业分析人员需要负责数据整理、数据质量、数据治理、数据建模等方面的设计管理工作，他们应具有产品生命周期管理的能力、知识和胜任力。建议数据管理领域分析专家对分析生命周期不同阶段的胜任力的掌握程度如表 12-3。

12.3.4　胜任力领域：数据探索

该领域专业分析人员是创新的数据探索者，他能开发结构化的过程来描述数据显示的整体趋势和数据源之间的关系。数据探索领域的专业分析人员需要负责数据探查和特征描述、数据关系和连接、基础业务工作流等方面的设计管理工作，他们应具有产品生命周期管理的能力、知识和胜任力。建议数据探索领域分析专家对分析生命周期不同阶段的胜任力的掌握程度如表 12-4。

第12章　分析团队的核心胜任力

表12-2　分析思维领域分析工作岗位理想胜任力建议

图例：发展中 ● / 较熟练的 ● / 较有优势 ● / 导师 ●

胜任力	胜任力描述	分析产品管理	业务分析	技术分析	统计分析	领导力
问题设计	基于项目目标和现有数据,确定一个评估框架来评估一个假设	发展中	较熟练的	较熟练的	较有优势	较熟练的
统计和分析方法	实施统计程序,度量数据间的相关性以及依赖性		发展中	较熟练的	导师	
分析结果解释	解释数据分析的结果,确定对组织的影响	较熟练的	较熟练的	发展中	较有优势	发展中
分析洞察投入业务运营	将一组分析洞察融入业务工作流,以便获得持续的和正向的效益,并实现学习型组织的模式	较有优势	较有优势	较熟练的	较有优势	较有优势
成果宣传	倡导和宣传分析产品以及分析团队在改进和创新业务流程中的价值	较熟练的	较熟练的	较熟练的	较有优势	较有优势

表 12-3 数据管理领域分析工作岗位理想胜任力建议

● 发展中　● 较熟练的　● 较有机势　● 导师

胜任力	胜任力描述	分析产品管理	业务分析	技术分析	统计分析	领导力
数据整理	将原始数据抽取、转换和加工成某种格式，使其适合进一步的分析和可视化	●		●	●	
数据质量	支持确保数据完整性和质量的过程和程序		●	●	●	●
数据治理	支持并共同开发相关流程，用于记录和保存数据出处、数据含义、数据结构以及数据如何使用	●	●	●	●	
数据建模	建立适当的流程和框架，以标识、获取、评估、检索、构造和共享企业信息			●	●	●

第三部分　分析能力卓越常青之道

第 12 章 分析团队的核心胜任力

表 12-4 数据探索领域分析工作岗位理想胜任力建议

图例：● 发展中　● 较熟练的　● 较有优势　● 导师

胜任力	胜任力描述	分析产品管理	业务分析	技术分析	统计分析	领导力
数据探查和特征描述	开发并执行一个结构化的流程，以描述一个数据集的聚合趋势、特性和区域性		●	●	●	●
数据关系和连接	识别并描述在业务流程执行过程中所产生数据的相关性	●	●	●	●	●
基础业务工作流	将数据转换为对生成数据的工作流过程的清晰描述	●	●	●	●	●

12.3.5 胜任力领域：数据可视化

该领域分析人员是擅于讲故事的人，他能使用各种技巧和技术手段来建立数据的图形化展示。他们通过沟通分析的洞察来推动业务决策和基于事实的变革。数据可视化领域的专业分析人员需要负责数据后面的故事、使用可视化展示技能、推动分析成果上线应用、制定可视化展示原则等方面的设计管理工作，他们应具有产品生命周期管理的能力、知识和胜任力，如表12-5。

12.3.6 胜任力领域：技术素养

该领域专业分析人员是精通多种平台、软件和工具的技术专家，并能部署这些平台、软件和工具来构建支持基于事实的决策所需要的框架和基础设施。从事该领域的专业分析人员需要负责分析工具选择和使用、数据安全和隐私保护、分析工具的敏捷性和流畅性、系统性思维、企业系统架构管理等方面的设计管理工作，他们应具有产品生命周期管理的能力、知识和胜任力，如表12-6。

12.3.7 胜任力领域：战略思维

该领域专业分析人员是战略的思考者，擅长创新和系统性思维，以支持基于事实的决策。他们利用自己的岗位，在解决业务中重要问题的过程中，捍卫和倡导分析的道德和职业精神。该领域的专业分析人员需要负责创新和设计思维、战略协同、数据驱动的决策制定、专业精神和道德操守等方面的设计管理工作，他们应具有产品生命周期管理的能力、知识和胜任力，如表12-7。

第 12 章 分析团队的核心胜任力

图例：发展中 ● 较熟练的 ● 较有优势 ● 导师 ●

表 12-5 数据可视化领域分析工作岗位理想胜任力建议

胜任力	胜任力描述	分析产品管理	业务分析	技术分析	统计分析	领导力
讲述故事	通过沟通一系列事件，为受众提供上下文背景和分析洞察，促使他们提出期望的结论或提出重要的业务问题	●	●		●	●
可视化技术	学习和部署各种编程和菜单驱动的可视化工具		●	●	●	
可行性	用通俗易懂的语言有效地沟通从分析得到的发现，使其对非分析背景的利益相关者来说是有用的	●	●	●	●	●
可视化设计原则	创建符合专业质量的设计要素和原则的图形和视觉表示		●	●	●	●

· 453 ·

第三部分　分析能力卓越常青之道

表 12-6　技术素养领域分析工作岗位理想胜任力建议

发展中 ●　　较熟练的 ●　　较有优势 ●　　导师 ●

胜任力	胜任力描述	分析产品管理	业务分析	技术分析	统计分析	领导力
工具选择和使用	选择和使用各种适合用于分析统计数据、构建框架和创建基础设施的工具			●	●	
安全和隐私	对所有已形成法典的地区、州和联邦的隐私和安全法规,进行宣传,严格规划和遵守	●	●	●	●	●
工具的敏捷性和流畅性	采纳和使用不同的分析工具集时,保持敏捷性		●	●	●	●
系统性思维	使用习惯、工具和概念来证明社会学和技术两个维度下系统是如何相互依赖的	●	●	●	●	●
企业系统架构	了解数据产品的架构和共性,以及模型工作流程如何有助于可靠的系统行为	●	●	●	●	●

第12章 分析团队的核心胜任力

表12-7 战略思维领域分析工作岗位理想胜任力建议

图例：● 发展中　● 较熟练的　● 较有优势　● 导师

胜任力	胜任力描述	分析产品管理	业务分析	技术分析	统计分析	领导力
创新和设计思维	生成各种解决问题的方法，并评估实现的可能	较有优势	较有优势	较熟练的	较有优势	较有优势
战略协同	制定并执行一项战略，使其与该领域的最新进展保持同步	较熟练的	较有优势	发展中	较有优势	较有优势
数据驱动的决策制定	解释和批判性地评估大量数据中的统计信息，通过讨论来分享理解、意见和关注	较有优势	较有优势	发展中	较有优势	较有优势
专业精神和道德操守	在回应组织成员、委托人和客户时，始终表现出一致的道德操守和专业精神	较有优势	较有优势	较熟练的	较有优势	较有优势

第三部分　分析能力卓越常青之道

12.3.8　胜任力领域：领导力

负责该领域的专业分析人员是组织内这样的一类带头人：促进团队成员个人的职业发展，引导员工进步和改变，并为健康的工作环境提供指导。该领域的专业分析人员需要负责变革领导力、员工指导和发展、协同领导力、冲突管理、影响力、团队领导力、财务能力等方面的工作，他们应具有产品生命周期管理的能力、知识和胜任力，如表 12-8。

12.3.9　胜任力领域：分析产品管理

该领域专业分析人员是一名产品经理，确保团队通过协作、资源分配、制定计划、文档记录和沟通来达到其目标。该领域的专业分析人员需要负责分析产品质量控制、分析资源组合管理、分析成果业务影响评估、产品维护与持久性管理、分析需求管理、知识管理等方面的工作，他们应具有产品生命周期管理的能力、知识和胜任力，如表 12-9。

第12章 分析团队的核心胜任力

表 12-8 领导力领域分析工作岗位理想胜任力建议

图例：○ 发展中　● 较熟练的　◉ 较有优势　◎ 导师

胜任力	胜任力描述	分析产品管理	业务分析	技术分析	统计分析	领导力
变革领导力	培养一个可以灵活应对组织和过程变化的环境	导师	导师	发展中		导师
指导和发展	为个人的技能和行为发展提供个性化的支持和指导	较熟练的	导师	发展中	较熟练的	导师
协同领导力	培养个人和团队之间协作的机会	导师	较有优势	较熟练的	导师	导师
冲突管理	调解冲突以解决差异并找到个人和团队之间的共同点	导师	导师	较熟练的		导师
影响力	在组织内建立信誉，以获得关键决策者的支持	导师	较有优势	导师		导师
团队领导力	通过反馈、认可和明确方式，未支持员工缩小实际、预期和期望绩效之间的差距	导师	导师	较熟练的	发展中	导师
财务能力	支持基于商业概念的经济决策，包括收入、会计和组织价值	导师	导师	较熟练的		导师

表 12-9 分析产品管理领域分析工作岗位理想胜任力建议

图例：● 发展中　● 较熟练的　● 较有优势　● 导师

胜任力	胜任力描述	分析产品管理	业务分析	技术分析	统计分析	领导力
质量过程	维护、监控流程和程序，以确保组织的绩效和有效性	●	●		●	●
资源组合管理	预测并逻辑性地记录完成项目所需的事件和任务的顺序和提交时间点	●	●	●	●	●
业务影响评估	管理和评估分析过程对整体商业成果的影响	●	●		●	●
产品维护和耐久性	实施技术解决方案，以实现或增强数据和分析产品、服务的质量、便捷性、可靠性和使用寿命	●		●		●
需求管理	在构建项目计划时，请考虑专家知识，工作量和时间分配的要求	●	●	●	●	●
知识管理	跟踪和记录项目、过程或计划的变更，以清楚地显示当前状态、预期结果和变更影响	●	●	●	●	●

第 12 章 分析团队的核心胜任力

12.4 本章小结

分析人才的发现、选拔、到岗、培训和培养过程,对任何分析组织来说都是至关重要的组成部分。在本章中,我详细介绍了合格分析师应具备的九个胜任力领域,它们对于提供现代企业所需的分析能力而言至关重要。对于这些真正要紧的知识领域和胜任力,我定义了分析人员需要达到的熟练程度,由此,我就给了你一把通向成功的钥匙,你将知道在人才发展方面,需要把精力聚焦到什么地方。

12.5 参考文献

Manyika, J., Chui, M., Brown, B., Bughin, J., Dobbs, R., Roxburgh, C., & Hung Byers, A. (2011). Big data: The next frontier for innovation, competition, and productivity. *Digital McKinsey*. Retrieved from Digital McKinsey website: www.mckinsey.com/business-functions/digital-mckinsey/our-insights/big-data-the-next-frontier-for-innovation.

第 13 章 数据分析未来趋势

……纵观整个科学史,绝大多数最终被证明对人类有益的真正伟大发现,都源于这样一类科学家:他们不被追求实用的欲望所驱动,满足自己的好奇心是他们唯一的渴望。

——Richard Feynman,诺贝尔奖获得者

13.1 数据分析的生命周期框架

可以这么认为,关于分析这个主题的思考,存在很多种不同的方式。我写这本书的目的,是想就此主题提出我自己的观点和想法,借此帮助那些分析领域的专业人员,沉淀和巩固他们自己对一些关键概念的思考,以及如何应用这些概念。

本书提出的数据分析框架和相关的最佳实践,是基于过去我给学生和客户解释这些概念时的不断试错和尝试。概括起来,整个框架可以用图 13-1 来表示。

本书给我们描述了以下重要的经验和启示:

❑ 分析战略应该植根于组织的整体战略框架中。
❑ 我们对分析的渴望和愿景应植根于从上述战略引导出来的能力。
❑ 我们必须擅长的那些分析能力领域,是通过有目标和有意

第 13 章 数据分析未来趋势

识的努力而产生的直接结果。
- ❏ 分析领导者的任务,在于管理好并实现分析团队的人员、流程、技术以及数据之间的协调与一致,也就是说,让分析的成果具有支持战略的能力。
- ❏ 数据分析最佳实践领域注定是多学科的,不存在所谓的"分析独角兽",而是需要一支有纪律的、有趣的和有创造性的团队共同承担。
- ❏ 数据分析生命周期的底层取决于一个强大而健壮的数据管道,该管道应该能支持决策的全生命周期。
- ❏ 分析成果的可实施性和可操作性,在很大程度上会受到组织领导力和文化以及我们统一协调资源和引领变革的能力的影响。

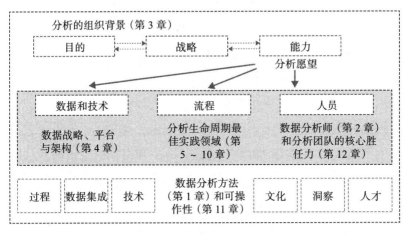

图 13-1 分析战略与执行之间的联系

本书并没有什么新奇另类的观点,但我非常希望本书所阐述的概念能够结合一个独特的视角,即同理心应该在数据产品的设计和开发中扮演一个十分关键的角色,以帮助锚定和巩固这样一种观念,即:这些最佳实践将有助于让数据分析从神龛上走下来,成为主流,从而使分析团队的每个人都能在数据分析中扮演一个重要的角色。

随着我们的学习能力不断提升,数据分析的难度也将不断降低。当前,每个人手边都拥有大量的信息,数据分析的未来必将由那些懂得如何快速学习并能够从数据中挖掘出之前可能无法发现的模式的人们所引领。好奇心与终身学习是,并将永远是,探索者身上最显著的标志。

13.2 分析在未来世界的作用

设计思维背后的中心主题是同理心。让我们回想一下不久前的 IT 水平,那时数据还比较少,计算资源也是限量配给,需要想办法防止因用户误操作而造成资源浪费的蠢事。这种问题和限制每天都在减少。时至今日,业务成了分析成果最大的消费者,我们正在尽一切可能来保护数据不受恶意入侵,同时在整个企业大力推动分析和数据的大众化使用。数据库管理员、首席安全官或报表开发人员不再是"钥匙"的保管人,而是信息经济时代的管理者和赋能者。

我们永远处在变化中。

分析思想家这种职业目前还处在新兴阶段,非常稀缺。我们正在越来越重视那些数据的倡导者或者推动者,他们能够把业务问题转换为可以利用数据来分析与回答的问题。同时,我们也正从只重视数学技能转向全面综合的能力,这样才有可能成功。分析学已经

第13章 数据分析未来趋势

从袋子⊖里出来,并再也不能回到过去,它正影响着每一个人,使我们能够利用数据来批判性地思考,并支持我们的决策。

正如"医学未来学家"(Medical Futurist)Bertalan Mesko 博士所言,"未来是关于同理心的,而不是编码。"的确,未来无疑将涉及人工智能、自动驾驶汽车,以及嵌入到任何东西的环境分析,从胰岛素泵到制冰机,无所不包。但更重要的可能是那些具备不断发展的能力("比如未来主义者的心态和社交技能,再加上良好的数字素养")的人(Mesko,2017)。

现在普遍认为在未来的10年,人工智能将取代目前50%的工作。但那些拥有问题解决能力并善于换位思考的数据达人无疑将会脱颖而出。在本书的最后这一章,我会把自己的经验和教训分享给大家,以及我们能做什么以确保我们与未来建立持续连接。

13.3 未来主义者的视角

我认为自己是一个未来主义者,在历史和未来的背景下塑造现实对我而言是非常有激情的事情。在1999年,我写了一篇关于下一个千禧年我们所要具备的重要技能的文章(1999年我们正在面临千年虫问题)(Nelson 和 Barnes Nelson,1999)。这篇论文着重阐述了我当时观察到的从传统技能向新思维转变的趋势和要求。虽然当时这篇论文是为一个 SAS 的大会而写的,但它在今天依然适用。这篇文章的主要观点如下:

⊖ 这里的袋子(bag)指过去的分析需要有专门技能的少数人,在专门的平台环境上,用专门的分析工具才能开展分析。——译者注

第三部分 分析能力卓越常青之道

1. 学习不同行业的知识（以及你主要工作领域之外的兴趣点），同时对自己的业务保持更深入的了解。

2. 成为一个单人学习型组织（one-person learning organization ⊖），也就是说，要善于处理不同类型的数据和概念，同时充分借鉴过去的知识和经验。

3. 培养像"内部改革者"一样思考的能力。

4. 在工作和个人生活的各个方面都表现出敏捷性和灵活性。

5. 学习创造力的艺术，以及思考、构建和解决问题的新方式。

6. 通过语言的、非语言的、书面的方式来沟通想法，也包括可视化的沟通方式。

在第一次写下这些话差不多 20 年后，我又有了更多想要分享的心得体会，包含如下几个方面。

13.3.1 普适计算和分析

数据是一种无处不在的普适资源，我们可以通过加工数据来获得新的创新和新的洞察，数据就在我们身边，可以非常容易地挖掘与分析。

——David McCandless，《数据杂志》的记者

我们今天的移动设备与电视机已经拥有远超以往设备的计算能力，技术、消费者、商业应用以及分析之间的界限将越来越模糊。今天，我们还在争论运筹学、数学、计算机科学和统计学的区别，

⊖ one-person organization 指只有一个人的组织，自己独立控制和承担责任，行动灵活。——译者注

第13章 数据分析未来趋势

随着环境分析⊖（ambient analytics）逐步融入我们的日常生活，我们可能并不总是能够清晰地分辨到底什么时候分析在起作用，而且，我们很可能也不会关心是否有必要去分辨。

13.3.2 大数据将驱动创新

> 我们正在进入一个数据比软件更重要的新世界。
> ——Tim O'Reilly，O'Reilly Media 公司创始人

在过去的十年里，我们感受到了科技领域的惊人进步。例如，可视化分析在众多领域中得到了广泛的应用，因为传统的数据分析方法限制了我们"看"所有数据的能力。

类似地，数据的发展速度给我们引入了一些新的术语，比如事件流处理技术。如何存储数据发生了很大的变化，从数据仓库到数据湖；如何处理数据也发生了很大的变化，比如库内处理（in-database process）、内存计算（in-memory computing）等，它们的出现很大程度上是由于我们现在可以处理海量数据。

在未来的几年里，我们将继续看到针对物联网（IoT）的创新，以及对非结构化数据（如视频、图像、声音、叙述、语音）进行分类和处理的新方法。此外，我们还将看到实现日常生活自动化的技术。例如，我想象我们今天在数据分析中所做的一切，包括建模、变量选择和数据转换，以及可视化等这些手工工作，将来有一天都

⊖ 表示当今世界是一个连续数据的新世界。物联网传感器数据、商业交易数据、消费者行为数据、个人医疗和健康数据等，这些描述实时情况的海量数据集将为分析师构成一个"周围环境"。数据将在后台进行分析。——译者注

会被算法所取代。很多我们今天把它看作是需要专家参与的流程，正在被编译到算法中。

13.3.3 分隔的行业与视角将消失

> 首要的规则是：你必须应用多个模型——因为如果你只应用了一两个模型，人性心理的天性会使得你去扭曲现实情况以适应你的模型……你所有的模型需要来自多个学科——因为有关世界的智慧不可能只从一个小小的学术领域中就能发现。
>
> ——Charlie Munger，世界顶级投资者之一，沃伦·巴菲特长期合作伙伴，*Poor Charlie's Almanack*

我们将不会再看到彼此隔离的行业，相反，人们将积极主动地去寻找经验教训，跨越组织和行业的界限去应用这些技巧和知识。即便在分析领域，我们也看到分析团队从单一依赖"量化分析"到应用多学科知识解决问题的转变。这些团队重视多个视角和学科领域，包括行为经济学、心理学、统计学、计算机科学和语言学。

此外，我们还将看到，随着与大学结盟，以及建立创新和转化研究中心，产业界将会更快地将研究应用到实践中，从而更快地将学术经验转化为竞争优势。

13.3.4 目标造就差异化

> 我们用数据成就伟大事业的能力将让我们生活的各个方面都发生改变。
>
> ——Jennifer Pahlka，美国代码公司的创始人和执行董事

技术将被看成是一个组织保持与其他组织在相同起跑线上的最

第 13 章　数据分析未来趋势

好工具，而不再是它有别于其他机构的差异化能力。正如互联网使得信息的访问无处不在，我们用来处理数据、生成分析洞察的技术手段也将变得司空见惯。

有目的地应用创造力，这种能力才会让我们与众不同。具有核心和目标，并且人们相信这个核心与目标，这样的组织将是常态的存在，而不是独特的个例。这些组织将支持国内外的"分析之旅"，在这个旅程中，他们将应用经验教训和专业知识来解决人类广泛面临的问题。

13.3.5　胜任力胜过特定技能

分析能力不应限制获得分析成果的可能性。

——Oliver Schabenberger，SAS 执行副总裁兼首席技术官

最后，我希望，并且也坚信，分析的胜任力将比某个特定技能更有价值，也更重要。在一个资质认证和技术训练营仍占主导地位的经济社会中，我们仍然能看到这样一种共识，即认为胜任力比单独的技巧与技能更为重要。为了更有效地开展工作，我们再进一步强调这样一些能力的提升和作用，比如领导能力、影响力、沟通能力、同理心和批判性思维等。在过去的十年里，我们在很多分析机构都看到了这样一些变化，例如有的机构增加了掌握图像设计和数据新闻学技能的人。仅仅从技术层面给出答案，已经不再能满足要求，我们必须能够就业务的影响和变化进行沟通。我认为对用户体验（UX）的持续关注，将产生新的、还未预见到的角色，比如用户体验开发人员。

我们生活在一个人工智能已经开始影响我们日常生活的时代。

在很多机构，机器学习和自然语言处理技术的应用已经相当普及。安全领域的不断创新，比如区块链的发展，都将有助于加速分析的应用。在分析领域，我们有权利，也有责任来更好地学习和拥抱变化，从而使分析变得更美好。除了提升我们的技术能力之外，我们还需要磨炼"软"技能，以便在未来"智能机器"的自动化世界中自由航行。

13.4　最后的一点思考

与其他人一样，我在传播自己思想和观点的同时，也要维持生计、友谊、健康和婚姻。本书是一份爱的寄托和成果。在写这本书的过程中，我的第一个孙子出生了。以史为鉴，我希望他和所有子孙后代都能在理想与现实之间平衡取舍，对我们所知的世界保持谦逊的态度，并利用技术去开创崇高的、以人为本的事业。

第 13 章　数据分析未来趋势

贯穿全书，我一直试图让分析更加真实。也就是说，为了避免说教和过于理论化，我提供了实际的案例，以及大量的提示、技巧和工具，可以帮助领导者理解，为了实现他们的分析愿景到底需要些什么，我还为参与数据分析生命周期的实践者们提供了接地气的建议。

我希望自己的这本书完成了这项使命！

一想到分析能够帮助解决我们在这个时代所面临的一些最重要的问题，以及我孙子那代人将要面对的那些问题，我就感到鼓舞和兴奋。对分析目标所怀抱的激情，是我们集体工作中一个重要的试金石。算法将会更新，技巧将会提升，流程将会不断演进，技术将发生改变，对组织和结果的转变也将是完全可能的。分析正在对当今世界产生深远的影响。

尽管有人认为年轻人缺乏好奇心和解决问题的能力，但我还是很乐观。世界上存在并且将永远存在天性好奇的人、解决问题的人、爱好发明的人、有激情的人和有同理心的人，我每天都能遇到这样的人！他们是数据的倡导者和推动者。

13.5　参考文献

Mesko, B. (2017). The future is about empathy, not coding. Retrieved from http://medicalfuturist.com/future-empathy-not-coding/.

Nelson, G. S., & J. Barnes Nelson. (1999). SAS skills for the next millennium: A geek peek into the future. Proceedings of the 24th Annual Meeting of *SAS Users Group International*. Miami Beach, FL: SAS Institute.

译 后 记

本书由工商银行总行管理信息部的34位数据分析师，SAS（中国）专业服务总经理王闯舟先生，2019年暑期来工商银行总行实习的北京航空航天大学的王玥同学、美国埃默里大学（Emory University）的宋宏雯同学，共37人利用业余时间合作翻译完成。承担各章翻译的人员如下：胡剑飞、李露希（前言及第1章），张子键、袁应洁（第2章），张珺珺、崔好好、宋宏雯（第3章），陶紫旺、文州（第4章），李睿明、傅友韬（第5章），米兰、王玥（第6章），宋佳坤、祝庆（第7章），任文冲、刘剑江（第8章），田康志、袁文生（第9章），吴迪、秦蕾（第10章），贺本岚、蒋勇（第11章），芦明、陈琼（第12章），宋丹（第13章）。张珺珺、任文冲两位分析师承担了各章术语翻译统筹、排版格式统一、译文汇总编辑工作。

本书由陈道斌、王闯舟、万芊担任全书译文审校，金阳、木合甫力·艾山、高忻、张东昊、吴秀忠、程中涛、王宏、彭翔、周丹丹参与了部分章节译文审校和讨论。机械工业出版社的冯秀泳担任本书责任编辑，锡彬为本书设计了中文版封面，使本书得以及时高质量出版。

发展中国家科学院院士、国务院参事、中国科学院大数据挖掘与知识管理重点实验室主任、博导石勇教授，北京大学教授、博导、

译 后 记

大数据分析专家李伟平教授在百忙中审阅了本书译稿并欣然作序，为本书中译本增色不少，在此表示衷心感谢。

译文中的错误和不当之处，敬请读者批评指正，责任完全由译者承担。意见和建议请发往 junjun.zhang@icbc.com.cn，wenchong.ren@icbc.com.cn。

译者

2020 年 4 月 10 日于北京

推荐阅读

系统思维：复杂商业系统的设计之道（原书第3版）

书号：978-7-111-46238-5　作者：Jamshid Gharajedaghi　定价：79.00元

爱因斯坦说过，"如果不改变我们已有的思维模式，那么我们将无法解决这些思维模式所带来的问题"。贾姆希德开发出了一种思维模式，可以解决这些问题。

——罗素·艾可夫，著名管理学家，宾夕法尼亚大学沃顿商学院名誉教授

格哈拉杰达挑战了我们的思维，让我们退后一步，基于理想的竞争定位进行思考，而非向前一步，基于我们已有的定位和各种制约，其结果就是更大胆地对改变进行思考。贾姆希德推动了对公司的优势、劣势以及其可能达到的理想状态的现实评估，并创造了从A点到达B点的路径。

——Bill Tiefel，万豪酒店总裁

在全球市场经济浪潮中，可行业务不能再继续被固定为单一的形式或者功能。反之，成功是建立在自我更新的能力之上，这种能力可以自发地建立结构、功能和流程，以适应频繁波动的商业格局。本书全面而系统地介绍"系统思维"的概念与应用，阐释一种卓有成效的洞悉混沌、理解复杂性的思维方式和解决之道，并通过5个实际案例详细阐述其在复杂商业系统设计和重塑中的具体实施步骤及方法，为在日趋混乱和复杂的环境中定义问题并设计解决方案提供了可操作的方法。